Pascal Bruckner

Verdammt zum Glück

Pascal Bruckner

Verdammt zum Glück

Der Fluch der Moderne

Ein Essay

Aus dem Französischen
von Claudia Stein

Aufbau-Verlag

Titel der Originalausgabe

L'euphorie perpétuelle
Essai sur le devoir de bonheur

ISBN 3-351-02518-1

1. Auflage 2001

Dieses Buch erscheint mit freundlicher Unterstützung
des französischen Außenministeriums,
vertreten durch die Kulturabteilung
der Französischen Botschaft in Berlin.
Ce livre bénéficie du soutien du Ministère des Affaires Étrangères,
représenté par le Service culturel de l'Ambassade de France à Berlin.

Einbandgestaltung Therese Schneider
Druck und Binden Clausen & Bosse, Leck
Printed in Germany

www.aufbau-verlag.de

Für meine Mutter

Es gibt Menschen, an denen das Glück sich festbeißt, als sei es das Unglück, und dem ist auch tatsächlich so.

François Mauriac

Einleitung

Die unsichtbare Buße

1738 schreibt der junge Mirabeau einen Brief an seinen Freund Vauvenargues, in dem er ihm vorwirft, in den Tag hinein zu leben und sich keinen Glücksplan aufzustellen: »Nun, mein Lieber, Sie denken unaufhörlich nach, Sie studieren, nichts übersteigt Ihren geistigen Horizont, und Sie denken keine Sekunde daran, sich einen festen Plan für das auszuarbeiten, was unser einziges Ziel sein muß: das Glück.« Und Mirabeau zählt seinem skeptischen Freund die Grundsätze seines Handelns auf: sich von Vorurteilen frei machen, lieber fröhlich sein als launisch, seinen Neigungen folgen und diese zugleich läutern.[1] Man mag über diesen jugendlichen Enthusiasmus lachen. Als Kind einer Zeit, die den Menschen neu erfinden und den Pesthauch des Ancien Régime verjagen wollte, sorgt Mirabeau sich um seine Glückseligkeit wie andere vor ihm um ihr Seelenheil.

Haben wir uns seitdem so sehr verändert? Stellen wir uns die Mirabeaus von heute vor: junge Männer und Frauen aus allen Schichten, mit allen möglichen Ansichten, die darauf brennen, ein neues Zeitalter zu eröffnen und einen Schlußstrich unter die Trümmer eines entsetzlichen 20. Jahrhunderts zu ziehen. Sie stürzen sich ins Leben, gierig danach, ihre Rechte auszuüben und vor allem ihr Leben nach ihren Vorstellungen zu gestalten, überzeugt, daß jedem von ihnen bestimmt ist, sich zu verwirklichen. Von Kindesbeinen an ist ihnen gesagt worden: *Seid glücklich*, denn man hat heutzutage keine Kinder mehr, um ihnen Werte oder ein geistiges Erbe zu vermitteln, sondern um die Zahl der Freudestrahlenden auf Erden zu mehren.

Seid glücklich! Gibt es, so liebenswürdig dieser Satz klingt, einen paradoxeren, schrecklicheren Befehl? Er drückt ein Gebot aus, dem man sich um so schwerer entziehen kann, als es kein rechtes Ziel hat. Wie soll man wissen, ob man glücklich ist? Wer legt die Norm fest? Warum muß man es sein, weshalb wird die Empfehlung zu einem Befehl? Und was soll man denen antworten, die kläglich eingestehen: »Ich schaffe es nicht«?

Kurz, dieses Privileg wird unseren jungen Leuten schnell zur Last: Wenn sie merken, daß sie für ihre Niederlagen und Erfolge allein verantwortlich sind, stellen sie fest, daß das so herbeigesehnte Glück sie genauso beharrlich flieht, wie sie es verfolgen. Wie alle anderen träumen sie von jener wunderbaren Synthese, die Erfolg im Beruf, in der Liebe, gesellschaftliche Anerkennung und Familienglück miteinander verbindet und quasi zur Belohnung jeden dieser Bereiche mit vollkommener Zufriedenheit abrundet. Als müsse die von der Moderne verheißene Selbstbefreiung vom Glück gekrönt sein wie von einem Diadem, das den gesamten Vorgang adelt. Doch diese Synthese rückt in immer weitere Ferne, je mehr die jungen Menschen an ihr arbeiten. Und sie erleben das Glücksversprechen nicht mehr als frohe Botschaft, sondern als Schuld gegenüber einer gesichtslosen Gottheit, die sie niemals begleichen können. Die tausend angekündigten Wunder treten tröpfchenweise und ungeordnet ein und machen das Streben danach nur noch erbitterter, die Last nur noch schwerer. Man ärgert sich über sich selbst, weil man dem angelegten Maßstab nicht entspricht, von der Norm abweicht. Mirabeau konnte noch träumen und Luftschlösser bauen. Fast drei

Jahrhunderte später hat sich das leicht überspannte Ideal eines Aristokraten der Aufklärung in eine Strafe verwandelt. Wir haben heute alle Rechte außer dem einen, unglücklich zu sein.

Es gibt nichts Vageres als die Vorstellung von Glück, diesem alten, prostituierten, mißbrauchten Wort, das so vergiftet ist, daß man es aus der Sprache verbannen möchte. Bis in die Antike reicht die Geschichte seiner widersprüchlichen und wechselnden Bedeutungen: Schon Augustinus zählte zu seiner Zeit nicht weniger als 289 verschiedene Definitionen des Begriffs auf. Das 18. Jahrhundert widmete ihm an die fünfzig Abhandlungen, und wir selbst projizieren immer wieder auf vergangene Epochen oder andere Kulturen eine Vorstellung und eine fixe Idee, die in Wirklichkeit nur auf unsere eigene zutrifft. Es liegt in der Natur des Begriffs, rätselhaft zu sein, ein Quell ständiger Dispute, wie Wasser, das in alle Formen fließen kann und das doch keine Form wirklich faßt. Es gibt ein Glück der Tat wie der Kontemplation, der Seele wie der Sinne, des Reichtums wie der Armut, der Tugend wie des Verbrechens. Die Theorien des Glücks, sagt Diderot, erzählen immer nur die Geschichten ihrer Begründer. Aber uns interessiert hier eine andere Geschichte: die vom Streben nach Glück als einer Leidenschaft, wie sie das Abendland seit der Französischen und der amerikanischen Revolution erfüllt.

Der Plan, glücklich zu sein, stößt auf drei Paradoxa. Er richtet sich auf ein Ziel, das derart verschwommen ist, daß es vor lauter Ungenauigkeit einschüchternd wirkt. Das Glück mündet in Langeweile oder Apathie, sobald es eintritt (wonach das ideale Glück also eines wäre, das sich immer erfüllt und immer wieder erneuert und so der doppelten Falle der Frustration und der Übersättigung entgeht).

Und schließlich macht das Glück einen solchen Bogen um das Leiden, daß es ihm wehrlos gegenübersteht, sobald dieses auftaucht.

Im ersten Fall ist es gerade die Abstraktheit des Glücks, die seine Faszination und die mit ihm verbundene Angst erklärt. Nicht nur sind wir mißtrauisch gegenüber Fertigparadiesen, sondern wir sind auch niemals sicher, wirklich glücklich zu sein. Und schon wenn wir daran zweifeln, sind wir es nicht mehr. Deshalb ist das Schwärmen von diesem Zustand auch an zwei Haltungen gebunden, den Konformismus und den Neid – die beiden miteinander einhergehenden Krankheiten unserer demokratischen Kultur: sich einerseits an den Vergnügungen der Mehrheit zu orientieren und andererseits nach den Auserwählten zu schielen, die das Glück zu bevorzugen scheint.

Im zweiten Fall geht der Wille zum Glück in seiner weltlichen Form in Europa mit dem Aufkommen der Banalität einher, dieser neuen irdischen Herrschaft, die mit Beginn der Moderne einsetzt: Es triumphiert das profane Leben, von dem nach dem Rückzug Gottes nur die prosaische Seite übrigbleibt. Die Banalität oder der Sieg der bürgerlichen Ordnung: Mittelmäßigkeit, Geistlosigkeit, Gewöhnlichkeit.

Im dritten schließlich verschiebt ein solches Ziel, das den Schmerz eigentlich beseitigen soll, ihn ungewollt ins Zentrum des Systems. Der Mensch von heute leidet darunter, daß er nicht mehr leiden will, genau wie man krank darüber werden kann, ständig der perfekten Gesundheit nachzujagen. Unsere Zeit erzählt im übrigen eine seltsame Geschichte: die einer ganzen Gesellschaft, die sich dem Hedonismus verschrieben hat und für die alles zur Last und zur Qual wird. Das Unglück ist nicht allein Unglück: es bedeutet, schlimmer noch, das Scheitern des Glücks.

Unter der Verpflichtung zum Glück verstehe ich also die Ideologie der zweiten Hälfte des 20. Jahrhunderts, die dazu anhält, alles unter dem Aspekt entweder des Vergnügens oder der Unannehmlichkeit zu sehen, verstehe ich die Tatsache, daß eine allgemeine Euphorie dekretiert wird und diejenigen, die das Glück nicht abonniert haben, in die Scham und ins Unglück verstoßen werden. Ein doppeltes Postulat: Man soll einerseits das Beste aus seinem Leben machen und sich andererseits grämen und bestrafen, wenn man das nicht schafft. So wird noch die schönste aller Vorstellungen pervertiert: die jedem gegebene Möglichkeit, sein Schicksal selbst in die Hand zu nehmen und sein Leben zu verbessern. Wie aber konnte ein emanzipatorischer Wahlspruch der Aufklärung, das Recht auf Glück, sich in ein Dogma, in einen für alle verbindlichen Katechismus verwandeln? Dieses Abenteuer wollen wir versuchen nachzuzeichnen.

So zahlreich sind die Bedeutungen unseres höchsten Gutes, daß wir es auf einige allgemeingültige Ideale festlegen: Gesundheit, Reichtum, körperliche Fitneß, Komfort, Wohlbefinden, so wie Talismane, die das Glück anziehen sollten wie ein Köder die Beute. Die Mittel, um dahin zu gelangen, werden zum Ziel und erweisen sich als unzulänglich, sobald die angestrebte Verzückung sich nicht einstellt. So daß wir uns oft, o schmerzlicher Irrtum, durch genau die Schritte vom Glück entfernen, mit denen wir es erreichen wollten. Daher die häufigen Mißverständnisse, was dieses Thema angeht: daß man das Glück einfordern könne wie etwas, das einem zusteht, es wie ein Schulfach erlernen oder wie ein Haus erbauen müsse; daß man es kauft, daß es sich »auszahlt«, daß andere es schließlich aus verläßlicher Quelle besitzen und man sie nur nachzuahmen braucht, um in der gleichen Aura zu baden wie sie.

Entgegen einem Klischee, das seit Aristoteles unaufhörlich wiederholt wird – doch hatte bei ihm der Begriff eine andere Bedeutung –, stimmt es nicht, daß wir alle das Glück suchen, jenen abendländischen, historisch datierten Wert. Es gibt noch andere Werte – Freiheit, Gerechtigkeit, Liebe und Freundschaft, die den Vorrang vor dem Glück beanspruchen könnten. Und wie kann man wissen, was alle Menschen seit Urzeiten suchen, ohne auf billige Gemeinplätze zu verfallen? Es geht nicht darum, gegen das Glück zu sein, sondern gegen die Verwandlung dieses zerbrechlichen Gefühls in ein kollektives Rauschgift, dessen chemischen, geistigen, psychologischen, informatischen und religiösen Varianten sich ein jeder hingeben soll. Alle, selbst die ausgefeiltesten Wissenschaften und Gedankengebäude müssen ihre Ohnmacht eingestehen, die Glückseligkeit der Völker oder der Individuen zu garantieren. Jedesmal, wenn das Glück uns flüchtig streift, erscheint es uns wie eine Gunst, eine Gnade, nicht wie das Ergebnis einer Berechnung oder die Folge eines besonderen Verhaltens. Die Wohltaten dieser Welt, einen glücklichen Zufall, Freuden und ein wohlmeinendes Schicksal erfährt man vielleicht eher, wenn man den Traum von der vollkommenen Seligkeit aufgegeben hat.

Und so möchte man dem jungen Mirabeau antworten: Ich liebe das Leben zu sehr, um nur glücklich sein zu wollen!

1 Zitiert nach Robert Mauzi, *L'Idée de bonheur dans la littérature et la pensée française au XVIIIe siècle*, Paris 1979, S. 261–262.

Erster Teil

Das Paradies ist da, wo ich bin

Erstes Kapitel

Das Leben ein Traum, eine Lüge

Diese Welt ist nur eine Brücke. Gehe darüber, aber baue nicht dein Haus darauf.

Hennecke-Apokryphen

Selig sind, die da Leid tragen, denn sie sollen getröstet werden.

Die Seligpreisungen

Ein Christ ist ein Mensch aus der anderen Welt (Bossuet)

Im 15. Jahrhundert wurden in Frankreich und Italien kollektive Autodafés veranstaltet, die sogenannten »bûchers de plaisir«, Scheiterhaufen der Lüste, an denen Männer und Frauen aus freiem Willen und zum Zeichen des Verzichts auf allen eitlen Tand teilnahmen und Spielkarten, Bücher, Schmuck, Perücken und Duftwässerchen in die Flammen warfen.[1] Denn im ausgehenden Mittelalter, das bereits von einer unbändigen Lebenslust besessen war, war der Zweifel nicht erlaubt: Es gab keine Vollkommenheit außer in Gott und fern von ihm nur Betrug und Heuchelei. Also mußte man die Sterblichen fortwährend an die Bedeutungslosigkeit der menschlichen Vergnügen im Vergleich zu denen erinnern, die sie bei Gott, dem Herrn, erwarteten.

Entgegen dem berühmten Aphorismus von Saint-Just war das Glück niemals eine neue Idee in Europa, und auch das Christentum, von Anfang an seinem griechischen Erbe treu, erkannte das Streben danach ausdrücklich an. Doch wurde das Glück außer Reichweite des Menschen gestellt, ins Paradies oder in den Himmel verlegt (das 18. Jahrhundert wird es lediglich ins Diesseits zurückholen). Wir alle erinnern uns, daß wir vor dem Sündenfall glücklich waren, sagt Augustinus; Glück gibt es allein in der Erinnerung, denn in der Tiefe unseres Gedächtnisses finden wir den lebendigen Quell Gottes wieder. Und Pascal schrieb über unsere vergeblichen Versuche, jenes höchste Gut zu erlangen: »Was sagt uns nun diese Begierde und diese Ohnmacht, wenn nicht, daß es im Menschen einst ein wahres Glück gab, von dem ihm nun nur noch der Abdruck und die verlassene Spur bleiben?«

Diese zeitliche christliche Dreifaltigkeit wird von den gläubigen wie auch den agnostischen Autoren später wieder aufgenommen: Glück gibt es immer nur im Einst oder im Morgen, in der Nostalgie oder in der Hoffnung, niemals im Heute. Und wenn es auch legitim ist, diesen Zustand anzustreben, so wäre es doch vermessen, ihn auf Erden erreichen zu wollen. Als gefallene Kreatur muß der Mensch sich zuerst von der Schuld seines Daseins freikaufen, an seinem Seelenheil arbeiten. Und dieses Seelenheil ist um so beklemmender, als es auf einmal erlangt werden muß, wie Georges Dumézil feststellte: Für den Christen gibt es keine zweite Chance, im Gegensatz zum Hindu oder zum Buddhisten, die den Kreislauf der Reinkarnationen erfahren, bis sie erlöst werden. Während des kurzen Intermezzos meines Daseins auf Erden gewinne oder verspiele ich die Ewigkeit, und diese Aussicht macht den vergänglichen Zufall, den mein Leben darstellt, zu einer echten Herausforderung. Das Christentum hat das Dasein maßlos dramatisiert, indem es den Menschen vor die Wahl zwischen Hölle und Paradies stellte. Das Leben des Gläubigen ist ein Prozeß, der sich ganz und gar vor dem göttlichen Richter abspielt. »Alles Böse, was die Frevler tun, wird aufgeschrieben, und sie wissen es nicht«, heißt es in den Psalmen. Unsere Verfehlungen und Verdienste werden

Stunde um Stunde unter Soll und Haben im Rechnungsbuch verzeichnet. Und wenn die Sünder, die untreuen Frauen, die moralisch verderbten Männer »sich noch so sehr mit allen Schatten der Nacht bedecken, werden sie doch entdeckt und verurteilt werden« (Bossuet). Was für ein schreckliches Mißverhältnis: Die kleinste Verfehlung eines Menschen kann ewige Kasteiung zur Folge haben; dagegen wird alles Böse, das wir erleiden, im Jenseits belohnt, sofern wir ein gottgefälliges Leben geführt haben. Bestanden oder durchgefallen – das Paradies funktioniert nach den gleichen Regeln wie die Schule.

Denn die Logik des Seelenheils verläuft, selbst wenn sie die relative Freiheit des Gläubigen verkündet, der sich vervollkommnen oder aber den weltlichen Leidenschaften erliegen kann, alles andere als geradlinig. Sie liegt im Halbdunkel, und auch der Aufrichtigste unter den Gottesfürchtigen erlebt seinen Glauben wie eine Pilgerfahrt durch ein Labyrinth. Da Gott zugleich ganz nah und unendlich weit ist, ist er wie ein Weg, den man durchlaufen muß und der übersät ist mit Fallstricken und Fußangeln. »Gott wird nur recht erkannt, wenn er als Unbekannter erkannt wird«, sagt der heilige Thomas. Wir müssen also nach den Gesetzen einer anderen Welt in dieser hier verweilen, und die Erde, die uns mit ihren tausend Verführungen in Bann zieht, ist zugleich Feind und Verbündeter des Seelenheils. Deshalb ist das Leben, wenn es auch die Würde nicht usurpieren kann, die allein Gott gebührt, dennoch heilig, ein Pflichtprogramm, die erste Etappe des ewigen Lebens. Die gelebte Zeit ist für den Christen keine Versicherungspolice im Hinblick auf das Jenseits, sondern eine Anspannung, bestehend aus Ängsten, Zweifeln und Zerrissenheit, und die Hoffnung auf Erlösung nichts anderes als eine tiefe Sorge. »Man versteht nichts von Gottes Werken, wenn man nicht grundsätzlich davon ausgeht, daß er die einen blenden und die anderen erleuchten wollte. (...) Es gibt immer genug Dunkelheit, um die Verdammten zu blenden, und genug Klarheit, um sie zu verurteilen und unentschuldbar zu machen.« (Pascal) Und als Luther das Seelenheil durch die Werke ersetzt durch das Seelenheil im Glauben – Gott allein entscheidet, ob wir errettet oder verdammt werden, was wir auch tun oder wollen –, beläßt er den Auserwählten noch immer ein Quentchen Ungewißheit. Sie können niemals sichergehen, daß sie auserwählt sind, selbst wenn sie ihre Inbrunst durch fromme Akte unter Beweis stellen. Wie der Sünder sich auch immer beträgt, er kann sich niemals von seiner Schuld gegenüber Gott freikaufen, sondern nur auf dessen unendliche Barmherzigkeit hoffen. Mit anderen Worten, das Seelenheil ist eine enge Pforte, während der Weg zur Verdammnis breit ist und viele auf ihm wandeln (Matthäus 7,13).

Was zählen angesichts dieser schrecklichen Alternative, in die Ewigkeit einzugehen oder der Sünde zu verfallen, die kleinen Glücksmomente des Lebens? Nichts! Sie sind nicht nur vergänglich und trügerisch – »Die Welt, so arm sie an Ergebnissen sein mag, ist immer reich an Versprechungen« (Bossuet) –, sie bringen uns auch noch vom richtigen Weg ab, unterwerfen uns dem beklagenswerten Joch der Güter dieser Erde. »Jeglicher Überfluß, der nicht mein Gott ist, bedeutet mir Hungersnot«, schrieb treffend Augustinus. Die Freuden dieser Welt werden mit einem doppelten Bann belegt: Sie sind lächerlich im Vergleich zur Seligkeit, die uns im Himmel erwartet, und täuschen eine Dauer und Beständigkeit vor, die allein der göttlichen Natur vorbehalten ist. Sie stehen für die unendliche Niedertracht des Neids, des Gegenbildes zum himmlischen Glück. Der Irrtum der Menschen liegt in diesem Fall darin, daß sie ein Nicht-Sein für ein Sein halten. Denn die weltlichen Freuden werden von der schrecklichen Aussicht auf den Tod zunichte gemacht, der, wie wiederum Bossuet meint, »alles mit seinem Schatten verdunkelt«[3]. Er macht die Gesundheit zu einer Gnadenfrist, den Ruhm zu einem Trugbild, die Sinnenfreuden zu etwas Schändlichem und das Leben zu einem Traum, der obendrein eine Lüge ist. Der Tod kommt nicht von fern, sondern aus unserem Innern, er schleicht sich in die Luft, die wir atmen, in die Nahrung, die wir zu uns nehmen, in die Medikamente, mit denen wir uns schützen wollen. Und Pascal: »Der Tod, der uns in jedem Augenblick bedroht, wird uns binnen weniger Jahre vor die schreckliche Notwendigkeit stellen, entweder ausgelöscht zu werden oder unglücklich zu sein.« Wer aber das gesamte Dasein im Licht des Grabes disqualifiziert, unterstreicht, daß wir uns von Geburt an in einer Art Betäubung befinden, aus der uns erst der Todeskampf wieder herausreißen wird. Das Leben ist ein Schlaf, aus dem wir erwachen müssen: Diese aus der Antike herrührende und im christlichen Denken allgegenwärtige Metapher macht aus dem Tod im doppelten Sinne des Wortes eine fatale Frist: er ist ein unausweichliches Schicksal und zugleich ein Verfallsdatum. Denn in gewisser Weise gibt es drei Tode: das eigentliche physische Verlöschen; den Tod im Leben – für diejenigen, die in Sünde, das heißt mit Gott entzweit leben, also in spiritueller Trauer (in manchen bretonischen Kirchen wird die Hölle als ein eisiger Ort, als ein Ort der Trennung dargestellt); schließlich den Tod als Erlösung und Übergang ins Jenseits für die Gerechten. Er ist kein Abgrund, sondern eine Pforte, die uns ins Reich Gottes führt und unsere Seele »befähigt, sich an einer Unzahl von Wonnen zu erfreuen, die es in diesem Leben nicht gibt«[4]. Es ist unsinnig, unsere Auslöschung zu befürchten, denn indem der Tod uns von unserem Körper und seinen Ausschweifungen befreit, bildet er den Anfang eines unerhörten Abenteuers, des Jüngsten Gerichts und der Auferstehung in Ewigkeit.

So also lautet das christliche Kalkül: der ganz natürlichen Angst vor Leiden und Tod die noch größere Angst vor der Verdammnis entgegenzuhalten. Und als Entschädigung für das Elend dieser niederen Welt wird eine Vergütung im Jenseits versprochen, die einzige Möglichkeit, dem skandalösen Reichtum des Bösen und dem skandalösen Unglück des Gerechten ein Ende zu setzen. Man wird plaziert und umplaziert auf ein immaterielles Gutes oder Böses – ins Paradies oder in die Hölle –, um einen schamhaften Schleier über die sehr realen Härten des Lebens zu werfen. Auf das falsche Prestige der Welt zu verzichten berechtigt zur Hoffnung auf Ansehen und reiche Belohnung im Himmel. Eine spitzfindige Rechnung, die die Resignation in strahlendem Licht erscheinen läßt: Da »niemand zwei Herren dienen kann, Gott und dem Mammon«, gebe ich die konkreten, unmittelbaren Genüsse zugunsten ungewisser zukünftiger Wonnen auf. Wozu ein paar Augenblicke der Freude hienieden herausschlagen, auf die Gefahr hin, dafür ewig in der Hölle schmoren zu müssen? Das größte Verbrechen, so betonen alle Kirchenmänner, besteht nicht darin, sich von den weltlichen Früchten versuchen zu lassen, sondern davon abhängig zu werden, sich derart von ihnen versklaven zu lassen, daß man darüber die grundlegende Bindung an Gott vergißt. Wenn wir nicht fallen wollen, »müssen alle unsere Beschäftigungen der Sache der Ewigkeit weichen« (Bossuet), denn es »gibt nichts Gutes in diesem Leben außer der Hoffnung auf ein anderes« (Pascal). Auf jeden Fall muß das Verlangen nach dem Seelenheil stärker sein als die Sorge um das irdische Glück.

Ein solches Prinzip stand glücklicherweise nicht immer unter dem Zeichen eines kompromißlosen Entweder-Oder. Die Aufgabe der heiligen Sakramente, vor allem der Buße, ist es ja gerade, den Gläubigen aus dieser schrecklichen Spannung zu befreien, ihm zu erlauben, daß er abwechselnd sündigt und bereut, ein Kommen und Gehen der Absolution, über das Calvin, aber auch Freud sich empörten.[5] Es war ein genialer Einfall der Kirche, unter dem Druck des Volkes und als Antwort auf die chiliastischen Bewegungen im 12. Jahrhundert das Fegefeuer zu ersinnen, den großen Wartesaal, den dritten Ort zwischen Himmel und Hölle. Er erlaubte all jenen, deren Leben mittelmäßig verlaufen war, weder vollkommen gut noch vollkommen schlecht, ihre Schuld gegenüber dem Allerhöchsten aufzuarbeiten. Dieses posthume Nachsitzen gab auch den Lebenden noch die Möglichkeit, Einfluß auf die Toten zu nehmen und in ihren Gebeten Zwiesprache mit ihnen zu halten. Das Fegefeuer hat nicht nur die schreckliche Erpressung der Gläubigen durch die Kirche gemildert, die sie in die Zwickmühle von Erlösung oder Verdammung nahm (wobei wir nicht vergessen sollten, daß die Hölle in ihrer furchteinflößenden, glühenden Version eine Erfindung der Renaissance und nicht des Mittelalters war).[6] Es hat auch ein ganzes System von »Strafmilderungen«[7] etabliert und die Idee des Feilschens in den Glauben eingeführt – mit allen bekannten Exzessen, über die sich die Reformatoren einst so empörten, da auch Rom sich für diesen Ablaßhandel hergab, also eine menschliche Institution Abschlagszahlungen auf die Ewigkeit entgegennahm und damit Gott ihren Willen aufnötigte.[8] Mit der Erfindung des Fegefeuers wird das Leben auf Erden süßer, angenehmer. Die Vorstellung des Unwiederbringlichen relativiert sich, ein zeitlich begrenzter Fehler bringt keine ewige Verdammnis mehr mit sich. Indem es die »Geographie des Jenseits« verändert, läßt das Purgatorium eine Tür zur Zukunft offen, es beugt der Entmutigung vor, »kühlt« die Geschichte der Menschheit ab. Dank solcher psychologischen Beruhigung fühlt der Sünder nicht mehr bei jedem Übertreten eines Verbots, wie ihm die Flammen der Hölle an den Fersen lecken. Die Buße bleibt möglich, und das Seelenheil verliert seine unmenschliche, dogmatische Seite. Durch ihren Willen, im Diesseits die Werte des Jenseits zu verkörpern, führt die Reformation selbst trotz ihrer doktrinären Unnachgiebigkeit zu einer paradoxen Rehabilitation des irdischen Lebens. Luther forderte dazu auf, den Müßiggang zu fliehen und, um gottgefällig zu leben, nach dem Motiv zu handeln, daß »ein guter und gerechter Mensch gute Werke tut«[9] und so seine Chance bestätigt, errettet zu werden.

In gleicher Weise hat sich im 17. und 18. Jahrhundert ein regelrecht versöhnliches Christentum entwickelt, das sich nicht für das irdische gegen das himmlische Dasein entscheiden, sondern beide miteinander in Einklang bringen wollte. Weit davon entfernt, unvereinbar zu sein, folgen sie aufeinander, und ein Philosoph wie Malebranche, der die berühmte Pascalsche Wette[10] ablehnt, zeigt das Glück als eine aufsteigende Bewegung, die von den weltlichen Vergnügen bis zu den himmlischen Genüssen reicht und bei der die Seele unbeschadet bis zur endgültigen Erleuchtung gelangt. Dort, wo andere eine Zäsur betont hatten, stellt er Kontinuität wieder her und beschreibt in einer sehr modernen Glaubensvision, wie der Mensch mit der gleichen Hingabe zur Ewigkeit wie nach vergänglichen Gütern strebt. Nun tragen beide, die Natur und die Gnade, in harmonischer Weise zum menschlichen Geschick bei: Ein Christ kann ein *honnête homme* sein, er kann »Höflichkeit und Frömmigkeit« miteinander verbinden[11], sich seinen

Über die Floskel: »Wie geht's?«

Wie geht es Ihnen? Die Menschen haben sich nicht immer so begrüßt. Früher wünschten sie sich gegenseitig Gottes Schutz, und man verbeugte sich vor einem Bauern nicht wie vor einem Ritter. Zur Entstehung der Floskel »Wie geht's« war das Ende der Feudalgesellschaft und der Eintritt ins demokratische Zeitalter nötig, das ein Mindestmaß an Gleichheit unter den einzelnen, Stimmungen und Launen unterworfenen Individuen voraussetzt. Die Legende besagt, daß dieser Ausdruck, zumindest im Französischen, aus dem medizinischen Bereich stammt: *Comment allez-vous?* käme danach von *Comment allez-vous à la selle?* – Wie gehen Sie zum Stuhl? Überreste einer Zeit, die in der regelmäßigen Verdauung ein Zeichen guter Gesundheit sah.

Die lapidare, standardisierte Floskel gehorcht dem Prinzip der Ökonomie und stellt eine minimale soziale Beziehung innerhalb einer Massengesellschaft dar, die darum bemüht ist, die unterschiedlichsten Menschen zusammenzubringen. Doch sie kommt manchmal weniger als Routine denn als gerichtliche Vorladung daher: Man möchte die Person, die man trifft, zwingen, sich zu situieren, sie, mit einem Wort, einer eingehenden Untersuchung unterziehen. Wie steht es um dich? Was ist los mit dir? Eine diskrete Aufforderung, die jedem befiehlt, sein Innerstes zur Schau zu stellen. Denn es hat einem gefälligst »zu gehen«, selbst wenn man nicht weiß, wohin es denn geht in einer Welt, die die Bewegung zum kanonischen Wert erhebt. Insofern ist das mechanisch dahingesagte »Wie geht's«, auf das gar keine Antwort erwartet wird, menschlicher als ein allzu fürsorgliches »Wie geht's«, das uns bloßstellen, uns zu einer seelischen Bilanz drängen will. Denn die Tatsache, daß ich bin, ist von nun an keine Selbstverständlichkeit mehr, vielmehr muß permanent das Stimmungsbarometer konsultiert werden. Geht es mir denn wirklich gut, mache ich mir auch nichts vor? Deshalb drücken sich einige um eine ehrliche Antwort und kürzen sie ab, wobei sie dem anderen soviel Fingerspitzengefühl zutrauen, um aus ihrem »Es geht« eine diskrete Niedergeschlagenheit herauszuhören. Schrecklich ist in diesem Zusammenhang die resignierte Floskel des Verzichts: »Es muß«, als bliebe einem nichts anderes übrig, als die Tage und die Stunden teilnahmslos vorüberziehen zu lassen. Aber warum sollte es uns schließlich auch gut gehen? Da wir täglich dazu gezwungen sind, uns zu rechtfertigen, unterstehen wir häufig einer anderen Logik. Diese ist für uns selbst so undurchsichtig, daß wir unsere eigene Antwort nicht mehr verstehen, noch nicht mal als Formalität.

»Du siehst heute phantastisch aus.« Dieses Kompliment, das wie warmer Regen auf uns niedergeht, ist wie eine Bestätigung: In der täglichen Gegenüberstellung von Strahlenden und Mürrischen bin ich auf der richtigen Seite. Durch die Magie eines einzigen Satzes werde ich auf den Gipfel einer subtilen, aber auch stets im Wandel befindlichen Hierarchie erhoben. Doch schon am folgenden Tag kann ein anderes, diesmal gnadenloses Urteil fallen: »Du siehst aber schlecht aus heute.« Diese Bemerkung kommt einer standrechtlichen Erschießung gleich, enthebt mich der wunderbaren Stellung, in der ich mich für immer sicher glaubte. Ich habe mich der Kaste der Herrlichen unwürdig erwiesen, ich bin ein Aussätziger, der sich an den Wänden entlangdrücken und sein schlechtes Aussehen vor allen verbergen muß.

Die Frage »Wie geht's?« ist folglich die belangloseste und zugleich tiefgründigste. Um korrekt darauf zu antworten, müßte man seine psychische Verfassung einer peinlich genauen Bestandsaufnahme unterziehen. Aber was soll's? Man muß aus Höflichkeit und Anstand »ja« sagen und zu anderen Dingen übergehen oder aber ein Leben lang über die Frage nachgrübeln und die Antwort für später aufheben.

alltäglichen Aufgaben widmen, ohne die Aussicht auf die Erlösung aus den Augen zu verlieren. Die Unsterblichkeit wird demokratisiert und der Mehrheit zugänglich gemacht. Das Christentum bleibt folglich die Doktrin einer nur relativen und durchdachten Abwertung der Welt: Indem es das irdische Leben als einen Ort sowohl des Verderbens wie der Errettung betrachtet, macht es dieses Leben zugleich zum Hindernis und zur Voraussetzung der Erlösung und erhebt es so zum höchsten Gut; es befreit uns von unserem Körper, setzt ihn durch die Fleischwerdung Christi jedoch wieder in sein Recht ein. Kurz, das Christentum bekräftigt die Autonomie des Menschen genau in dem Augenblick, in dem es diese der göttlichen Transzendenz unterordnet. In allen Fällen verlangt es vom Gläubigen, der hin und her gerissen ist zwischen »den Gefahren des Genießens« und dem Verzicht auf die »verzaubernde und gefährliche Süße des Lebens« (Augustinus), die Sinnenwelt zu bejahen, ohne sie anzubeten, ohne die weltlichen Dinge zum Absoluten zu erheben.

Geliebtes Leid

Was bedeutet das Unglück für das Christentum? Es ist die Büßerhaltung, in die uns der Sündenfall zwingt, der von uns zu entrichtende Zins der Erbschuld. Und in dieser Hinsicht haben die Kirchen dick aufgetragen: Nicht nur geißeln sie das Diesseits, sondern sie erklären auch das irdische Dasein zur Wiedergutmachung einer Verfehlung, die uns alle von Geburt an zeichnet, weil sie sich auf die unzähligen Nachkommen von Adam und Eva übertragen hat. Alle sind a priori schuldig, sogar der Fötus im Mutterleib, daher müssen Neugeborene auch so dringend getauft werden. Doch wäre es unverantwortlich, über diesem Elend, das von unserer Unvollkommenheit herrührt, zu verzweifeln. Aus Liebe hat der Herr seinen Sohn geopfert, damit er die Menschheit vom Bösen befreie. Daß ein Sterbender am Kreuz das Sinnbild dieser Religion ist, bedeutet, daß sie den Tod Gottes ins Zentrum ihres Rituals gestellt hat. Durch seinen Todeskampf wird Jesus zum »Eigentümer des Todes« (Paul Valéry) und verwandelt diesen in Freude. Trauer und Auferstehung: Gottes Sohn bezeugt an seinem Kreuz die Tragik des menschlichen Daseins und überwindet sie in der übermenschlichen Natur der Hoffnung und der Liebe. Jeder Unglückliche kann das Leiden Christi persönlich nacherleben und an der Erschaffung von etwas teilhaben, das seine eigene Größe übertrifft. Wenn er selbst erniedrigt wird, muß er sein eigenes Kreuz tragen und in Jesus einen geistigen Führer und einen Freund finden, der ihm hilft. Unter dieser Bedingung ist das Leid nicht mehr des Menschen Feind, sondern sein Verbündeter, der uns Läuterung und die »Erneuerung spiritueller Energie« (Johannes Paul II.) ermöglicht. Das Leiden besitzt, wie es der Philosoph Max Scheler ausdrückte, die einzigartige Fähigkeit, das Echte vom Unechten und das Niedere vom Höheren zu scheiden, den Menschen aus der »Verworrenheit des Sinnlichen«, aus dem groben Gestein seines Körpers zu reißen, um seinen Blick auf die wesentlichen Reichtümer zu lenken.[12]

Es reicht also nicht, Leid zu erdulden, vielmehr muß man es lieben, es zum Werkzeug einer wahrhaftigen Einkehr machen. Es ist das Scheitern, das zum Sieg führt, und wie Luther sagte, stellt Gott das Seelenheil des Sünders sicher, indem er ihn verdammt. »Jeder Mensch wird zum lebendigen Weg der Kirche, besonders, wenn das Leiden in sein Leben tritt.«[13] In diesem Punkt lehnt das Christentum sowohl das aristokratische Heldentum als auch die stoische Moral ab, die vorschreibt, Trauer und Krankheiten klaglos hinzunehmen, und den Weisen sogar auffordert, die Marter mit einem Lächeln zu empfangen. Pascal geißelte den Stolz Epiktets angesichts des Unglücks; er sah in ihm eine anmaßende Beteuerung der Freiheit der Menschen, die sich ihrer Nichtigkeit nicht bewußt ist. Unmöglich, sich wie die antiken Philosophen dem Bösen zu entziehen, es mit allen erdenklichen Strategien zu umgehen oder frevelhaft wie die Epikureer zu erklären: »Für uns gibt es keinen Tod.« Man soll sich zu seinem Martyrium bekennen, seine Schmach herausschreien und aus den Tiefen dieser Erniedrigung zu Gott aufsteigen. »Das Leiden rettet das Dasein«, sagte Simone Weil, »es kann niemals stark genug, groß genug sein«; da es uns das Tor zur Erkenntnis und zur Weisheit öffnet, »ist es um so besser, je ungerechter es ist.«[14]

Daher bei der protestantischen wie der orthodoxen oder auch der katholischen Religion diese Liebe zum Schmerz, diese sehr echte Sorge um die Unglücklichen, die mit einer geradezu gierigen Anteilnahme am Leid einhergeht. »Jesus Christus lehrte, durch Leiden Gutes zu tun und dem, der leidet, Gutes zu tun.«[15] Daher auch das zwanghafte Bedürfnis, sich des Unglücks anderer zu bemächtigen, als sei das eigene nicht ausreichend (wie der Versuch des polnischen Klerus, Auschwitz zu einem modernen Golgatha umzudeuten, oder auch, will man den Journalisten glauben, die Tatsache, daß Mutter Teresa in den Sterbehäusern von Kalkutta auf Seelenfang ging – wie groß ihre Verdienste auch sonst gewesen sein mögen). Nicht zu vergessen die ausgeprägte Vorliebe einer bestimmten christlichen Kunst für den Märtyrer, für Körper mit abgerissenen Gliedmaßen, die Besessenheit vom Kadaver, vom Aas und der Fäulnis, die Betonung der fäkalischen Natur des Körpers und schließlich die Ästhetik der Marter und des Blutes bei den Mystikern. Wenige Religionen haben so sehr wie die christliche den menschlichen Unrat betont, wenige haben einen solchen »Sadismus der Frömmigkeit«[16] zur Schau getragen.

Selbst wenn die katholische Kirche sich seit Pius XII. verständiger gegenüber den Leidenden zeigt, *bildet das Leiden für sie dennoch die Norm, die Gesundheit dagegen ist beinahe abnorm.* Johannes Paul II. drückte dies so aus: »Wenn der Körper ganz von der Krankheit ergriffen und zu nichts mehr imstande ist, wenn es dem Menschen fast unmöglich geworden ist, zu leben und zu handeln, werden seine innere Reife und geistige Größe um so deutlicher erkennbar, und sie sind eine bewegende Lehre für die Gesunden.«[17] Man soll den Menschen lieben, ihn jedoch zuvor demütigen und erniedrigen. Das Leiden bietet, indem es uns Gott näherbringt, die Gelegenheit, auf die nächsthöhere Stufe zu gelangen, es verliert seine schlimmste Eigenschaft: die Vergeblichkeit. »Auf Hiobs Frage: Wozu soviel Leid? Warum ich? bekomme ich eine Antwort nur«, sagt wiederum Johannes Paul II., »indem ich mit Christus leide, indem ich auf den Ruf höre, den er vom Kreuz herab an mich richtet: Folge mir nach.«[18] Nur in meinem Elend kann ich demnach inneren Frieden und geistige Freude finden. Die Welt des Christentums mag in unseren Augen grausam erscheinen, doch sie ist eine mit Sinn erfüllte Welt (wie der Buddhismus, der das Leid als die Folge der in den vorherigen Leben begangenen Fehler ansieht – nach der Vorstellung, daß sich die Pfeile, die wir abschießen, gegen uns kehren: ein grausamer, doch auch ungemein tröstlicher Gedanke). Mit der Religion wird das Leiden zu einem Geheimnis, das wir nur entschlüsseln können, indem wir leiden. Ein sonderbares Geheimnis übrigens, mit dem sich alles erklären läßt.[19] Und die Theologen sollten wahre Glanzstücke der Kasuistik und der Spitzfindigkeit entwickeln, um die Existenz des Bösen zu legitimieren, ohne dabei der Güte Gottes Abbruch zu tun.

Nun begreift man die außerordentliche Bedeutung des Todeskampfs im klassischen Zeitalter (und in ländlichen Gegenden noch bis in die Mitte des 20. Jahrhunderts). Einst verstand es sich von selbst, daß ein Mensch in einem gemeinschaftlichen Lebensraum nur in der Öffentlichkeit, vor den Blicken der anderen starb, und nicht allein, wie heute im Krankenhaus. Durch die letzte Prüfung hatte der Gläubige Gelegenheit, mit seinen Nächsten abzurechnen, über seine Sünden nachzusinnen, sich von den irdischen Banden zu lösen, bevor er ins Ungewisse aufbrach. »Nicht dem Schmerz zu erliegen ist beschämend für den Menschen«, sagt Pascal, »beschämend für ihn ist, der Lust zu erliegen.« Der Todeskampf ist entscheidend: Er erlaubt dem Gläubigen, dieser niederen Welt durch den Schmerz einen letzten Tribut zu zollen und seinen Körper zu verlassen, ähnlich wie ein Boot, dessen Leinen man nach und nach kappt. Das Röcheln und die Schrecken des Todes sollen von einem Leben zeugen, das ganz und gar der Aufopferung und Barmherzigkeit gewidmet war.

Darum geißelt Bossuet jene unentschlossenen, lauen Christen, deren Glaube erst an der Schwelle zum Tode erwacht und sich in sehr später Reue ausdrückt. Dagegen hält er große Lobeshymnen auf die kleine Anne Henriette von England, Herzogin von Orléans, die im Alter von vierzehn Jahren, im Augenblick des Todes, lieber die Priester herbeiruft als die Ärzte, die das Kruzifix küßt, die Sakramente erbittet und sagt: »O Herr, habe ich nicht immer auf dich vertraut?« »Das Wunder des Todes«, schreibt dazu der Prediger Bossuet, den heiligen Antonius zitierend, »liegt darin, daß er für den Christen nicht das Leben beendet, sondern lediglich die Sünden und Gefahren, denen er ausgesetzt ist. Mit unseren Tagen verkürzt Gott auch unsere Versuchung, das heißt alle Gelegenheiten, das wahre, ewige Leben zu verwirken, während die Welt nichts anderes ist als unser gemeinsames Exil.«[20] Und es wird uns nicht erstaunen, wenn wir aus der Feder von Johannes Paul II. im Zusammenhang mit der Sterbehilfe eine Lobrede auf den Menschen lesen, »der freiwillig leidet und auf Schmerzlinderung verzichtet, um bei klarem Bewußtsein zu bleiben und, sofern er gläubig ist, am Leiden des Herrn teilzuhaben«, selbst wenn, und diese Kleinigkeit ist von großer Bedeutung, ein solch heldenhaftes Benehmen »nicht als allgemeine Pflicht betrachtet werden kann.«[21] Die römisch-katholische Kirche billigt bekanntermaßen die palliative Behandlung, solange diese den Sterbenden bei Bewußtsein läßt.

Man muß annehmen, daß eine solche institutionalisierte Rechtfertigung des Leidens wenig überzeugend war, da sie sich im Laufe der Zeit zu einem Brevier der Resignation und des Obskurantismus entwickelt hat (auch für die

Gläubigen selbst, die in diesem Punkt eher die weltlichen Werte übernahmen). Die Entdeckung der Alkaloide, der Gebrauch von Narkotika, die reinigende Wirkung von Aspirin und Morphium haben die Märchen der Priester über den Schmerz als notwendige göttliche Strafe vom Tisch gefegt. Eigentlich hat das Christentum den Protest, der es erschüttern sollte, aus sich selbst hervorgebracht. Nachdem die Vorstellung von der Glückseligkeit einmal geprägt – wenn auch im Himmel lokalisiert – war, entfaltete sie eine Kraft, die sich gegen das Christentum wenden mußte. (Und auch die Seligpreisungen in den Evangelien, die mit den Verfluchungen verbunden sind, verheißen keine Erleichterung, sondern Gerechtigkeit. Es ist ein Aufruf, die Welt umzustoßen, eine Chance für die Fallenden und Gefallenen. Die Mächtigen werden zu Boden geworfen werden, die Elenden in den höchsten Rang erhoben.)[22]

Zu wissen, daß ein solcher Zustand uns nach dem Tod erwartet, läßt die Menschen ungeduldig darauf harren, daß sie schon im Diesseits einen Vorgeschmack davon bekommen. Eine mächtige Hoffnung auf ein besseres Leben tritt zutage, die ihre Kraft aus dem Text der Heiligen Schrift selbst schöpft. Man möchte schneller das Ende der Welt herbeiführen, an dem der Messias zurückkehren und das angestaute Unglück sich in einer freudigen Apokalypse ergießen wird, man zählt die Jahre, die Jahrhunderte, die uns von diesem Zeitpunkt trennen, und die Rechnungen erhitzen die Gemüter. In dieser Hinsicht sind Häretiker und Chiliasten nichts als voreilige Leser, die die Bibel wörtlich nehmen und an ihren buchstäblichen Sinn glauben. Sie berufen sich auf die Unbeugsamkeit Jesu, um den versteinerten Strukturen der kirchlichen Institution zu widersprechen. Das Motiv des Glücks ging aus dem Christentum hervor, doch entwickeln sollte es sich gegen dieses. Wie Hegel als erster bemerkt hatte, enthält diese Religion bereits alle Keime ihrer Überwindung und der Abkehr der Gläubigen. Ihren Hauptfehler sahen die Menschen der Renaissance und der Aufklärung – die übrigens alle gläubig waren – darin, daß sie das Unglück mit dem Schleier der Beredsamkeit umhüllte, dieser »Eloquenz des Kreuzes«, die die Auferstehung verspricht und die Gottesfürchtigen so von der Aufgabe abbringt, die Bedingungen des irdischen Daseins zu verbessern. Um so mehr, als der Kult des Schmerzes und des Opfers, wie Nietzsche später in bezug auf die Philosophen der Antike zeigen wird, den Menschen nicht erhebt, sondern abstumpft und verbittert. Von da an gilt, wie Karl Marx es in einem berühmt gewordenen Satz formuliert hat, daß »[d]ie Aufhebung der Religion als des illusorischen Glücks des Volkes (...) die Forderung seines wirklichen Glücks [ist].«[23] Die katholische wie die protestantische Härte richtete sich verzweifelt gegen die menschliche Natur und ihre Freuden. Mit der Aufklärung werden Lust und Wohlbefinden endlich rehabilitiert und das Leiden als Anachronismus abgelehnt. Man könnte meinen, eine Seite der Geschichte sei nun umgeblättert. Doch an diesem Punkt fangen die Schwierigkeiten eigentlich erst an.

1 Johan Huizinga, *L'Automne du Moyen Age*, Paris 1975, S. 15 (dt.: *Herbst des Mittelalters*, München 1924).

2 Zitiert nach Johannes Paul II., *Le Sens chrétien de la souffrance*, Paris 1984, S. 68 (dt.: *Apostolisches Schreiben Salvifici doloris über den christlichen Sinn des menschlichen Leidens*, Bonn 1984).

3 Jacques B. Bossuet, *Sermons et oraisons funèbres*, Paris, Vorwort von Michel Crépu, S. 140–141.

4 René Descartes, *Correspondance avec la princesse Palatine sur »La Vie heureuse« de Sénèque*, Paris 1989, S. 188–189.

5 In einem Vorwort zu den *Brüdern Karamasow* schreibt Freud in bezug auf den Moralisten bei Dostojewski, der die Buße immer wieder

mißbraucht, folgendes: »Er erinnert an die Barbaren der Völkerwanderung, die morden und dafür Buße tun, wo die Buße direkt eine Technik wird, um den Mord zu ermöglichen.« (Sigmund Freud, *Gesammelte Werke*, Frankfurt 1991, Bd. 14, S. 400.)

6 Wie Jean Delumeau in *La Peur en Occident*, Paris 1978 (dt.: *Angst im Abendland*, Reinbek bei Hamburg 1985), Kapitel 7 über den Satanismus, hervorhebt.

7 Jacques Le Goff, *La Naissance du Purgatoire*, Paris 1981 (dt.: *Die Geburt des Fegefeuers*, Darmstadt 1984).

8 Das Tarifsystem der Buße verbreitet sich seit dem 12. Jahrhundert in Frankreich und umfaßt Geldspenden, Gebete oder Messen. Diese kauft man stückweise wie eine letzte Wegzehrung für das Jenseits. Mit der Entwicklung der mildtätigen Frömmigkeit erblühen die zügellosesten, hemmungslos profitgierigen Unternehmungen: Indem man eine Pilgerschaft antrat, an ein Krankenhaus spendete, Psalmen aufsagte, hoffte man auf Erlaß einiger Jahre Fegefeuers. »Eine heilige Stätte beispielsweise, die durch eine Beichte finanziert wird, verspricht 7 Jahre und 7 mal 40 Tage, eine andere 40 mal 40 Jahre. Von einem Pilgerführer im Heiligen Land erfahren wir, daß ein Besuch an allen heiligen Orten 43 mal 7 Jahre und sieben mal 40 Tage einbringt.« (Zit. nach Jacques Chiffoleau, »Crise de la croyance«, in: *Histoire de la France religieuse*, Paris 1988, Bd. II, S. 138 u. 142.) Es sei daran erinnert, daß die katholische Kirche noch heute, wenn auch gratis, solche Gnaden walten läßt, zur großen Entrüstung der Protestanten. Die päpstliche Bulle des Jahres 2000 verspricht Büßern, die ein Jahr oder länger aufs Trinken und aufs Rauchen verzichten, vollständigen Ablaß, der auf die Toten im Fegefeuer übertragen werden kann ...

9 Martin Luther, *Reformatorische und politische Schriften*, Bd. 2: Die großen Reformationsschriften von 1520, München 1914.

10 Mit dieser Wette, die sich auf eine Wahrscheinlichkeitsrechnung gründet, wollte Blaise Pascal beweisen, daß der Glaube an Gott sich auf jeden Fall lohne, auch wenn man niemals Gewißheit über Gottes Existenz erlangen könne.

11 Robert Mauzi, op. cit., S. 17–18 u. S. 181.

12 Max Scheler, »Vom Sinn des Leidens«, in: *Liebe und Erkenntnis*, Bern 1955.

13 Johannes Paul II., op. cit., S. 4.

14 Simone Weil, *La Pesanteur et la Grâce*, Paris 1988 (dt.: *Schwerkraft und Gnade*).

15 Johannes Paul II., op. cit., S. 91.

16 Jacques Chiffoleau, op. cit., S. 135.

17 Johannes Paul II., op. cit., S. 73.

18 Ibid., S. 76.

19 In diesem Zusammenhang bemerkt Marcel Conche sehr treffend in *Orientation philosophique*, Paris 1990, S. 56: »Durch diesen sonderbaren Mechanismus, durch die fehlende Antwort, hat man auf alles eine Antwort.« Der unüberlegt verwendete Begriff des Geheimnisses wird zu einem reinen Scheinbeweis, um das nicht zu Rechfertigende zu rechtfertigen, wie das Leiden eines Kindes.

20 Bossuet, op. cit., S. 178–179.

21 Johannes Paul II., *Evangelium Vitae*, Paris 1995, S. 103–104 (dt.: *Evangelium Vitae*, Bonn 1995).

22 »Selig seid ihr Armen, denn das Reich Gottes ist euer. (...) Aber dagegen weh euch Reichen! Denn ihr habt euren Trost dahin (...) Weh euch, die ihr hier lachet! denn ihr werdet weinen und heulen, (...)« (Lukas 6, 20–26, zitiert nach der Übersetzung Martin Luthers)

23 Karl Marx, *Zur Kritik der Hegelschen Rechtsphilosophie. Deutsch-Französische Jahrbücher*, Paris 1844.

Zweites Kapitel

Das Goldene Zeitalter – und danach?

Eine wundervolle Verheißung

Die moderne Auffassung vom Glück gründet auf einem berühmten Satz aus Voltaires Gedicht *Le Mondain* (1736): »Das Paradies auf Erden ist da, wo ich bin.« Und diese ursprüngliche Gußform sollte später immer aufs neue gefüllt und verwendet werden, als wolle man sich ihrer Wahrheit versichern.[1] Eine großartige, schockierende Äußerung, die Jahrhunderte von Rückständigkeit und Askese zunichte machen sollte und deren verwirrende Schlichtheit uns noch immer Kopfzerbrechen bereitet. Später wird Voltaire, wie sein ganzes Jahrhundert vom Lissaboner Erdbeben erschüttert, diesen flammenden Optimismus, diese provozierende Lobeshymne auf den Luxus und die Sinnenfreuden verwerfen und angesichts der grundlosen Grausamkeit der Natur und der Menschen eine gemäßigtere Haltung einnehmen: »Eines Tages wird alles gut sein, das ist unsere Hoffnung. Es wäre schon heute alles gut, das ist die Illusion.« Doch wird Voltaire dem Bösen niemals eine positive Bedeutung abgewinnen, wird es für ihn niemals der Preis eines Vergehens oder die Folge des Sündenfalls sein, und in dieser Hinsicht ist er ein desillusionierter moderner Denker.[2] Die Aufklärung und die Französische Revolution haben nicht nur die Erbsünde gelöscht, sie sind auch mit einem Glücksversprechen an die gesamte Menschheit in die Geschichte eingegangen. Und dieses Versprechen ist keine metaphysische Chimäre, keine vage Hoffnung mehr, erreichbar nur über die komplexe Geheimwissenschaft des

Seelenheils, vielmehr ist das Glück hier und jetzt, es ist jetzt oder nie.

Eine grundlegende Umwälzung, ein Paradigmenwechsel der Geschichte: Bentham, der englische Vater des Utilitarismus, fordert »das größtmögliche Glück für die größte Zahl von Menschen«; Adam Smith sieht im Drang der Menschen, ihr Dasein zu verschönern, ein göttliches Zeichen; Locke empfiehlt, die *uneasiness*, das Unbehagen, zu fliehen. Kurz, überall herrscht mit einemmal die Überzeugung, daß es vernünftig sei, die Einführung des Wohlstands auf Erden zu wünschen. Was ein wunderbares Vertrauen in die Fähigkeit des Menschen beweist, sich zu vervollkommnen, sich vom ewigen Wiederkäuen des Unglücks zu befreien, Vertrauen in seinen Willen, etwas Neues, das heißt Besseres zu erschaffen. Vertrauen auch in die miteinander verschränkten Kräfte der Wissenschaft, der Bildung und des Handels, die das goldene Zeitalter des Menschengeschlechts herbeiführen sollten, das der Utopist Saint-Simon 1814 für wenige Generationen später voraussagte (inspiriert wiederum von Francis Bacon, der schon im 17. Jahrhundert den Plan der idealen, von Gelehrten regierten Stadt *Nova Atlantis* nährte). Und schließlich spricht auch die Sicherheit daraus, daß die Menschheit allein für das Leid verantwortlich ist, das sie sich zufügt, und sie allein es bessern oder beseitigen kann – ohne den »Großen Uhrmacher« oder eine Kirche im Hintergrund, die den Menschen vom Jenseits aus richtet. Welch berauschendes Gefühl eines messianischen Anfangs, eines Neubeginns der Zeit, der dieses Tal der Tränen in einen Rosengarten verwandeln könnte! Die Geschichte stinkt nicht mehr, sie duftet, die Welt wird wieder gemeinsame Heimat, um deren Zukunft man sich genauso sorgt wie um das eigene Schicksal nach dem Tod. Da die Kluft zwischen der Menschheit und ihrem

Schöpfer seit dem Mittelalter immer größer wird, kann der Mensch nur auf die eigene Kraft zählen, um sein irdisches Dasein zu gestalten. Das ganze Leben muß zu einer mustergültigen Demonstration des Guten werden, so ein Satz von Dupont de Nemours, der den Leibnizschen Optimismus parodiert.

Die Hoffnung auf das Glück siegt über die Vorstellung vom Seelenheil und von der Größe durch eine zweifache Ablehnung sowohl der Religion als auch des feudalen Heroismus: *Wir wollen lieber glücklich sein als erhaben oder errettet.* Dank des materiellen und technischen Fortschritts wird der Aufenthalt auf Erden seit der Renaissance nicht mehr als Strafe oder Last angesehen. Seitdem der Mensch in der Lage ist, das Elend zu verdrängen und sein Schicksal zu meistern, spürt er, wie seine Abscheu vor sich selbst verblaßt. Überall verlangt »der bittere Geschmack des Lebens« (Huizinga), der in Europa aus dem Hochmittelalter hervorgeht, danach, einen neuen, wohlwollenden Blick auf unsere Wohnstatt zu werfen, überall zeigt sich eine Rehabilitierung des Instinkts, »eine Eroberung des Angenehmen« (Paul Bénichou). Man erkennt, die Welt kann ein fruchtbarer Garten sein statt eines unfruchtbaren Stücks Land, die Lust ist erreichbar, der Schmerz allein resümiert nicht mehr die Gesamtheit menschlicher Erfahrung (was auch die gesamte utopische Tradition seit Thomas More und Campanella bezeugt). Vor allem muß man sich mit seinem Körper aussöhnen: Vorbei sind die Zeiten, da er als vergängliche und abscheuliche Hülle der Seele betrachtet wurde, der man mißtrauen und von der man sich lösen mußte. Er ist fortan ein Freund, unser einziger Rettungsanker, unser treuester Gefährte, den man umsorgen, pflegen, nach allen erdenklichen Regeln der Medizin und der Hygiene behandeln muß, während die Religion seine Gängelung, seine

Verachtung und sein Vergessen gepredigt hatte. Es triumphiert das Behagen: alles Gepolsterte, Wattierte, Bequeme, alles, was die Erschütterung dämpft, unser Wohlbefinden gewährleistet.

Kurz, das Abendland hat es entgegen seiner eigenen Tradition gewagt, dem *Schmerz nicht die Vertröstungen auf das Jenseits, sondern die Verbesserung des Diesseits entgegenzusetzen.* Eine Geste von unerhörter Kühnheit, die die amerikanische Unabhängigkeitserklärung von Anbeginn in ihre Statuten aufnimmt, wenn sie versichert, daß »das Leben, die Freiheit und das Streben nach Glück« zu den unveräußerlichen Menschenrechten gehören. Die Menschheit ist nur noch sich selbst Rechenschaft schuldig. Die Vorstellung vom Fortschritt verdrängt die von der Ewigkeit, die Zukunft wird zum Gegenstand der Hoffnung, zum Ort der Aussöhnung des Menschen mit sich selbst. In ihr erfüllt sich gleichermaßen individuelles wie kollektives Glück, besonders in den Vorstellungen des angelsächsischen Utilitarismus, der das Glück in den Dienst der gesamten Menschheit stellen will, um dem Vorwurf zu entgehen, er sei unmoralisch. Danach wäre die gerechte Handlung immer mit Freude verbunden, die ungerechte mit Leiden. Die Menschheit bewegt sich demnach unaufhörlich auf das Gute zu, der moralische Fortschritt kann zwar manchmal »*unterbrochen*, aber nie *abgebrochen* [werden]« (Kant)[3]. Das Dasein des Menschen trägt einen glücklichen Keim in sich, alles, auch das gestern noch Unvorstellbare, wird möglich, und diese neue Überzeugung fördert das Streben nach mehr Gerechtigkeit und Gleichheit. Die schreckliche Nacht des Mittelalters scheint für immer hinter uns zu liegen. Für die Überschwenglichsten, etwa einen Condorcet, ist das Glück ganz einfach unausweichlich, es ist untrennbar mit dem Siegeszug des menschlichen Geistes verbunden, der zugleich unaufhaltsam und unfehlbar ist. »Ein einziger Augenblick«, schreibt er über die Französische Revolution, »hat die Menschen um ein ganzes Jahrhundert weitergebracht.« Es ist unmöglich, sein Glück nicht zu wollen: es ist ein Naturgesetz des menschlichen Herzens, wie die Schwerkraft in der Physik, es ist das ethische Gegenstück zur universellen Schwerkraft.

Die Ambivalenz des Gartens Eden

Doch das Gelobte Land der Zukunft weicht zurück, sobald man es erspäht, und es erinnert merkwürdig an das christliche Jenseits. Es verflüchtigt sich jedesmal, wenn man es greifen will, man wird enttäuscht, kaum daß man sich ihm nähert. Daher ist der Fortschrittsgedanke so zwiespältig: er lädt zur Mühe ein, zum Mut, zur Hoffnung, dort Erfolg zu haben, wo die vorherigen Generationen gescheitert sind; doch er verteidigt auch das gegenwärtige Unglück, indem er seine Linderung in lichter Ferne verspricht. Für das Morgen sind wie eh und je Opfer zu bringen, und der historische Optimismus nimmt die Gestalt einer nicht enden wollenden Läuterung an. Das Paradies bleibt auf später verschoben. Und an weltlicher Nachkommenschaft für den christlichen Schmerz wird es nicht fehlen: Da kommen die Hegelianer, die in den von den Völkern im Lauf der Zeiten erduldeten Qualen die notwendigen Etappen des Geistes auf dem Weg zu seiner Vollendung sehen; die Marxisten, die die Gewalt als Geburtshelferin der Geschichte betrachten und die Abschaffung der Ausbeuterklassen predigen, um den Aufbau einer vollkommenen Gesellschaft voranzutreiben; die Nietzscheaner, die die Grausamkeit und das Böse verherrlichen als Mittel, um die

Stärksten auszuwählen und das Menschengeschlecht zu verbessern; und schließlich ganz allgemein alle Ideologien, die den Einzelnen zum Wohle des Ganzen opfern. Für alle diese Doktrinen stellt das Böse ein Moment des Guten dar, und noch in den fürchterlichsten Qualen erkennen sie das Werk einer geheimen Vernunft. Davon ausgehend kann jedes beliebige Unglück gerechtfertigt werden, wenn es sich in die allgemeine Ordnung des Universums einfügt. Jede Zerstörung bereitet einen späteren Wiederaufbau vor, die Geschichte besteht aus Irrtümern, die sich nach und nach in Wahrheiten verwandeln. Vertrieben sind die Alpträume: Noch das Schrecklichste, das Menschen einander zufügen, trägt notwendigerweise zur Entfaltung aller bei. Insofern gilt Hegels Ausruf für die gesamte Moderne: »Gäbe es so etwas, was der Begriff nicht verdauen, nicht auflösen könnte, so läge dies freilich als die höchste Zerrissenheit, Unseligkeit da.«[4] Wenn die Verzweiflung wuchert, verwirft sie alle Erklärungen, alle Scheinbeweise, spottet sie jeglicher Absicht, das Reale mit dem Rationalen gleichzusetzen. Angesichts des Leids gebärden sich die Modernen nicht weniger toll als ihre religiösen Vorfahren. *Denn es kränkt ihren Stolz durch eine schneidende Verleugnung: Es stellt ihre Allmacht in Frage.* Wir wissen, daß beispielsweise in Frankreich die Ärzte erst ganz am Ende des 20. Jahrhunderts verpflichtet werden konnten, die Schmerzen von Todkranken zu lindern (und die der Neugeborenen anzuerkennen), während sie sie bisher heruntergespielt und lediglich als aufschlußreiche Symptome betrachtet hatten. Doch die außerordentlichen Spitzfindigkeiten, mit denen Philosophen, Ideologen oder die Staatsmacht das Unglück legitimieren, kommen an einer unumgänglichen Tatsache nicht vorbei: Unsere demokratischen Gesellschaften sind in zunehmendem Maße allergisch gegen das Leiden. Daß es andauert oder sich ausbreitet, empört uns um so mehr, als wir nicht mehr auf Gott zurückgreifen können, um Trost zu finden. In dieser Hinsicht hat die Aufklärung auch gewisse Widersprüche hervorgebracht, die wir noch nicht gelöst haben.

Die moralischen Ansprüche des Christentums mußten im Diesseits nur ansatzweise realisiert werden. In dieser Welt gab es nur Unvollkommenheit und Dürftigkeit, die Hoffnung auf Erlösung war ins Jenseits verlegt. Feigheit und Egoismus blieben den gewöhnlichen Kreaturen überlassen, den Gerechten und den Heiligen oblag es, als Zeugen einer anderen Ordnung den Menschen unendliche Liebe und Barmherzigkeit angedeihen zu lassen. Anders ausgedrückt, die Religionen werden immer einen wesentlichen Vorteil gegenüber den weltlichen Ideologien haben: die Überflüssigkeit des Beweises. Die Versprechen, die sie uns geben, sind nach keiner menschlichen oder zeitlichen Skala zu bemessen, im Gegensatz zu unseren irdischen Vorstellungen, die sich dem Gesetz der Beweisführung beugen müssen. Genau daran ist der Kommunismus gescheitert, am tödlichen Zusammenstoß zwischen den verheißenen Wundern und den tatsächlichen Schandtaten. Es genügt nicht, das Paradies auf Erden zu verkünden, es muß sich auch in Form von Annehmlichkeiten und größerem Wohlstand materialisieren, selbst auf die Gefahr hin, die Erwartungen zu enttäuschen.

Zu diesem ersten Zwang kommt noch ein anderer hinzu. Die Religion verbietet eine exakte Vorstellung vom Paradies: Dieser Ort der vollkommenen Wonnen, an dem es weder Hunger noch Durst, weder Bosheit noch Zeit gibt, an dem die Körper, mit ewiger Jugend beschenkt, inmitten eines strahlenden Hofes voller Engel und Heiliger auferstehen werden, erlaubte keine allzu genaue Darstellung. Im Gegensatz zu den chiliastischen Sekten hat die Kirche die eschatologischen Texte immer als Allegorien betrachtet – eine religiöse Weisheit, die für alle monotheistischen Lehren gilt: Der göttliche Aufenthaltsort liegt jenseits jeder menschlichen Vorstellungskraft. Er ist die Summe aller Verzückungen, die »seligmachende Vision« schlechthin und von einer solchen reinen Glut, daß sie unsere Vorstellungskraft vollkommen übersteigt. Wer Gottes Angesicht schauen könnte, wäre sofort tödlich getroffen: Gott ist von Natur aus unsichtbar, nicht darstellbar, nicht vorstellbar. Man kann nicht sagen, was er ist, nur, was er nicht ist, man kann »nur in Negation« (Dionysios Areopagites) von ihm sprechen.

Die Kraft der Heilsidee liegt in einer grenzenlosen Verzückung angesichts des Herrn. Der religiöse Gedanke hat »zur strikten Bedingung, daß das Heil auf keinen Fall erlangt werden darf«[5]; die weltliche Glücksabsicht fordert dagegen seine unverzügliche Erfüllung. Das Handicap der profanen Welt ist, daß sie weder Unbestimmtheit noch Aufschub duldet. So liegt vielleicht eine Weisheit im Gedanken des Fortschritts, im stillschweigenden Eingeständnis, daß der gegenwärtige Augenblick nicht alle möglichen Annehmlichkeiten ausschöpft. Und der Verdacht, daß das Paradies, wenn es auf die Erde herabkäme, uns womöglich ewige Langeweile bescheren könnte, das unterschwellige Verlangen, unsere Wünsche niemals ganz in Erfüllung gehen zu lassen, aus Angst, enttäuscht zu werden – auch sie erklären die Verlockung des Fortschritts: Er ermöglicht der Zeit, neue Vergnügen heranreifen zu lassen, und erneuert zugleich die alten. Andere Objekte des Begehrens schillern in der Zukunft. Weshalb das Glück entgegen der berühmten Lebensweisheit eine Geschichte haben kann, überliefert in der Art und Weise, wie jede Epoche, jede Gesellschaft ihre Vision des Begehrenswerten zeichnet und das

Angenehme vom Unerträglichen scheidet. Das Glück hängt ebenso vom unmittelbaren Genuß ab wie von der Erwartung an einen Plan, aus dem neue Quellen der Freude und neue Genüsse hervorgehen könnten.

Die Beharrlichkeit des Schmerzes

Seitdem aber das Ziel des Lebens nicht mehr die Pflicht, sondern das Wohlbefinden ist, trifft uns die kleinste Unannehmlichkeit wie eine Kränkung. Im 18. Jahrhundert ebenso wie heute wird die Fortdauer des Leidens, dieser unbesiegbaren Seuche der Menschheit, als absolute Schamlosigkeit empfunden. Niemals hatte sich das Christentum in seiner großen Vorsicht zum Ziel gesetzt, das Böse auf Erden auszurotten: wahnwitzig die Pelagianisten, die diesen Ehrgeiz hatten. Schon Pascal bezeichnete den Willen des Menschen, selbst Mittel gegen sein eigenes Elend zu suchen, als verrückt. Nun aber glaubt die Aufklärung an die Erneuerung der Menschheit durch die vereinten Kräfte des Wissens, der Industrie und der Vernunft. Kein zügelloser Optimismus liegt in diesem Glauben, sondern eine wohldosierte Mischung aus Berechnung und Wohlwollen. Man kann mit fast jedem Unglück fertig werden, das die Menschheit plagt. Eine Frage der Zeit und der Geduld. Doch der Schmerz in seiner unermüdlichen Wiederkehr widerlegt diese Illusion einer perfekten Rationalisierung der Welt. Es obliegt nunmehr dem Menschen, seit er der Sicherheit der göttlichen Vorsehung beraubt ist, den Schmerz nach seinen Möglichkeiten auszuschalten: eine ebenso erhebende wie erdrükkende Verantwortung. Die Erbsünde hatte etwas Beruhigendes, die vertraute Hölle, die wir alle in uns tragen, etwas Optimistisches: Sie verlor sich in grauer Vorzeit, verteilte sich auf jeden einzelnen von uns und befreite das Individuum von einem Gewicht, das auf der Menschheit insgesamt lastete. Und schließlich lag absolut nichts Tragisches in ihr: Angesichts der schlimmsten Greueltaten der Geschichte war sie geeignet, den ursprünglichen Sündenfall wie auch die Notwendigkeit der Buße zu bestätigen.

Alles ändert sich jedoch, sobald das Böse vor dem Hintergrund des Glaubens an das Gute im Menschen operiert: dann wird es zum Scheitern, zur Ketzerei. Wir führen nunmehr über jede Übertretung und Verfehlung Buch und zerstören dadurch die schöne Meinung, die die Menschheit von sich hat. Panische Verzettelung! Und während die einen versuchen, das Unglück en bloc aus der Welt zu schaffen, wie die Revolutionäre, die anderen nach und nach, wie die Reformer, kommt der Verdacht auf, daß ein solches Unterfangen vielleicht illusorisch ist und das Unglück die Erfahrungen des Menschen immer begleiten wird wie ein Schatten. Noch bevor die Französische Revolution die Tugend mit dem Schafott vermählte und den Traum von der idealen Gesellschaft ad absurdum führte, hatte das gesamte Jahrhundert die schwierige Eroberung der Glückseligkeit bereits erprobt. Man glaubte einen Countdown einzuleiten, die Ungerechtigkeit auszulöschen, und verfiel doch wieder in den gewohnten Trott. *Die alte Welt wollte absolut nicht sterben.* Selbst nachdem er von Vorurteilen und Unwissenheit befreit war, wies der menschliche Geist immer noch eine Kluft zwischen Werten und Taten auf.

Seitdem aber bedeutet das Leiden, da es nun seines religiösen Sinnes beraubt ist, nichts mehr, es steht uns im Weg wie ein Paket voller häßlicher Dinge, mit dem wir nichts anzufangen wissen. Es wird nicht mehr erklärt, es wird konstatiert. Es ist zum Feind geworden, den es zu bekämpfen gilt, denn es trotzt all unseren Absichten, auf Erden eine auf Vernunft gebaute Ordnung zu errichten. Gestern brachte es Erlösung, nun soll es Wiedergutmachung bringen. Doch durch ein sonderbares Paradox, dessen Folgen wir noch eingehender untersuchen werden, wächst und vervielfältigt es sich um so mehr, je mehr wir es auszurotten versuchen. Alles, was sich der Kraft des Verstandes, der Befriedigung der Sinne, der Verbreitung des Fortschritts entgegenstellt, wird nun als Leiden bezeichnet: Die Gesellschaft des proklamierten Glücks wird nach und nach zu einer Gesellschaft, die von der Verzweiflung heimgesucht und von der Angst vor Tod, Krankheit und Alter gezeichnet ist. Unter einer lächelnden Maske wittert sie überall den unerträglichen Geruch des Unheils.

Und außerdem, kaum ist die Lust von der moralischen Zwangsjacke befreit, entdeckt sie ihre Vergänglichkeit und stößt auf ein weiteres Hindernis: die Langeweile. Es genügt nicht, Ängste und Tabus über Bord zu werfen, um in aller Ruhe zu genießen. Das Glück folgt gewissen Regeln, Berechnungen und Dosierungen, es braucht Abwechslung nicht weniger als Gegensätze. Erfüllung wird ihm ebenso zum Verhängnis wie Verhinderung. Auch hier scheint Voltaire, Pionier und Kritiker zugleich, wieder einmal alles gesagt zu haben. Der Mensch, schreibt er in *Candide*, sei hin und her gerissen zwischen »den Krämpfen der Unrast [und] (...) der Ohnmacht der Langeweile«.[6] Und Julie in der *Nouvelle Héloïse* (6. Teil, Brief 8) geht noch weiter: »Ich sehe überall nur Gründe zur Zufriedenheit, und ich bin nicht zufrieden, (...) ich bin zu glücklich, und ich langweile mich.« Skandalöse Urteile, die die offizielle Euphorie in Frage stellen, ohne sie jedoch gänzlich abzulehnen: Das Glück ist nicht etwa zerbrechlich, weil es dem Gewicht der Verbote erliegt, sondern weil es sich erschöpft, sobald es sich freien Lauf läßt. Und so gehen vom 18. Jahrhundert an

Glückseligkeit und Leere Hand in Hand (nach einem Begriffspaar, das bereits die Antike gebildet hatte).

Kurz, kaum ist es aus der Taufe gehoben, stößt das Glück auf zwei Hindernisse: Es löst sich im gewöhnlichen Leben auf, und es trifft überall auf den Schmerz in seiner Beharrlichkeit. In gewisser Hinsicht also hat sich die Aufklärung ein zu hohes Ziel gesetzt: Sie wollte den besten Seiten des Christentums in nichts nachstehen. Den Religionen ihre Vorrechte zu stehlen, um sie zu übertrumpfen, dies war und bleibt das Projekt der Moderne. Und die großen Ideologien der letzten beiden Jahrhunderte (Marxismus, Sozialismus, Faschismus, Liberalismus) waren vielleicht nur ein irdischer Ersatz der großen Konfessionen, um dem Unglück des Menschen wenigstens ein Minimum an Sinn zu bewahren, ohne den es schlicht unerträglich würde. Die Moderne wird also weiterhin von genau dem verfolgt, was sie behauptet überwunden zu haben. Was man aufgegeben, hinter sich gelassen haben sollte, kommt zurück und sucht die gegenwärtigen Generationen heim wie ein Schuldgefühl oder eine Sehnsucht. Weshalb, wie Chesterton genial formulierte, die heutige Welt voll ist von »verrückt gewordenen christlichen Vorstellungen«. Das Glück ist eine dieser Vorstellungen. Doch wenigstens war das 18. Jahrhundert nicht das Jahrhundert eines arroganten, sondern eines zerbrechlichen Wohlbefindens, einer immer noch wachen Empfindsamkeit, die sich erregt, wenn die Wirklichkeit die in sie gesetzten Erwartungen nicht erfüllt. Das 20. Jahrhundert wird so klug nicht mehr sein.

1 So heißt es zum Beispiel bei Heinrich Heine: »Wir wollen hier auf Erden schon das Himmelreich errichten«, bei Pierre Leroux 1849: »Das Paradies muß auf die Erde kommen«, bei André Breton: »Sind Sie es, Nadja? Ist es wahr, daß das Jenseits, das ganze Jenseits, in die-

sem Leben liegt?«, bei Paul Eluard: »Es gibt eine andere Welt, aber sie ist gänzlich in dieser enthalten«, und bei Albert Camus: »Mein Reich ist ganz und gar von dieser Welt.«

2 Zur Haltung Voltaires gegenüber dem Bösen vgl. das sehr ausführliche Buch von Bronislaw Baczko, *Job mon ami*. Essais, Paris 1997, sowie Ernst Cassirer, *Die Philosophie der Aufklärung*, Hamburg 1998.

3 Immanuel Kant, »Über den Gemeinspruch: Das mag in der Theorie richtig sein, taugt aber nicht für die Praxis«, in: Dieter Henrich (Hg.), *Über Theorie und Praxis*, Frankfurt 1967, S. 81.

4 Friedrich Hegel, *Die Vernunft in der Geschichte*, Berlin 1966, S. 181.

5 Clément Rosset, *L'Objet singulier*, Paris 1985, S. 17 (dt.: *Das Reale in seiner Einzigartigkeit*, Berlin 2000).

6 Voltaire, *Candide*, dt. von Ernst Sander, Stuttgart 1971, S. 102.

Drittes Kapitel

Die Disziplinen der Glückseligkeit

Hier sind wir glücklich.

Slogan der Castro-Anhänger in Kuba

Castorama – dein Partner fürs Glück.

Französische Werbung

Der Dalai-Lama ist glücklich und strahlt Glückseligkeit aus.

Howard C. Cutler[1]

Wenn man morgens aufsteht, ist einem freigestellt, entweder guter oder schlechter Laune zu sein. Die Wahlmöglichkeit ist immer gegeben. Lincoln sagte, die Menschen könnten genauso glücklich oder unglücklich sein, wie sie selbst es beschlossen hätten. Sagen Sie sich immer wieder: Alles läuft wunderbar, das Leben ist schön, ich entscheide mich für das Glück. Werden Sie zum Schmied Ihres eigenen Glückes, machen Sie sich das Glücklichsein zur Aufgabe. Stellen Sie eine Liste positiver Gedanken auf und wiederholen Sie sie mehrmals täglich.

Norman Vincent Peale[2]

In seinem 1930 veröffentlichten Werk *Das Unbehagen in der Kultur* erklärt Freud das Glück für unmöglich: Den immer größer werdenden Teil seiner Wünsche müsse das Individuum aufgeben, um in der Gesellschaft zu leben, da die Grundlage jeglicher Kultur in Triebverzicht bestehe. Und da das Unglück uns von allen Seiten bedrohe, in unserem Körper, in der Natur, in unseren Beziehungen zu anderen, kommt Freud zu folgendem Schluß: »Die Absicht, daß der

Mensch glücklich sei, ist im Plan der ›Schöpfung‹ nicht enthalten. Was man im strengsten Sinne Glück heißt, entspringt der eher plötzlichen Befriedigung hoch aufgestauter Bedürfnisse und ist seiner Natur nach nur als episodisches Phänomen möglich.«[3]

War es für den Vater der Psychoanalyse demnach eine trügerische Hoffnung, so ist das Glück kaum fünfzig Jahre später nahezu Pflicht geworden. Denn inzwischen hat eine zweifache Revolution stattgefunden. Einerseits hat sich der Kapitalismus von einem System der Produktion, das auf Sparen und Arbeit basierte, zu einem System des Konsums gewandelt, das Ausgeben und Verschwenden voraussetzt. Eine neue Strategie, die die Lust einbezieht, anstatt sie auszuschließen, die den Antagonismus zwischen der ökonomischen Maschinerie und unseren Trieben aufhebt und letztere zum eigentlichen Motor der Entwicklung macht. Vor allem aber hat sich das Individuum in der westlichen Welt vom Joch der Gemeinschaft und von der frühen, autoritären Phase der Demokratien befreit, um vollständige Autonomie zu erlangen. Von nun an ist es »frei« und hat keine Wahl mehr: Da die Hindernisse auf dem Weg ins Paradies verschwunden sind, ist es gewissermaßen dazu verurteilt, glücklich zu sein, oder anders gesagt, es kann nur sich selbst dafür verantwortlich machen, wenn ihm das nicht gelingt.

Denn der Begriff des Glücks hat im 20. Jahrhundert zwei Schicksale erfahren: Während er in den demokratischen Ländern in einer unbändigen Genußsucht zum Ausdruck kommt – kaum fünfzehn Jahre liegen zwischen der Befreiung von Auschwitz und den ersten großen Woge des Konsumrauschs in Europa und Amerika –, fällt er andernorts, in der kommunistischen Welt, der Herrschaft der allgemein dekretierten Glückseligkeit anheim. Wie viele

Leichengruben wurden im Namen einer guten Sache gegraben, beseelt von dem Vorhaben, die Menschen gegen ihren Willen besser zu machen? In den Dienst einer politischen Vision gestellt, wurde das Glück zum unfehlbaren Mordwerkzeug. Angesichts der strahlenden Städte der Zukunft war kein Opfer, keine Läuterung des menschlichen Gewürms radikal genug. Das verheißene Idyll verwandelte sich in Entsetzen.

Doch nicht dieser hinlänglich bekannte totalitäre Abweg soll hier erörtert werden, ebensowenig wie die Orwellsche Variante oder die von Huxley ersonnene Verabreichung von Emotionen (wenn auch zahlreiche Züge unserer Gesellschaft durchaus an *Schöne neue Welt* oder an *1984* erinnern). Vielmehr soll ein anderer Mechanismus unseres individualistischen Zeitalters untersucht werden, der aus der Gestaltung des Ichs als immerwährender Aufgabe resultiert. Es ist, als habe die Ordnung aufgehört, die Sprache des Gesetzes und der Mühe zu sprechen, und beschlossen, uns zu verhätscheln, uns beizustehen; als begleite eine Art Engel jeden von uns und flüstere ihm ins Ohr: Vergiß bloß nicht, glücklich zu sein. Die Gegen-Utopien hatten sich wider eine allzu perfekte, wie ein Uhrwerk geregelte Welt erhoben; seitdem tragen wir die Uhr in uns.

Glückseligkeit durch Willenskraft

Durch welchen absonderlichen Mechanismus wurde ein mühsam erworbenes Recht zum Gesetz und das gestern noch Verbotene zur täglichen Norm? Unsere ganze Religion des Glücks ist von der Idee der Beherrschung beseelt: Danach wären wir Herr unseres Schicksals und unserer Freuden, fähig, sie zu erschaffen und nach Belieben herbeizuführen. So ist das Glück neben der Technik und der Wissenschaft auf die Liste der prometheischen Errungenschaften gelangt: Wir sollen es produzieren im doppelten Sinne des Wortes, es erzeugen und zur Schau tragen. Alle möglichen diffusen intellektuellen Theorien haben dies im Laufe des vergangenen Jahrhunderts bezeugt und wiederholen auf tausenderlei Arten das immer gleiche Credo: Zufriedenheit ist eine Frage des Willens. In Frankreich ist es beispielsweise der Philosoph Alain, der in seinen zwischen 1911 und 1925 verfaßten *Propos*[4] – seit ihrem Erscheinen ein unbestrittener Bestseller – die Freude zu den körperlichen Übungen zählt, die Melancholie dagegen zu den Launen. Gegen Gejammer und Griesgrämigkeit soll man »geloben, glücklich zu sein«, und seine Kinder in dieser Kunst unterweisen. Menschen, die beschließen, immer heiter zu sein und sich niemals zu beschweren, sollen belohnt werden.

Wie die Lage auch immer sein mag, ob man einen übersäuerten Magen hat, ob es regnet oder Ebbe im Portemonnaie herrscht, »man [hat] den anderen gegenüber die Pflicht, glücklich zu sein«.[5] Dieses willentliche Glück bei Alain fällt nahezu in den Bereich der Umgangsformen und der Höflichkeit: Es »ist höflich, guter Laune zu sein« (Marie Curie), sein Unglück nicht vor anderen auszubreiten, eine gute Figur zu machen, damit man als angenehm geselliger Mensch gilt. Deshalb eignet sich diese Empfehlung zum Angenehmen eher als Maxime denn als Methode.

André Gide wiederum lanciert mit *Les Nourritures terrestres* (1897) ein wahres Manifest der Fleischeslust und der Sinnenfreuden. Er predigt eine Ethik der Leidenschaft, die das Verlangen über die Erfüllung stellt, den Durst über das Stillen des Durstes, die Verfügbarkeit über den Besitz. Doch in *Les Nouvelles Nourritures* (1935) verteidigt dieser militante Sensualist, was später zum Credo unserer Epoche werden sollte: das Zeitalter des Glücks als eines Rechts, als Leitsatz einer Generation, »die ganz mit Freude gewappnet ins Leben zieht«. »Ein Maß an Glück steht jeder Kreatur zu, je nachdem, wieviel ihr Herz und ihre Sinne ertragen. Und wenn man mir noch so wenig davon vorenthält, so bin ich doch bestohlen.«

Schließlich kommt der Mai 68, der die Befreiung aller Begierden proklamiert. Schon ein Jahr zuvor war das Buch des Situationisten Raoul Vaneigem, *Traité de savoir vivre à l'usage des jeunes générations*, erschienen, das den Geist dieser Zeit vorwegnahm und in seinem Wesen bereits zusammenfaßte. In dem vor Begeisterung und Überschwang geradezu brodelnden Werk prangert der Autor das Schattendasein an, in dem die Menschheit durch die Schuld einer im Sterben liegenden, krämerhaften Bourgeoisie dahinvegetiert. Gegen solche Sklaverei predigt er den freien Zusammenschluß der Individuen, der allein »den Rausch der Möglichkeiten, den Schwindel aller Freuden, die für jeden erreichbar sind«, erlauben werde. Neben einem Aufruf zum Verbrechen und zum Blutbad, in dem die Ausbeuter und die »Organisatoren der Langeweile« liquidiert werden sollen, verdanken wir Vaneigem einige der schönsten Slogans vom Mai 68: »Wir wollen keine Welt, in der die Garantie, nicht Hungers zu sterben, eingetauscht wird gegen die Gewißheit, an Langeweile zu sterben«, oder auch den pathetischen Ausruf: »Wir sind geboren, um niemals alt zu werden, um niemals zu sterben.« Daß Vaneigem, indem er sich auf de Sade, Fourier, Rimbaud und die Surrealisten beruft, eine voluntaristische Lebensauffassung zum Ausdruck bringt, ist noch gelinde gesagt. Intensität erlangt man ihm zufolge durch einen unerbittlichen Kampf zwischen dem Geist der Unterwerfung und den Kräften der

Freiheit. Keine halben Sachen: Ein zweifacher Kampf ist zu führen, gegen den Sklaven in uns selbst und gegen die vielfältigen Herren, die uns unterjochen wollen. Entweder das ganze Leben oder die uneingeschränkte Niederlage: »Wehe dem, der seinen Zorn und seine radikalen Forderungen unterwegs aufgibt (...) Mit jedem Verzicht bereitet die Reaktion nichts weniger als unsere vollkommene Auslöschung vor.«

Die Protagonisten des Mai 68 und Vaneigem selbst lehnten das Wort Glück, dem etwas von kleinbürgerlicher Beschränktheit, von Konsumidylle und Kaffeehauspsychologie anhaftete, angewidert ab. Wie vor ihnen die Beatniks und die Hippies protestierten sie gegen eine gewisse angepaßte Fröhlichkeit der fünfziger Jahre, verkörpert durch den »amerikanischen Traum«, eine einträchtig um das Auto und das Häuschen im Grünen versammelte Familie, das Bündnis von Ehestand und Kühlschrank unter dem verzückten Lächeln der Werbung – das, was Henry Miller 1954 in einem Text von seltener Heftigkeit gegen Amerika den »klimatisierten Alptraum« genannt hatte. Doch diese im Namen des Begehrens geführte Revolte sollte ihrerseits – Ironie der Geschichte! – zu einem neuen Glücksdogma erstarren: Man erhob sich weniger gegen das Glück als gegen eine zu begrenzte Definition seiner Attribute. So wurde sein Inhalt erneuert, nicht aber das Konzept an sich abgeschafft, und wie so oft haben sich die Hauptgegner des Systems als seine besten Verbündeten erwiesen ...

Doch die sechziger Jahre lassen auch eine Illusion wiederaufleben, die aus der Aufklärung kommt: daß nämlich Tugend und Freude, Moral und Triebe sich verbinden können, um den Menschen mühelos zu seiner Pflicht zu führen.[6] Glück und Gesetz sind kompatibel, so glaubt der rationalistische Optimismus des 18. Jahrhunderts. Wer begehrt, kann nicht schuldig sein, proklamieren die Jahre 1960 bis 1970, Sünde geht allein aus Verboten hervor. So lautete das Trugbild einer Zeit, die alle Neigungen als gleichwertig betrachtete und an deren harmonische gegenseitige Annäherung glaubte. Niemand ahnte damals, daß eine derartige Verherrlichung der souveränen Laune, des unschuldigen Verlangens – das einzig über Gut und Böse entscheidet – die schlimmsten Gewalttaten legitimieren könnte, was de Sade, scharfsinniger als unsere modernen Freidenker, sehr wohl erkannt hatte. Hinzu kam die erhebende und zugleich groteske Hoffnung (die auch Groddeck, Reich und Marcuse auf die eine oder andere Weise propagierten), daß Lust und Orgasmus immer noch die besten Mittel zur Unterwanderung der Gesellschaft seien und zugleich auch Tod und Alter abwehrten, die, so Vaneigem, keineswegs naturgegeben, sondern einer »gewaltigen gesellschaftlichen Verblendung« zuzuschreiben seien.

Was mit Alain einsetzt, sich in der Folge zuspitzt und gegen Ende des Jahrhunderts kulminiert, ist die Vorstellung, daß das Glück von einem Recht zum Gebot wird. Wir sind die Erben dieser Konzepte, selbst wenn wir keines davon wörtlich im Gedächtnis behalten haben, denn sie sind in einer uns allen gemeinsamen Mentalität aufgegangen. Nicht nur sind Freude, Gesundheit und Seelenheil vor dem einzigen, unüberschreitbaren Horizont des Körpers zu Synonymen geworden, sondern es ist sogar verdächtig, nicht gut in Form zu sein. Denn das hieße gegen ein Tabu verstoßen, das jedem befiehlt, größtmögliche Vollkommenheit anzustreben.

Man wird dem entgegenhalten, daß es im 20. Jahrhundert andere, düsterere Auffassungen vom Dasein gegeben hat, den Existentialismus, die Philosophien der Angst, ganz zu schweigen von der Literatur, die allesamt eine tragische Sicht auf das Leben hatten. Aber auch diese Philosophien waren mehr oder weniger Doktrinen der Befreiung, der Einsamkeit des Menschen ohne Götter, der sich selbst sein Gesetz gibt. Und unser ausgehendes Jahrhundert hat nun, einer Neigung folgend, die sich schon im 19. Jahrhundert abzuzeichnen begann, die Freiheit in den Dienst des Glücks gestellt, nicht umgekehrt, und in diesem Glück die Krönung einer ganzen emanzipatorischen Entwicklungslinie gesehen. Schon Benjamin Constant hatte das bemerkt, als er die Freiheit der Moderne als »die Sicherheit in den privaten Vergnügen« und die erbitterte Sorge um die persönliche Unabhängigkeit definierte. Lange Zeit hatte man das Ideal des Glücks dem bürgerlichen Erfolgsstreben entgegengesetzt, inzwischen ist dieses Glück zu einer Zutat des Erfolgs geworden. Albert Camus konnte in den fünfziger Jahren noch die leidenschaftliche Bejahung des Vergnügens und der Diesseitigkeit unserer Freuden gegen stalinistische Propaganda und offizielle französische Prüderie verteidigen. Zwanzig Jahre später war ebendiese Bejahung zum Werbeslogan geworden. Seither genieße ich das zweifelhafte Privileg, ebensosehr für mein Glück verantwortlich zu sein, wie ich einen Anspruch darauf habe. Dieses Recht, für das ich der wichtigste Bürge bin, schreibt mir eine Macht über mich selbst zu, die mich entweder begeistern oder aber schwer auf mir lasten kann: Wenn die Erfüllung allein von meiner Entscheidung abhängt, bin ich auch als einziger für meine Niederlagen verantwortlich. Bräuchte ich also, um glücklich zu sein, dies lediglich zu wollen, mein Wohlergehen ganz nach Belieben zu beschließen oder zu programmieren?

Genüsse sind nicht widerlegbar

Wie kommt es, daß die Kritik an der Konsumgesellschaft seit den sechziger Jahren so schnell in den Konsumrausch mündete? Die damals lancierten Parolen »Alles jetzt gleich«, »Nieder mit der Langeweile«, »Lebe ohne Stillstand, und genieße ohne Fesseln« wurden am Ende weniger auf die Liebe oder das Leben als auf die Konsumgüter bezogen. Man wollte die herrschende Ordnung stürzen und begünstigte dabei in gutem Glauben die weltweite Ausbreitung der Profitgier. Es liegt in der Natur des Hungers und des Durstes, daß alle Dinge sofort verfügbar sein müssen, während das Herz und die Begierde eigenen Rhythmen gehorchen und ihre Pausen haben. Die Absicht war anarchistisch, das Ergebnis werbewirksam: Wir haben weniger die Libido befreit als unsere grenzenlose Kaufwut, unsere Fähigkeit, hemmungslos alle Konsumgüter an uns zu reißen. Was für ein schönes Bild: der Revolutionär als ein beim Kapital festangestellter Werbevertreter, denn darauf liefen die Arbeiterbewegung, der Marxismus und die radikale Linke am Ende hinaus, die dem System durch ihre Kritik an seinen Fehlern ermöglichten, sich mit geringem Aufwand zu reformieren. Ein wenig wie die Hippies, die die späteren Hochburgen des Tourismus in Asien, Afrika oder im Pazifik entdeckten, dreißig Jahre vor allen anderen, obwohl sie von dem Verlangen geleitet waren, zu fliehen und sich abzusondern.

Konsumkritik zu üben ist absurd, ist der Luxus verwöhnter Kinder. Die Anziehungskraft des Konsums liegt darin, daß er ein einfaches, unerschöpfliches, allen zugängliches Ideal bietet, vorausgesetzt, man ist solvent. Die einzigen Bedingungen sind, daß man Lust hat und daß man zahlt. Man ist genudelt, man ist satt wie ein Baby nach seinem Brei. Und was man auch immer darüber denken mag, man amüsiert sich gut dabei, denn wie in der Mode nimmt man leidenschaftlich alles an, was einem geboten wird, als sei man selbst darauf gekommen. Seit Charles Fourier wissen wir: Die Lust läßt sich nicht bannen, sie läßt sich nur aufsaugen und durch eine größere überbieten. Geht Ihnen der Konsumrausch ebenso gegen den Strich wie diese Kälber, die durch Supermärkte und Kaufhäuser trotten? Denken Sie sich andere Freuden aus, schaffen Sie sich neue Versuchungen! Aber hören Sie bitte auf zu jammern!

Ein barmherziger Zwang

Die Lockerung der Sitten ist ein sonderbares Abenteuer, und obschon man es in- und auswendig kennt, wird man nicht müde, es immer wieder neu zu erleben und seine bittere Kehrseite auszukosten. Jahrhundertelang wurde der Körper im Namen des Glaubens oder der Konventionen unterdrückt, geradezu plattgewalzt, so sehr, daß er in der westlichen Welt zum Symbol für den Umsturz wurde. Nun aber, da er befreit ist, tritt ein sonderbares Phänomen zutage. Anstatt in aller Unschuld zu genießen, haben die Menschen das Verbot ins Innere ihrer Lust verlagert. Diese fürchtet sich nun vor sich selbst, sie hat ihr eigenes Gericht einberufen und verurteilt sich, nicht mehr im Namen Gottes oder des Anstands, aber der Unzulänglichkeit: Nie ist sie stark genug, gut genug. Moral und Glück, einst unerbittliche Feinde, haben sich zusammengetan; nicht glücklich zu sein ist heute unmoralisch, das Über-Ich hat die Festung der Glückseligkeit bezogen und regiert dort mit eiserner Hand. Ende der Schuld zugunsten einer endlosen Qual. Die Sinnenfreude ist vom Status der Verheißung in den des Problems übergegangen. Das Ideal der Erfüllung folgt auf das Ideal des Zwangs, um seinerseits zum Zwang der Erfüllung zu werden.[7] Jeder von uns ist für seine Vitalität und seine gute Laune verantwortlich, man muß nicht mehr verzichten, aber sich an ein Ideal anpassen, das jegliche Passivität ablehnt. Die herrschende Ordnung verurteilt uns nicht mehr und enthält uns nichts mehr vor, vielmehr weist sie uns mit ausgesprochen mütterlicher Fürsorge die Wege zur Selbstverwirklichung.

Es wäre ein Fehler, diese Großzügigkeit als Befreiung zu verstehen. Es handelt sich vielmehr um eine Art barmherzigen Zwang, der ein Unbehagen auslöst, von dem er die Menschen anschließend zu befreien versucht. Die Statistiken, die er verbreitet, die Vorbilder, die er zur Schau stellt, bringen ein neues Geschlecht von Schuldigen hervor, und das sind nicht mehr die Sybariten oder die Freidenker, sondern die Traurigen, die Miesmacher und die Depressiven. Das Glück ist keine Chance mehr, die uns zuteil wird, wir gewinnen es nicht mehr wie einen Augenblick der Gunst in der Monotonie unseres Alltags, vielmehr ist es unsere Bestimmung, unser Schicksal. Sobald das Wünschenswerte in den Bereich des Möglichen rückt, wird es in die Kategorie des Notwendigen aufgenommen. Mit unglaublicher Geschwindigkeit wird das Paradiesische von gestern zum Gewöhnlichen von heute. Eine Moral von Draufgängern vereinnahmt das tägliche Leben und läßt zahlreiche Geschlagene und Niedergeschlagene hinter sich zurück. Denn die neue Definition des sozialen Status hat nicht mehr nur mit Reichtum oder Macht zu tun, sondern auch mit dem Erscheinungsbild: Es genügt nicht, reich zu sein, man muß außerdem sportlich aussehen – eine neue Art der Diskriminierung und auch Selbstinszenierung, die nicht weniger streng ist als die des Geldes. Es ist eine regelrechte Ethik des demonstrativen Sich-in-seiner-Haut-Wohlfühlens, die uns lenkt und in ihrem lächelnden Rausch die Werbung und den Konsum unterstützt.

»Werden Sie Ihr bester Freund, gewinnen Sie Selbstachtung, denken Sie positiv, wagen Sie, in Harmonie zu leben«, und so weiter: Die Unmenge an Publikationen zu diesem Thema legt die Vermutung nahe, daß dies gar nicht so einfach ist. Das Glück bildet nicht nur, zusammen mit dem Markt der Spiritualität, den größten Industriezweig unserer Zeit, sondern die neue moralische Ordnung überhaupt: Darum wuchert die Depression, darum beruft sich jeder Widerstand gegen diesen liederlichen Hedonismus ständig auf das Unglück und die Verzweiflung. Wir sind nunmehr schuldig, nicht glücklich zu sein, ein Übel, für das wir uns vor allen anderen und vor unserem inneren Gericht verantworten müssen. Daher diese märchenhaften, ehemaliger kommunistischer Staaten würdigen Umfrageergebnisse, nach denen 90 Prozent der von einer Zeitschrift befragten Personen behaupten, glücklich zu sein![8] Niemand würde es wagen zuzugeben, daß er es manchmal nicht ist, aus Angst, sich sozial abzuwerten. Die Doktrin der Lust wird sonderbar widersprüchlich, wenn sie militant auftritt, den Druck der Verbote übernimmt und lediglich deren Richtung umkehrt. Man muß das ungewisse Warten auf die Verzückung in einen Schwur und einen Tadel gegen sich selbst und die Schwierigkeit des Daseins in eine permanente Annehmlichkeit verwandeln. Statt zuzugeben, daß das Glück eine

Kunst des Indirekten ist, daß wir es auf Umwegen erlangen oder auch nicht, verkauft man es uns als ein direkt zu erreichendes Ziel, und die Rezepte gleich dazu. Welche Methode man auch immer wählt, eine psychische, körperliche, chemische, spirituelle oder digitale (es gibt Leute, die im Internet mehr sehen als nur ein geniales Werkzeug, etwas wie einen neuen Gral, die Verwirklichung der weltweiten Demokratie),[9] die Grundvoraussetzung ist überall die gleiche: die Zufriedenheit liegt in Ihrer Reichweite, Sie müssen sich nur »positiv konditionieren«, sich eine »ethische Disziplin« zulegen, um sie zu erreichen.[10] Eine großartige Umkehrung des Willens, der seinen Herrschaftsbereich auf Gemütszustände und Gefühle ausweiten möchte, die seinem Einfluß doch traditionell entzogen waren. Angestrengt versucht er zu ändern, worauf er eigentlich keinen Einfluß hat (auf die Gefahr hin, an das nicht zu rühren, was geändert werden kann). Nicht zufrieden damit, daß es ins allgemeine Programm des Wohlfahrtsstaates und des Konsumrauschs eingegangen ist, schwingt sich das Glück außerdem zu einem System der allgemeinen gegenseitigen Einschüchterung auf, bei dem wir zugleich Opfer und Täter sind. Ein Terrorismus, ausgeübt von denen, die ihn selbst erleiden, denn ihnen bleibt nur ein Ausweg, um die Angriffe zu parieren: indem sie ihrerseits andere dazu bringen, sich ihrer Fehler und ihrer Zerbrechlichkeit zu schämen.

Gesundheit, Sexualität, Angst

Es gibt zwei von der Pflicht zur Glückseligkeit besonders betroffene Bereiche: die Sexualität und die Gesundheit, denn beide sind meßbar und immerzu Gegenstand unserer Aufmerksamkeit.

Eros zeichnet sich dadurch aus, daß er die Liebe quantifizierbar macht und sie der Macht der Zahlen unterwirft. Hinter verschlossenen Schlafzimmertüren absolvieren Liebespaare die Glücksprüfung und fragen sich: Waren wir gut? Ihrer Sexualität, dem neuen Orakel, verlangen sie den handfesten Beweis ihrer Leidenschaft ab. Das schulische Modell wird mit dem gastronomischen kombiniert: Das richtige Rezept ergibt eine gute Note. Zwischen Liebkosungen und Stellungen, Perversionen und Erschauern testen Sie ihre Ehe oder Beziehung, erstellen Bilanzen ihrer Orgasmen, konkurrieren in lautstarken Demonstrationen und exhibitionistischen Bekenntnissen, verleihen sich Auszeichnungen für besondere Leistungen oder aber bloß die Note »ausreichend« und versuchen, sich auf diese Weise ihrer Gefühle zu versichern. Die Liebe, hinter der immer die Unentschlossenheit lauert, glaubt dadurch an Offensichtlichkeit und an Klarheit zu gewinnen. Das erotische Vergnügen ist nicht nur ein altes Wagnis, das durch die Befreiung der Sitten zu einem Abziehbild wurde: Angesichts seiner Abnutzung und der Zagheit des Herzens ist es heute noch das einzige, woran die Menschen sich halten können und was ihnen erlaubt, ihre flüchtigen Empfindungen in meßbare Einheiten umzuwandeln. So evaluiert man durch die Magie der Zahlen seine Eintracht und überprüft die gewonnene Lust.

Ebenso bringt uns der Gesundheitsfanatismus dazu, jeden einzelnen Moment des Lebens zu »medikalisieren«, anstatt uns eine angenehme Sorglosigkeit zu erlauben. Alles, was bisher zum Savoir-vivre gehört hatte, wird nun therapeutisch interpretiert: Gemeinschaftliche Rituale und Annehmlichkeiten werden in Sorgen verwandelt und gemäß ihrem Nutzen oder ihrer Schädlichkeit eingestuft. Die Nahrung, beispielsweise, wird nicht mehr nach gut oder schlecht unterschieden, sondern nach gesund oder ungesund. Das Vorschriftsmäßige siegt über das Schmackhafte, das Ausgewogene über das Einseitige. Der Tisch ist nicht mehr nur ein Altar der Köstlichkeiten, ein Moment des Miteinander und des Austauschs, sondern auch ein Apothekertisch, auf dem man minutiös Fette und Kalorien abwiegt und gewissenhaft Nahrungsmittel kaut, die nur noch Medikamente sind. Wein soll man trinken, gewiß, allerdings nicht des Geschmacks wegen, sondern um die Arterien geschmeidiger zu machen, Vollkornbrot essen, um die Verdauung zu fördern, und so weiter. Das Paradoxe daran ist, daß das Land, in dem dieser Gesundheitsterror seine größten Erfolge feiert, die USA, zugleich das Land des »Junk food« und der galoppierenden Fettleibigkeit ist. Denn es geht nicht mehr darum, die uns gewährte Zeit voll auszukosten, sondern so lange wie möglich durchzuhalten: Auf die Vorstellung von Lebensabschnitten folgt die der Langlebigkeit.

Die Dauer wird zu einem mustergültigen Wert, selbst wenn man sie mit schrecklichen Einschränkungen teuer erkämpfen muß: wie jener amerikanische Student, der täglich nur eine Mahlzeit zu sich nimmt, um ein biblisches Alter von 140 Jahren zu erreichen, und der mit seiner verhungerten Gestalt zugibt, daß er furchtbar deprimiert ist. Oder andere Lebensverlängerungsfanatiker, die täglich maximal 80 Moleküle zu sich nehmen, um die schicksalhafte Marke der hundert Jahre zu überschreiten. Zeit gewinnen: Bisher bedeutete das, dem sklavischen, aufreibenden Arbeitsalltag ein paar freie Augenblicke abzuringen. Von nun an bedeutet es, um jeden Preis produktiv zu sein, manisch zusätzliche Jahre anzuhäufen, der Chronologie des Lebens zu trotzen. Es sollen keineswegs die außergewöhnlichen Erfolge geleugnet werden, die auf diesem Gebiet erzielt wurden, doch hier verlängert sich weniger das Leben als vielmehr der Lebensabend, der sich unendlich dehnt, auf die Gefahr hin, daß das Volk der Greise zu einem Kontinent der Greise heranwächst und der westlichen Welt das Gesicht einer geriatrischen Abteilung verleiht (weshalb der Jugendkult auch eine Ideologie alternder Nationen ist). Doch unsere erbärmlichen Ausflüge ins gelobte Land der vollkommenen Gesundheit[11] stehen den Kasteiungen der Frommen von einst in nichts nach. Indem man jegliche Anomalie, jegliche Schwäche eliminieren will, leugnet man am Ende die grundlegende Tugend der Gesundheit: die Gleichgültigkeit gegenüber sich selbst oder, wie Leriche sagte, die »Stille der Organe« (auch wenn diese trügerisch ist). Man trägt das Büßerhemd nicht mehr, um die Leidenschaft des rebellischen Fleisches zu zügeln, sondern um den Körper dafür zu bestrafen, daß er nicht dem Ideal entspricht. Ein Erfolg der alten christlichen Verheißung der Unsterblichkeit und der Auferstehung der »ruhmreichen Körper«, die unveränderlich, unverweslich und unvergänglich waren, und von der die gesamte Science-fiction nur ein Abklatsch ist. Unser wissenschaftsgläubiger Größenwahn ist direkt aus der Religion hervorgegangen, als deren Vollendung er sich versteht.

Nur ein Kranker kann der Ansicht sein, daß »Gesundheit gleich Glück«[12] ist. Für einen, dem es gut geht, ist sie ein Zustand, nicht mehr und nicht weniger. Setzt man sie mit Glückseligkeit gleich, gibt man zu verstehen, daß wir alle Sterbende sind, die sich nicht kennen und die man folglich über sich selbst aufklären muß. Heute hat man sich immerzu vor etwas zu schützen, vor zu hohem Blutdruck, vor einer schlechten Verdauung, einem Hang zur Körperfülle, nie ist man schlank genug, muskulös genug, gebräunt genug. Das therapeutische Ideal wird zu einer fixen Idee, die uns niemals losläßt und an die uns die Medien und unsere Nächsten pausenlos erinnern. Im Namen dieser Norm, die von der Präventivmedizin und der genetischen Früherkennung noch verschärft wird, werden wir alle zu potentiellen Invaliden, die ängstlich ihre überflüssigen Kilos, ihren Herzrhythmus und die Elastizität ihrer Haut beobachten. Wir untersuchen und geißeln uns mit einer befremdlichen Verbissenheit, die den Körper wie einst im Christentum zu einem Ort der latenten Bedrohung macht (Baudrillard). Doch wir werden heute weniger von den Flammen der Hölle bedroht als von der Verweichlichung und der Auflösung unserer Erscheinung. Und da Fitness ein Merkmal des Auserwähltseins ist wie einst der Reichtum für die Calvinisten, die Belohnung für diejenigen, die sich abgemüht haben, wird umgekehrt das Sich-Vernachlässigen zu einem Synomym des Verfalls, bedeutet es, daß man zum alten Eisen gehört. Deshalb werden unsere Fitness-Studios und die Kraftgeräte häufig mit mittelalterlichen Folterinstrumenten verglichen, nur martern wir uns hier alle freiwillig. Und Bodybuilding bringt den Traum von der Neuerschaffung der eigenen Anatomie perfekt zum Ausdruck. Dabei läßt eine übermäßig aufgebaute Muskulatur den Körper paradoxerweise aussehen, als habe man ihm die Haut abgezogen, als kehre sich das Innenleben nach außen wie bei einem umgestülpten Handschuh, als müßten all die sichtbaren Adern und Sehnen die Mißhandlung bezeugen, die man sich angetan hat.

Abschied von der Sorglosigkeit

Die Gesundheit nimmt also alle Bereiche des Daseins in Besitz. Bereits 1978 hatte die Weltgesundheitsorganisation sie in Atlanta als »das vollkommene physische, geistige und soziale Wohlbefinden« definiert. Um es zu erlangen, darf man nichts unversucht lassen, auch spirituelle Methoden nicht. Magische Versöhnung aller Werte: Gut sein tut gut,[13] Mitleid erhöht die Konzentration von Immunglobulin A, einem Abwehrstoff unter anderem gegen Atemwegsinfektionen, es verlängert die Lebenserwartung und mindert Depressionen;[14] innerer Frieden zieht Freundschaft und Geld an;[15] Gottesfurcht ist ausgezeichnet für die Gesundheit, und wer einen Glauben hat, lebt länger, all das ist wissenschaftlich erwiesen![16] Daher die immense Nachfrage nach medizinischen, pharmazeutischen, ästhetischen und mystischen Dienstleistungen, die Umwandlung von Medikamenten in Prothesen, die unsere Zufriedenheit steigern, den Verfall unserer Sinne aufhalten und die Angst mildern sollen. Alles Rauschmittel, die völlig frei zugelassen sind und, wie Prozac oder Melatonin, analog zum *Soma* aus Huxleys *Schöne neue Welt* unsere Stimmungen ausgleichen, uns vor dem Unglück bewahren und uns bis zum Schluß jung erhalten sollen.[17] Mit der allen Wundermitteln innewohnenden Gefahr, daß sie ein körperliches Unbehagen für unzulässig erklären und unsere Seinsprobleme mit dem Stigma des Krankhaften belegen (es ist auch das Gefährliche an Viagra, wenn es ohne medizinische Indikation angewendet wird: daß es das Versagen des Begehrens im Namen einer zum obersten Gebot erhobenen Leistungsfähigkeit strafbar macht, die Unbeständigkeit des Fleisches in seiner Lähmung wie in seinen Triumphen schlicht leugnet). Wir sind schon weit entfernt von jenen simplen klassischen Weisheiten, mit denen die Probleme des Alltags zu bewältigen waren: Noch Alain gab zahlreiche Empfehlungen gegen Husten und zur Heilung von Schluckauf, verriet, wie man eine Mücke im Auge loswird oder sich in der Eisenbahn nicht langweilt. Das waren wirkungsvolle Techniken in einem klar umrissenen Bereich, die keineswegs den Ehrgeiz hatten, in allen Lebenslagen wirksam zu sein. Doch mit der Chemie, die um so verführerischer ist, als sie wahrhaft große und unbestreitbare Dienste leistet, bietet man uns »Instant-Ekstasen« (Thomas de Quincey über Opium) an, das höchste Gut in Form einer kleinen Pille.

Die Gesundheit hat ihre Märtyrer, ihre Pioniere, ihre Helden und Heiligen, aber in jedem Fall müssen wir im doppelten Sinne des Wortes teuer für sie bezahlen, in finanzieller und psychologischer Hinsicht, durch alle möglichen Kontroll- und Überwachungsmechanismen. *Sie zwingt uns dazu, uns niemals zu vergessen,* da Krankheit und Genesung sich immer weniger voneinander unterscheiden, so daß wir uns allmählich zu einer Gesellschaft von Hypochondern, von chronisch »Funktionsgestörten« entwickeln. Das Schlimmste, was wir der Gesundheit antun können, ist, nicht Tag und Nacht an sie zu denken. Von klein auf werden wir dazu ermahnt, unsere Unvollkommenheit auszugleichen, uns von Kopf bis Fuß umzugestalten. Diese Arbeit an uns selbst, diese unaufhörliche Kontrolle – und sei es in noch so belanglosen Dingen, wie sich in Anbetracht bevorstehender Ferien vorzubräunen oder abzunehmen – ist so etwas wie ein moralischer Loskauf. Denn unsere Lehrer des Wohlbefindens, seien sie Kirchenmänner, Psychologen oder Ärzte, sind freundliche Inquisitoren, die in jedem von uns den Hauptquell unserer Freude zum Versiegen bringen: die Gelassenheit, die Sorglosigkeit, das Vergessen der alltäglichen kleinen Leiden. (Genau das aber nennt man den Stand der Gnade: diese Atempause, in der wir die jaulende Meute der Sorgen von uns fernhalten und in welcher Zufall und Glück sich vereinen, um uns mit ihren Segnungen zu durchdringen.) Während im Mittelalter jeder Lebende ein Toter auf Zeit war, verspricht die Wissenschaft heute jedem potentielle Unsterblichkeit; aber wieviel Mühe, wie viele Opfer sind erforderlich, um ein paar Jahre zu gewinnen und ins Paradies der Hundertjährigen zu gelangen. Vielleicht werden wir eines Tages noch gegen das neue Dogma der Unsterblichkeit kämpfen müssen und um das Recht, ganz einfach sterben zu dürfen wie unsere Vorfahren.

Beklemmend ist die Sorge, man könne sich seines Standes nicht würdig erweisen, nicht genug Energie und Schneid haben in dieser extrem konkurrenzbestimmten Welt. Man mißt und kasteit sich mit der peinlichen Genauigkeit eines Beichtvaters. Lange schon hat das Glück der großen Mehrheit die Bereiche des Kitschigen, des Trivialromans, der Bahnhofsliteratur verlassen: es ist heute genauso hart, anspruchsvoll und unbeugsam wie das der Elite.[18] Im Grunde ist es eine Demütigung, die sich da unter dem Deckmantel der Freundlichkeit und der Nachsicht präsentiert und uns befiehlt, uns niemals mit unserem Zustand zufriedenzugeben. Die gestrengen Züge der Prediger von einst wurden vom ewigen Lächeln der neuen abgelöst. Heilung durch Lächeln: Das ist, im Jargon des Marktes, der unbestreitbare Vorteil der Buddhisten gegenüber den Christen. Deshalb hat der Buddhismus auch so großen Erfolg bei den Reichen in den gemäßigten Klimazonen, während es Protestanten und Katholiken eher gelingt, die Armen in den tropischen Ländern zu bekehren.

Man darf sich übrigens nach dem Grund für den Medienerfolg des Dalai-Lama bei uns fragen – Kehrseite seines relativen Scheiterns auf politischem Gebiet. Indem er auf die Popularität des Buddhismus setzte, um für die tibetische Sache zu werben, hat er vermutlich einen gegenteiligen Effekt erzielt: Er konnte den Buddhismus zu einer Mode machen, indem er ihn adaptierte und mäßigte, doch hat er sich damit gleichzeitig von der tibetischen Sache entfernt. Aus dem

Exil gekommen, wie ein asiatischer Moses von seinem Himalaya herabgestiegen, um uns als Bote einer großartigen Geschichte und Kultur und einer wunderbaren Tradition grundlegende Wahrheiten zu offenbaren, hat er sich mit der Zeit in einen weltlichen Guru verwandelt (wie vor ihm die Rajnesh- oder die Mahesh-Yogis, und wie heute Deepak Chopra, der Abgott der Hollywoodstars).[19] Halb Ehe- und Diätberater, halb Beichtvater, läßt er uns seine Antworten – denn er hat auf alles eine Antwort – voller Toleranz und schlichter Herzlichkeit zuteil werden. Als habe er sich, vermutlich unbewußt, in ein reines Marketingprodukt verwandelt, eine Art Straßenhändler, der auf Weisheit und Ausgeglichenheit spezialisiert ist, wobei er jede einzelne seiner Stellungnahmen mit einem seiner legendären Lachanfälle unterstreicht. Als offizieller Seelentröster des materialistischen Westens – fürs Herz ist eher Abbé Pierre oder die verstorbene Mutter Teresa zuständig – gibt er liebenswürdige Banalitäten von sich, die genau auf den Geschmack des europäischen und des amerikanischen Publikums zugeschnitten sind. Sein besonderes Talent liegt darin, daß er wie Paulo Coelho ein weltweit verständliches spirituelles Esperanto entwickelt hat, das allen uneingeschränkt zugänglich ist, einen chamäleonartigen Diskurs, der für jede mögliche Zuhörerschaft variiert werden kann. Dieser Champion des mönchischen Ideals ist Gegenstand eines an Götzendienerei grenzenden Kults, vor allem bei seinen westlichen Jüngern, den glühenden Anklägern des jüdisch-christlichen Obskurantismus, die ihm gegenüber jedes kritische Urteilsvermögen und jede Distanz verloren haben, sich ihm zu Füßen werfen und in rückhaltlose Ekstase geraten. Erstaunlich daran ist nicht so sehr, daß der Dalai-Lama sein Publikum bezaubert – er hat das Zeug dazu, und die tibetische Geschichte ist ebenso großartig, wie die chinesische Okkupa-

Die ewigen Pechvögel

Von zwei Wegen wählen sie immer den schlechteren, sie haben ein unerhörtes Talent, sich überall in die Nesseln zu setzen. Sie fahren in die Ferien? Dann werden sie sogleich ausgeraubt oder fangen sich den seltensten Virus der ganzen Gegend ein. An jedem hohen Festtag, jedem Feiertag sind sie verbittert und mißmutig, als sei die jubelnde Menge ihnen ein persönlicher Affront. Sie entwickeln einen ungeheuren Einfallsreichtum, um alles, was sie anpacken, mißlingen zu lassen, und schmieden sich mit einer bewundernswerten Ausdauer und Erfolgsquote »ihr eigenes Unglück« (Paul Watzlawick). Ihr Leben gleicht sehr bald einem Scherbenhaufen, der sie in dem Glauben an ihr Schicksal bestätigt. Sie reihen ihre Mißgeschicke mit einem fast schon komischen Automatismus aneinander wie Patienten, die die fürchterlichsten Krankheitsbilder sammeln, bis sie allein schon eine regelrechte Anthologie des Morbiden sind. Als leidenschaftliche Schmiede ihres eigenen Unglücks stellen sie beklagenswerte Einzelheiten mit einer geradezu kunstfertigen Raffinesse zur Schau. Ihr Tod wird genauso lächerlich sein wie ihr Leben, grausam zwar, doch ohne jegliche Würde.

Leiden sie unter einer Neurose des Scheiterns? Das ist nicht sicher. Denn der chronische Pechvogel bemüht sich wie jeder von uns darum, anerkannt zu werden, und sein Pech ist der einzige Stempel, den er der Welt aufdrücken kann. Er hat sich das Recht, schlecht über dieses Leben zu reden, hart erkämpft, und das Leben zahlt es ihm ordentlich heim! Dieser arme Teufel fühlt sich nur in der Katastrophe wohl. Eine gute Nachricht würde ihn in tiefe Verwirrung stürzen. Im Gegensatz zu den meisten von uns, bei denen gute und schlechte Augenblicke einander abwechseln, erfüllt ihn sein ewiges Pech mit einem paradoxen Stolz, macht ihn insgeheim zu einem Auserwählten. Er mag tief gefallen sein, doch am Grunde seines Elends sitzt er auf einem wunderbaren Thron: dem Thron der Verdammten.

tion schändlich ist –, sondern daß er diesem Erfolg mit einem beinahe kindlichen Jubel erliegt, gierig nach immer mehr Publicity, Diskussionspodien und öffentlichen Gesprächen. Dieser possenreißende Prophet ist weit entfernt vom ethischen oder historischen Anspruch eines Mahatma Gandhi oder eines Martin Luther King, der großen Apostel der Gewaltlosigkeit. Er ist gekommen, den Orient zu verkünden, und wir haben einen Gaukler aus ihm gemacht. Im Supermarkt des Glaubens ist er an die erste Stelle aufgerückt und hat den Papst, hat Pastoren, Rabbiner, Patriarchen und Imame verdrängt, die entschieden zu mürrisch waren. Ich möchte nicht auf die Zukunft vorgreifen, aber ich bin nicht sicher, ob der Buddhismus und das tibetische Volk mit dieser Art Werbung viel gewonnen haben.

Der Kreuzesweg der Euphorie

Das neue, erbarmungslose Glück wirkt gleich doppelt einschüchternd: Es besitzt die diskriminierende Macht der Norm und die unvorhersehbare Kraft der Gnade. Und es ist ein um so heimtückischerer Segen, als es niemals von verläßlicher Dauer ist und selbst seine vorübergehenden Inhaber – die Schönen und die Reichen – seiner in jedem Augenblick verlustig gehen können. Der kleinen Minderheit derer, die bestanden haben, steht die große Masse der Durchgefallenen gegenüber, die als Häretiker gebrandmarkt werden. Die Aufforderung, glücklich zu sein, ist besonders schrecklich, weil sie vage formuliert ist und sich entzieht, sobald wir uns ihr beugen. Man muß leiden, bevor man das zähnefletschende Lächeln der Sieger aufsetzen kann, die sich selbst ja auch abgemüht haben, um so weit zu kommen, und nun befürchten müssen, ihrerseits entthront zu werden. Übrigens ist es die Aufgabe der Hochglanzmagazine, der Frauen- wie der Männerzeitschriften, uns Woche für Woche an dieses Gebot zu erinnern. Gleichzeitig unterhaltsam, erzieherisch und verbindlich, oder, um es in der Sprache dieser Zeitschriften zu sagen, »praktisch, witzig und nett«, propagieren sie ohne Unterlaß zwei einander widersprechende Behauptungen: daß Schönheit, Fitneß und Lust für jeden erreichbar sind, sofern er bereit ist, den Preis dafür zu zahlen. Daß jedoch derjenige, der diese Ideale vernachlässigt, für sein Altern, seine Häßlichkeit und seine mangelhafte Libido allein verantwortlich ist. Der demokratische Aspekt daran: Niemand ist mehr dazu verurteilt, seine körperlichen Mängel hinzunehmen, die Natur ist kein Schicksal mehr. Der strafende Aspekt: Denken Sie niemals, Sie seien sich nichts mehr schuldig. Sie können es noch besser, die geringste Nachlässigkeit wird Sie in die Hölle der Schlappschwänze, der Willensschwachen und Frigiden stürzen.[20] Diese sogenannte leichte Presse, die in Wirklichkeit furchtbar streng ist, säuselt uns Seite für Seite diskrete, aber eindringliche kategorische Imperative zu. Nicht genug, daß sie uns immer jüngere und vollkommenere Modelle von Männern und Frauen anbietet, sie schlägt auch jedem von uns einen stillschweigenden Pakt vor: Tu, was ich dir sage, und du wirst vielleicht den erhabenen Wesen ähneln, die jede Ausgabe dieser Zeitschrift bevölkern. Sie spielt mit ganz natürlichen Ängsten: zu altern, häßlich zu werden oder dick, mildert sie lediglich, um sie dann noch besser schüren zu können.[21]

Solange es noch ein »herrlicher Glaubensartikel« (Cicero) war, konnte das Glück einen zum Träumen bringen, den Fluchtpunkt eines stets lebendigen und gierigen Verlangens bilden. Nun, da es zum einzigen Horizont unserer demokratischen Gesellschaften geworden und von Arbeit, Willenskraft und Anstrengung abhängig ist, muß es uns zwangsläufig ängstigen. Daß die Erlösung nun auch durch den Körper geht und nicht mehr nur durch die Seele, ändert nichts an folgender Tatsache: Man muß sich freikaufen von dem, was man ist, egal in welchem Alter, der Organismus ist immer ein fehlerhafter Mechanismus und muß instand gesetzt werden. Auf jeden Fall beunruhigt mich mein Glück, vergiftet mein Dasein mit allen möglichen nicht einhaltbaren Geboten. Wie die hohen Würdenträger des thailändischen Königshauses, die, wenn ihre Zeit gekommen ist, den König mit Blumen und Räucherstäbchen um Erlaubnis zum Sterben bitten müssen, verlassen wir uns darauf, daß die Marktschreier der Glückseligkeit uns sagen, ob wir auf dem richtigen Weg sind. Unser Hedonismus, weit entfernt vom sorglosen Genuß der Epikureer oder vom dionysischen Rausch, wird bestimmt von Ungnade und Niederlage. Und wir können noch so gute Schüler sein, unser Körper wird uns weiterhin im Stich lassen, das Alter uns weiterhin zeichnen, die Krankheit uns weiterhin ereilen, wann es ihr gefällt, und die Lust uns mal erfüllen, mal fliehen, in einem Rhythmus, der von unserer Wachsamkeit oder unserer Entschlossenheit vollkommen unabhängig ist. Wir sind weder Herren noch Besitzer unserer Glücksmomente, die sich niemals zum vorgesehenen Termin einstellen, vielmehr auftauchen, wenn wir sie überhaupt nicht erwarten. Und unser Vorsatz, alles Schwache und Brüchige im Körper und im Geist zu tilgen, den Trübsinn, den Kummer, die innere Leere, wird durch unsere Endlichkeit und durch die Trägheit der Menschen, die sich nicht wie Knetmasse formen lassen, zunichte gemacht. Mit anderen Worten, es steht in unserer Macht, bestimmte Übel zu vermeiden oder zu korrigieren. Doch genau wie der Frieden nicht einfach das Ende des Krieges ist, sondern vielmehr ein positiver Zustand (Spinoza), ist das Glück nicht die Abwesenheit des Unglücks, sondern ein Gefühl anderer Art, das weder etwas mit unserem guten Willen noch mit unserem Scharfsinn zu tun hat. Wir können unbekümmert sein, ohne deswegen vor Euphorie überzuschäumen. Und wir können mitten in einer verheerenden Lage Momente unerhörter Ekstase erleben.

Ein Glück, das als Fluch erlebt wird – das ist die Schattenseite des amerikanischen Traums, von der so viele Werke zeugen: Wir suchen, das Paradies auf Erden neu zu erschaffen, abseits der weltweiten Unordnung, und entdekken, daß es seinerseits unrein und verseucht ist und daß auch »das Gelobte Land bereits auf ewig kompromittiert ist« (Jankélévitch). Doch stirbt dieser Traum nur, damit er wie Phönix aus der Asche wieder auferstehen kann: Die ihn anfechten, lassen ihn unfreiwillig wiederaufleben. Denn unsere westlichen Gesellschaften stufen als pathologisch ein, was andere Kulturen als normal betrachten – die Allmacht des Schmerzes, und sie bezeichnen das als normal und sogar notwendig, was andere als Ausnahmezustand erleben – das Gefühl des Glücks. Es geht nicht darum, zu wissen, ob wir glücklicher oder unglücklicher sind als unsere Vorfahren: Unsere Vorstellung von Glück hat sich verändert, und andere Utopien bringen andere Zwänge mit sich. Doch wir sind vermutlich die ersten Gesellschaften in der Geschichte, *in denen die Menschen dazu gebracht werden, unglücklich darüber zu sein, daß sie nicht glücklich sind.*

Welch treffendes Beispiel für »die seltsame Leichtigkeit, mit der das Streben nach einem Ideal zu dessen Gegenteil führen kann« (Isaiah Berlin). Es ist uns, den zur Freude Verdammten, den Galeerensklaven der Lust, gelungen, mit den Waffen des Paradieses neue kleine Höllen zu erschaffen. Indem wir jeden von uns unter Androhung der sozialen Marginalisierung verpflichten, glücklich zu sein, verwandeln wir den Hedonismus in Fronarbeit, in Erpressung, wird die Glückseligkeit zur despotischen Herrin. In dieser Gestalt nimmt das Unglück die phantastische Dimension von etwas an, das geleugnet wird und dennoch besteht: des Gespenstes, des Geistes, der um so größeren Schrecken einflößt, als man ihn nicht benennen kann. Lassen wir den Eden-Süchtigen ihre Dogmen und ihre Diktate. Wir wollen hier nur das Schuldgefühl beseitigen, die Last erleichtern: auf daß jedem die Freiheit gegeben sei, nicht glücklich zu sein und sich dennoch dafür nicht schämen zu müssen, oder es hin und wieder zu sein, ganz nach Belieben. Nicht verurteilen, keine Gesetze erlassen, nichts erzwingen. Wenn man nicht will, daß ein legitimes Verlangen in kollektive Kasteiung ausartet, dann muß man das erbarmungslose Idol des Glücks so zwanglos wie möglich angehen.

1 Sa Sainteté le dalai-lama et Howard C. Cutler, *L'Art du bonheur*, Paris 1999, S. 27 (dt.: *Die Regeln des Glücks*, Bergisch Gladbach 1999).

2 Norman Vincent Peale, *La Puissance de la pensée positive*, Alleur 1990 (dt.: *Die Kraft positiven Denkens*, Bergisch Gladbach 1992).

3 Sigmund Freud, *Das Unbehagen in der Kultur*, Frankfurt 1994, S. 42 bis 43.

4 Alain, *Die Pflicht, glücklich zu sein*, Frankfurt 1982, dt. von Albrecht Fabri.

5 Alain, op. cit., S 224. Die Formulierung »Pflicht zum Glücklichsein« stammt von Malebranche, der sie mit der geistigen Vervollkommnung gleichsetzt und die Rehabilitierung der Eigenliebe zu einem der Heilsinstrumente erhebt. Kant verwendet diesen Begriff als »hypothetischen Imperativ«, der die Herrschaft des Gesetzes der Moral einleitet: »Seine eigene Glückseligkeit zu sichern, ist Pflicht (wenigstens indirekt), denn der Mangel der Zufriedenheit mit seinem Zustande, in einem Gedränge von vielen Sorgen und mitten unter unbefriedigten Bedürfnissen, könnte leicht eine große Versuchung zur Übertretung der Pflichten werden.« (Immanuel Kant, *Grundlegung zur Metaphysik der Sitten*, Abschnitt 399, Hamburg 1999, S. 17.) Schließlich wird der Begriff von den Utilitaristen gepredigt, die die Verpflichtung jedes einzelnen betonen, seine Möglichkeiten im Namen der Freude voll auszuschöpfen.

6 Zur Art und Weise, in der das Naturgesetz dazu kommt, mit dem moralischen Imperativ zu verschmelzen, siehe Robert Mauzi, op. cit., S. 145ff.

7 Nach einem bereits von Pascal Bruckner und Alain Finkielkraut in *Le Nouveau Désordre amoureux*, Paris 1977 (dt.: *Die neue Liebesunordnung*, München 1980), untersuchten Muster, das insbesondere von Jean-Claude Guillebaud in *La Tyrannie du plaisir*, Paris 1998 (dt.: *Die Tyrannei der Lust*, München 1999), weiter ausgearbeitet wurde und die Frage nach dem Stellenwert des Verbots in einer modernen Gesellschaft aufwirft.

8 *Figaro-Magazine* vom 10. 11. 1998.

9 Vgl. das treffende Buch von Bertrand Leclair, *L'Industrie de la consolation*, Paris 1998.

10 Le dalai-lama et H. C. Cutler, op. cit., S. 53. »Man muß eine Welt erschaffen, in der die Kinder in einer dauerhaft positive Atmosphäre aufwachsen«, sagt er andernorts in seinen Gesprächen mit Fabien Ouaki, *La vie est à nous*, Paris 1998, S. 145.

11 Lucien Sfez hat diese neue Utopie der vollkommenen Gesundheit mit ihrem bio-ökologischen Ehrgeiz, den Menschen und die Erde zu reinigen und einen neuen, technologischen und vollkommenen Adam zu erschaffen, in *La Santé parfaite* (Paris 1995) sehr gut veranschaulicht.

12 Werbung der Zeitschrift *Santé magazine*, Januar 2000.

13 »Das Mitleid, das ich anderen entgegenbringe, tut mir selbst gut. Es ist der beste Schutz, und ich bin sein größter Nutznießer. Es verleiht mir inneren Frieden, körperliche Gesundheit, glückliche Tage und ein langes Leben. Ganz zu schweigen von den zukünftigen Leben.« (Le dalai-lama et Jean-Claude Carrière, *La Force du bouddhisme*, Paris 1998, S. 129; dt.: *Die Kraft des Buddhismus und der Zustand der Welt*, Freiburg 1998. Eines der wenigen Gespräche mit Seiner »Heiligkeit«, bei dem der Interviewer dem Interviewten weit überlegen ist.)

14 »Als David McClelland, Psychologe in Harvard, einer Gruppe von Studenten einen Film über die Arbeit von Mutter Teresa mit den Kranken und Armen von Kalkutta zeigte, gaben die Studenten an, daß der Film ihr Mitleid geweckt hätte. Danach ergab eine Untersuchung ihres Blutserums erhöhte Werte von Immunglobulin A, einem Antikörper bei der Bekämpfung von Atemwegsinfektionen. Im Rahmen einer anderen Untersuchung, die von James House am Forschungszentrum der Universität Michigan durchgeführt wurde, konnten die Forscher feststellen, daß der regelmäßige Einsatz für wohltätige Zwecke sowie Anteilnahme und Mitleid gegenüber anderen die Lebenserwartung und wahrscheinlich auch die allgemeine Vitalität deutlich erhöhen. Anderen zu helfen erzeugt außerdem ein Glücksgefühl, bringt innere Ruhe und lindert Depressionen.« (Le dalai-lama et H. C. Cutler, op. cit., S. 122–123.)

15 »Ich gebe also dem geistigen Frieden den Vorrang. Wenn Sie innerlich ruhig und ausgewogen sind, wird die Gesundheit nachfolgen: Friedliche Wesen ziehen gute Gefährten an, und eine glückliche Veranlagung zieht im allgemeinen Geld an. Jedenfalls wird der- oder diejenige, in deren Geist Frieden herrscht, das Geld sinnvoll einsetzen.« (Le dalaï-lama et Fabien Ouaki, Vorstandsvorsitzender der Kaufhauskette Tati, op. cit., S. 26.)

16 »Neuere Umfragen scheinen zu bestätigen, daß der Glaube wesentlich zum Glück beiträgt, und sie bescheinigen, daß Menschen, die von einem Glauben erfüllt sind, welchem auch immer, im allgemeinen glücklicher sind als Atheisten. Diesen Studien zufolge hilft der Glaube dem Alter zu trotzen und kritische Lebensphasen oder traumatische Ereignisse durchzustehen. Mehr noch, die Statistiken zeigen, daß sich in sehr gottesfürchtigen Familien eine niedrigere Kriminalitäts- und Alkoholikerrate, weniger Medikamentensucht und gescheiterte Ehen finden. Bestimmte Indizien deuten sogar darauf hin, daß der Glaube sich selbst bei schweren Krankheiten positiv auf die Gesundheit auswirkt. Hunderte von epidemiologischen Studien

bestätigen einen Zusammenhang zwischen dem Glauben, einer niedrigeren Sterblichkeitsrate und einer besseren Gesundheit.« (Le dalaï-lama et H. C. Cutler, op. cit., S. 283.)

17 William Regelson, Professor der Medizinischen Fakultät in Virginia und Befürworter der therapeutischen Anwendung von Melatonin, stellt sich das Szenario des zukünftigen Glücks folgendermaßen vor: »Sie haben heute Geburtstag. Sie lieben ihre Arbeit, doch Sie haben Ihre Nachmittagstermine abgesagt, um zu feiern. Sie gehen mit einem Freund Squash spielen, dann treffen Sie Ihre Frau in einem Jazzclub. Sie haben die Honeymoon-Suite mit Whirlpool reserviert. Am nächsten Tag gehen Sie mit Ihren Urenkeln im Park Inlineskaten. Dies ist keine Zukunftsvision für Ihre Enkel, sondern Ihr eigenes Leben.« (Zitiert von Sarah Daniel, in: *Le Nouvel Observateuer*, 1995.)

18 Deshalb ist, wie Jean Cazeneuve richtig feststellte, die Krankheit des Jahrhunderts die Krise der Anpassung an das vorgefertigte Glück: nicht der Spleen oder die Melancholie, sondern das Magengeschwür und der Herzinfarkt (*Bonheur et Civilisation*, Paris 1962, S. 202). Und auch Alain Ehrenberg hat überzeugend nachgewiesen, wie Depression, Angst und Gehemmtheit aus einer *Müdigkeit, man selbst zu sein* entstehen (*La Fatigue d'être soi*, Paris 1998).

19 Deepak Chopra ist unter anderem der Autor des Buches *Ageless Body, Timeless Mind* (New York 1999), in dem er die Vorstellung vertritt, Senilität, Krankheit und Tod gehörten der Vergangenheit an, während sich heute eine neue, auf Kreativität, Freude, Selbstverwirklichung und ewige Lebenskraft ausgerichtete Wirklichkeit auftue.

20 So titelte die Zeitschrift *Biba* im Juli 1999: »Die Lust hat Vorfahrt! Doch, doch, Sie können es noch besser!«

21 Ein Beispiel unter so vielen anderen: Die Zeitschrift *Men's Health* (Mai/Juni 1999) bietet folgende Artikel an: Fünf Tips zum klugen Abnehmen, wie man beim Sex länger als drei Minuten durchhält, wie man seine Libido pflegt, wie man einen Flugzeugabsturz überlebt, einen Herzinfarkt oder einen Ehekrach durchsteht, wie man seine Prostata selbst untersucht, jeden Tag bis zum letzten Sex haben kann und so weiter. Hinter den humorvollen Überschriften verbirgt sich ein Ohrwurm, der bald zum Alptraum wird. Man glaubt, man blättere in einer Zeitschrift, die einen zerstreuen will, und öffnet dabei einen Katalog potentieller Delikte, der über allen Instrumenten der Lust den Zweifel schweben läßt. Die Zerstreuung ist hier untrennbar mit der Maßregelung verbunden.

Zweiter Teil

Das Reich des Lauen[1]
oder
Die Erfindung der Banalität

Viertes Kapitel

Das bittersüße Epos des grauen Alltags

> Die Sänfte, auf die das glückliche Menschen-Vieh gebettet ist.
>
> *Mallarmé*

Es soll in London einen sehr exklusiven Club geben, der seine Mitglieder unter Androhung von Ausschluß dazu verpflichtet, nichts als Klischees verlauten zu lassen. Wer versucht, eine Diskussion anzuregen, oder einen auch noch so uninteressanten eigenen Gedanken zum besten gibt, dem wird sofort die Tür gewiesen. Ein schwieriges Unterfangen, das nicht weniger geistige Wendigkeit erfordert als ein Plädoyer vor Gericht oder ein Rededuell.

Aber nicht von dieser Verpflichtung zur Platitüde, vom Absturz der Wesen, Dinge und Diskurse auf das niedrigste gemeinsame Niveau soll hier die Rede sein.[2] Vielmehr geht es um eine andere Art des Gewöhnlichen, das noch vor jeder Einteilung in das Banale und das Originelle steht und sich mit dem Ende der mittelalterlichen Welt herausbildet: eine neue Ordnung, die sich durch die Prosaisierung der Welt auszeichnet, durch den Sieg des Profanen über das Heilige. In der Form, in der die Religion bis zur Französischen Revolution praktiziert wurde, erfüllte sie eine doppelte Funktion: Sie gab dem irdischen Dasein eine Richtung vor und adelte seine unerfreulichsten Seiten. Das Menschenleben führte uns über eine Reihe von Prüfungen in die Ewigkeit, so wie der Pilger bei John Bunyan von der Stadt der Zerstörung in die Stadt Gottes wandert und dabei eine ganze Reihe von Hindernissen überwinden muß, etwa den Jahrmarkt der Eitelkeiten oder den Sumpf der Verzweiflung (*The Pilgrim's Progress*, 1678). Die Aussicht auf das Jenseits entschädigte für die niedrigsten, elendsten Seiten des menschlichen Daseins. Selbst der Geringste wurde errettet, dem ganzen Universum mit seinen Häßlichkeiten und seiner Leere wurde die Erlösung verheißen.

Erlösung und Bürde

Heute, da der Mensch als Fundament des Gesetzes an Gottes Stelle tritt, da sich die Religion aus der Öffentlichkeit zurückzieht und zu einer Privatangelegenheit wird, erlangt die Zeit eine gewisse Autonomie. Sie ist nicht mehr nur der Weg in die Ewigkeit, und es hängt von uns ganz allein ab, ob sie irgendwohin führt. Sie wird zum Rahmen, innerhalb dessen das Individuum sich entfalten und sich selbst erschaffen kann, oder zum Nebel, in dem es zu verschwinden droht; sie ist zugleich schöpferisch und geschwätzig. Darin besteht die Entdeckung der heutigen Zeit, daß das Leben nicht so eintönig ist, wie man sagt, daß etwas Neues erdacht werden kann – doch auch darin, daß sich alles auf entsetzliche Weise wiederholt. Auf das »heftige Pathos des mittelalterlichen Lebens« (Huizinga) folgt die Unbestimmtheit einer ebenso vielversprechenden wie mühseligen Dauer.

Die gute und die schlechte Nachricht am Rückzug Gottes: Er bedeutet eine Chance für die freie Entfaltung des nun nicht länger bevormundeten Menschen und zugleich eine alltägliche Bürde, an der man schwer zu tragen hat. Allein Gott hatte den Dingen durch die fortwährende Schöpfung erlaubt, an ihrem Dasein festzuhalten, und sie davor bewahrt, »in ihr ursprüngliches Nicht-Sein zurückzufallen« (Augustinus). Sobald er aber verworfen beziehungsweise auf die Rolle des »Großen Uhrmachers« reduziert wird (und die immer neuen Gottesbeweise bis hin zu Kant zeigen, wie problematisch die Frage nach seiner Existenz geworden ist), nimmt er dieser Welt jegliche Daseinsberechtigung. Ihres göttlichen Bewahrers beraubt, offenbaren die Dinge ihre Willkürlichkeit, Belanglosigkeit, die Tatsache, daß »sie sind, was sie sind« (Hegel). Auf die mittelalterliche Erhabenheit folgt die moderne Trivialität, auf das große Absolute ein kleines Relatives. Der Mensch, der plötzlich von seinen Fesseln entbunden ist und weniger eine Desillusionierung als vielmehr eine Desorientierung erlebt, gerät in einen schrecklichen Taumel; zwar ist er nun frei, aber dafür zum Pygmäen geworden. Emanzipiert von der Feudalherrschaft, die ihn seiner Geburt zuwies, und vom Gesetz der Religion, das ihn an die Sorge um sein Seelenheil kettete, hat er nun weder Bestimmung noch Ziel mehr.

Und mit dieser Befreiung entsteht auch die Belanglosigkeit, das heißt das vollkommene Zurückgeworfensein der Menschheit auf sich selbst. Es gibt kein Entrinnen mehr, außer in die Zukunft, der Himmel ist niedrig und erdrükkend. Wir sind nun dazu verurteilt, nur noch von dieser Welt zu sein, wir wurden ins Diesseits verwiesen. Nichts als die Erde, könnte man, einen Satz von Paul Morand parodierend, sagen, als die Erde und ihre Banlieue, das Weltall. Nun, da unser Planet nicht mehr von der Hoffnung auf ein besseres Leben genährt wird, kauert er sich zusammen. In Zeiten der Religion mußte man für seine Fehler büßen, um das Seelenheil zu erlangen. Von nun an muß man für seine bloße Existenz büßen. Die Frage: Wie soll man nach Gottes Gebot leben?, die das Abendland länger als ein Jahrtausend beschäftigt hat, wird nach und nach von einer anderen abgelöst, um die sich bereits die antiken Philosophen sorgten: Wie soll man überhaupt leben?

Vorbei ist die pathetische Gegenüberstellung mit dem Allerhöchsten, diese biblische Dramaturgie, die zugleich etwas von einer Romanze, einem Ehekrach und einer gerichtlichen Vorladung hatte. Der Mensch ist nun sich selbst überlassen und muß alles neu erlernen: Etwas so Einfaches wie Geborenwerden, Reifen und Altern wird zum Problem. Nichts bewahrt uns mehr vor dem Profanen, das einst jenen bescheidenen Teil unseres Daseins ausmachte, den wir durch Gebete, durch den Glauben und seine Rituale aufwerten konnten. Wenn wir uns heute befreien müssen, dann von der Alltäglichkeit, die uns beschmutzt; und wir unterscheiden weniger zwischen Sünde und Gnade als zwischen dem Ordinären und dem Außergewöhnlichen. Ein neuer Kampf ist ausgebrochen, nun gegen die Zeit, diesen ebenso unbestrittenen wie nicht greifbaren Herrscher, als hätte sich das Menschengeschlecht vom Streben nach der Ewigkeit nur befreit, um unter die Fuchtel der irdischen Zeitspanne zu geraten.

Die Aufklärung ging nicht, wie allzuoft behauptet, aus der Finsternis hervor, sondern aus einer Grauzone, die die großen Ideologien mit ihrer horizontalen Ausrichtung niemals werden löschen können. Von daher die zwei Wege, die das Vergnügen fortan einschlägt: entweder der Rausch, die verzweifelte Suche nach Intensität, oder der graue Alltag, der paradoxe Genuß des Banalen in seinen Tausenden von Varianten. Seitdem werden Moderne und Demokratie mit den Begriffen Mittelmäßigkeit, Kleinlichkeit und Trivialität assoziiert, den neuen Gottheiten des universalen Kleinbürgertums. Darin nämlich besteht das Abenteuer der westlichen Welt: den Glauben ins Innere zu verbannen, die Erde als alleiniges Eigentum des Menschen zu deklarieren, sie zu entsakralisieren, damit sie rational und wissenschaftlich ausgebeutet werden kann. Doch über diese gigantische

Baustelle, über diesen außergewöhnlichen Erfindungs- und Entdeckungswahn breitet sich allmählich der Staub des Banalen, der sich im Getriebe festfrißt und die Seelen und Schicksale vergiftet. Eine groteske Heteronomie setzt sich durch, die nicht mehr Gott untersteht, sondern den *toten Fetzen der Zeit*, der Abnutzung durch die Eintönigkeit der vorübergehenden Tage. Die Belanglosigkeit ist die Bestimmung der Menschen, die keine Bestimmung haben – Chance und Knechtschaft zugleich, von der wir alle unser Erbteil abbekommen. Sie holt die Hölle, das Paradies und das Fegefeuer ins Diesseits zurück und läßt jedem einzelnen die Möglichkeit, diese im Lauf seines Lebens nacheinander oder gleichzeitig kennenzulernen.

An die Stelle der christlichen Inszenierung von Errettung und Verdammnis tritt schließlich die weltliche Inszenierung von Erfolg und Mißerfolg. Es gibt kein Entrinnen. Alles spielt sich während der kurzen Spanne eines Lebens ab, ohne Vergebung, ohne den Trost einer anderen Welt, die uns von gegenwärtigem und vergangenem Unglück erlösen könnte. Nicht mehr als ein Leben, eines nur, das um so qualvoller ist, als es das einzige und seine Vergänglichkeit endgültig ist. Doch wer bestimmt die Kriterien des Scheiterns oder des Siegens, wer legt die offizielle Norm fest? Welche Instanz wird die Auserwählten von den Verdammten scheiden? »Der rechte Weg ist verloren«, sagt Dante. Und wer versichert uns, daß ein nach den gültigen Regeln gescheitertes Leben nicht dennoch ein glückliches Leben war? Genau vor diesem Hintergrund zeichnet sich allmählich der Weltschmerz ab, das Leiden der besitzenden Klassen seit dem 18. Jahrhundert, das sich durch langsame Demokratisierung des Unbehagens heute jedoch immer weiter ausbreitet (vielleicht liegt darin sogar die Bestimmung der Demokratie: daß nun alle an den Leiden der Eliten teilhaben,

Die Verklärung der Routine

Was ist eine Gewohnheit? Eine bestimmte Technik zur Energieersparnis. Sie entsteht aus dem Prinzip Bewahrung: nicht jeden Morgen alles neu machen, Reflexe schaffen, um den Zwischenfall, das Besondere aufzufangen. Ein Leben ohne Regeln wäre ein Alptraum, denn indem die Regel zur zweiten Natur wird, erspart sie uns wiederholte Anstrengungen. Dank ihrer können wir eine Kunst oder ein Handwerk beherrschen lernen, die uns zunächst unerreichbar schienen. Wir hängen an unseren Gewohnheiten, denn unser Dasein folgt ihrem Rhythmus, sie bilden sein Skelett. Sie sind mehr als nur ein Schnurren im Hintergrund, sie zeugen auch von unserer Treue zu uns selbst. Sie verleugnen hieße sich selbst verleugnen. Die große Kunst besteht nicht nur darin, eine Routine zu durchbrechen, sondern mit mehreren zu jonglieren, um von keiner abhängig zu sein. Und bereits ein Geringes von allen unseren alten Gewohnheiten reicht aus, um daraus eine neue zu entwickeln. Das nennt man Wiedergeburt.

Ebenso gibt es eine Lust der Wiederholung, deren größte Raffinesse darin besteht, sich auszulöschen und gerade dann unbemerkt zu bleiben, wenn sie allein regiert. In ihr löst sich, vor lauter identischer Wiederkehr, sogar die Zeit auf. Das Abendland in seinem Originalitätswahn kultiviert eine sehr negative Sicht des Sich-Wiederholenden. Es gibt Kulturen, in denen die Wiederkehr eines einzigen Themas, wie in der arabischen oder indischen Musik ein unendlich lang gehaltener Ton, schließlich kaum wahrnehmbare Unterschiede hervorbringt. Solche überaus monoton erscheinenden Melodien sind von kaum merklichen Variationen gezeichnet. Sie machen der Stille Konkurrenz und faszinieren uns durch ihre einzigartige Weise, voranzuschreiten, ohne sich von der Stelle zu bewegen.

Letzten Endes ist es nicht die Regelmäßigkeit, die das Leben tötet, sondern unsere Unfähigkeit, sie zu sublimieren durch eine Lebenskunst, die die biologischen Gegebenheiten zu vergeistigen und die geringsten Augenblicke zu einer Zeremonie zu erheben vermag. Vielleicht ist es das, was die beiden Teile der westlichen Welt unterscheidet, auch wenn sie einander immer näher rücken. Die Amerikaner glauben als würdige Utilitaristen an das Glück, sie haben es in ihre Verfassung aufgenommen und sind bereit, es zu lehren und allen zu verschreiben. Die skeptischeren Europäer halten sich dagegen an die Vergnügen und vor allem an das Savoir-vivre, das, geprägt von einer langen Tradition, eine Art allgemeiner Etikette darstellt, die Freud und Leid mit einschließt.

Betrachten wir den Gegensatz zwischen Fast food, dem Prinzip der schnellen, einsamen und billigen Ernährung, und Eßkultur, dem Prinzip des geselligen und zeitraubenden Genießens. Dahinter stehen zwei Arten, mit der Zeit umzugehen: Entweder schlägt man sie tot, indem man verkürzt, was sich wiederholt, oder man erhebt sie zur Liturgie und macht sie so zu seiner Verbündeten. Die eine Art gehört zur Dienstleistungsgesellschaft, die ganz auf Bequemlichkeit und sofortige Bedürfnisbefriedigung ausgerichtet ist, die andere zur Traditionsgesellschaft, die ihr kulturelles Erbe und ihre Sitten als Schatz an

Geist und Finesse betrachtet, den verkommen zu lassen ein Verbrechen wäre. Der Reiz der Alten Welt liegt in der Vielfalt ihrer Kulturen, die sich der globalen Angleichung widersetzen. Die Anziehungskraft der Neuen Welt liegt hingegen im Reflex der systematischen Erneuerung. Diesseits des Atlantiks geboren werden heißt, Vorfahren zu haben, über das Wissen einer langen Geschichte zu verfügen; jenseits des Atlantiks heißt es, seine Vorfahren zu ignorieren und sich ins gelobte Land der Zukunft zu stürzen.

Tatsächlich verlocken uns beide Möglichkeiten, wir würden gerne die Annehmlichkeiten der Vergangenheit genießen, ohne ihren Zwängen unterworfen zu sein, und von den Vorteilen der Gegenwart profitieren, ohne deren Verarmung in Kauf nehmen zu müssen. Als Kinder eines vielfältigen Erbes schwanken wir zwischen der Sehnsucht nach dem Ritual und der Illusion einer großen Vereinfachung.

wenn auch nicht an ihren Privilegien). Als würde das Dasein, sobald es auf sich selbst und seine Möglichkeiten zurückgeworfen ist, zu einer übermenschlichen Aufgabe. »Es ist sehr, sehr gefährlich, auch nur einen Tag zu leben.« (Virginia Woolf)[3]

Rasende Trägheit[4]

1998 richtet eine junge Frau aus Washington im Internet eine Website ein, auf der man sie rund um die Uhr in ihrer Wohnung beobachten und ihr bei jeder noch so geringen Verrichtung zusehen kann. Lassen wir den exhibitionistischen Aspekt eines derartigen Projekts, das inzwischen viele Nachahmer gefunden hat, einmal beiseite und halten folgendes fest: Nur ein Mensch unserer Zeit konnte auf die Idee kommen, sich Tag für Tag zu filmen, besonders, wenn er ein Leben führt, das dem aller anderen peinlich genau gleicht. Es liegt eine Disziplin, eine Entschlossenheit in dieser Übung der mechanischen Wiedergabe. Die Videokamera übernimmt hier eine Rolle, die einst das Tagebuch innehatte. Doch dort, wo die Schrift noch unwillkürlich aussortiert, nimmt die Kamera alles auf: wie sich ein Mülleimer füllt, wie das Badewasser abläuft oder ein Salat wächst, dann wieder ein Paar Pantoffeln, die angezogen werden, nicht zu vergessen die packenden Episoden des Zubettgehens, des Aufstehens und des Schlafens. Das Erstaunliche daran ist, daß dieser gräßlichen Routine überhaupt die geringste Bedeutung beigemessen wird, daß derartige Nichtigkeiten eine solche Begeisterung auslösen. Vielleicht muß man darin den Versuch sehen, sich die zähfließenden Stunden und Wochen zurückzuholen, indem man sie dem kollektiven Blick Tausender Internet-Surfer aussetzt, oder den Versuch, Beruhigung in der Feststellung zu finden, daß wir alle im gleichen Boot sitzen: dem des alltäglichen Trotts. Wir bilden die virtuelle Gemeinschaft derer, denen nichts passiert, den digitalen Stamm der Ereignislosen.

Vom Alltag kann man zwei einander widersprechende Dinge sagen: daß er sich wiederholt und daß er uns aufreibt. Beharrlich wie eine defekte Schallplatte überschwemmt er uns mit der Wiederkehr des immer Gleichen, macht aus dem Morgen die Nachbildung des Heute, welches wiederum das Gestern kopiert hat. Seine Gesetze sind genauso unerbittlich wie die des Kosmos oder der Schwerkraft. Übereinstimmung, Normalität und Gleichförmigkeit: die Prägnanz des schon Gesehenen, schon Gelebten, Triumph des Farb- und Geruchlosen, ein endloses Kreisen im stets Gleichen. Der Alltag bringt eine ewige Gegenwart ohne Zukunft oder Vergangenheit, als seien alle Tage zu einem einzigen verschmolzen. Das Paradoxe am Alltag ist, daß er die Zeit durch die Zeit selbst abschafft, daß er eine Farce der Ewigkeit ist, ähnlich wie die Uhr, die, wie Gilles Lapouge schreibt, aus der unaufhörlichen Bewegung Ewigkeit produziert.[5] Er verfügt über eine zersetzende Kraft, die die schrecklichsten Ereignisse entschärft; alles wird von ihm verschlungen. Deshalb operieren übrigens die meisten Metaphern der Langeweile mit dem Versacken, dem Sich-fest-Fressen und der Gerinnung: Bei Baudelaire und Poe ist sie ein Schiff, das im Eis gefangen und für immer erstarrt ist, bei Flaubert ein stehendes Gewässer, bei Mallarmé ein steriler Gletscher, der den Vogel lähmt, bei Verlaine eine trostlose Ebene unter winterlichem Schnee, bei Moravia eine Kalkablagerung, die schließlich die Kanalisation verstopft, und bei Sartre die Zähflüssigkeit einer Natur, die an uns klebt. Lange Zeit hat die Provinz als geographische wie als metaphysische Kategorie – vor allem in stark zentralisierten Ländern wie Rußland oder Frankreich – dieses Leben ohne Höhen und Tiefen repräsentiert, diesen endlosen Winterschlaf, dessen Leere die Literatur seit zwei Jahrhunderten zu beschreiben versucht. Eine kümmerliche, eintönige Randexistenz, in der sich ganze Generationen einmauern wie in einem Mausoleum. Ein Dahinvegetieren, eine vorweggenommene Trauer, bei der man auf alles verzichtet, was auf Erden süß, angenehm und bewegend ist, noch bevor man irgend etwas kennengelernt oder geliebt hat. Allerdings ist mit dem Ende des jakobinischen Modells und der Entstehung der Regionen der Begriff Provinz etwas aus der Mode gekommen.

Der Alltag als Raum eines endlosen Wiederkäuens macht

alles gleich, schafft die Gegensätze ab, verflacht die Inhalte, konstituiert die Herrschaft der Unentschlossenheit, durch welche Liebe, Gefühle, Zorn, Hoffnung in einer gallertartigen Gleichförmigkeit ertränkt werden. So entkräftet er auch jede Hoffnung, daß man das Glück bestellen könne wie eine Mahlzeit: der Alltag zersetzt es, verdaut es, vernichtet seinen Geschmack, sobald es sich zeigt. Er ist eine Maschine, die sich ganz allein in Gang hält und ohne Energiezufuhr von außen funktioniert. Aufstehen, sich anziehen, Nahrung zu sich nehmen, zur Arbeit gehen – um diese einfachen Tätigkeiten auszuführen, bedarf es übermenschlicher Courage. Goethe sagte einmal, er kenne einen Engländer, der sich erhängt habe, damit er nicht mehr jeden Morgen seine Krawatte binden müsse. Jedes Werk, jedes Projekt muß dieser Gleichförmigkeit der Tage, ihrer kompakten Masse abgerungen werden, und auch eine wahre Liebe erweist sich darin, daß sie das Risiko des Alltags eingeht, daß sie es wagt, ihn herauszufordern, und doch nicht allzuschnell an ihm zerbricht. Dem Alltag fehlt das leidenschaftliche Moment par excellence: die Spannung. Nichts in ihm wird zum Gegenstand einer Erwartung, eines Erschauerns, alles ist bereits unzählige Male wiedergekäut. Ein schrecklicher Kreislauf der Frage: »Was gibt's Neues?« und der Antwort: »Nichts Besonderes.« Wenn das Schuldgefühl nach Baudelaire die Unfähigkeit ist, etwas zu lösen, so ist die Banalität dagegen die Unfähigkeit, etwas zusammenzufügen, etwas Neues zu erschaffen, eine Bresche in die Mauer der stets gleichen Augenblicke zu schlagen. Dieser häuslichen Welt mangelt es im übrigen nicht an Versuchungen für den, der es sich gutgehen lassen, wie ein Boot auf dem Fluß dahintreiben und den Terminen im Kalender oder dem Lauf der Jahreszeiten die Sorge überlassen will, uns zu führen. Das Beruhigende an dieser Routine: Mit ihr geht alles wie von selbst, sie macht zur Notwendigkeit, was vorher sinnlos war. Man funktioniert darin fast automatisch. Die Angst, die manche Menschen vor Sonntagen oder vor den Ferien – dieser großen Leere, die es zu füllen gilt – haben, entsteht aus dem vorübergehenden Verstoß gegen eine Regel, die zwar ermüdend sein mag, aber auch beruhigt.

Für die meisten liegt jedoch der Fluch des Alltags darin, daß er uns rund um die Uhr begleitet, während wir ihn gern nach Belieben zerteilen, ein paar Krümel aus ihm herauspicken und uns mit dem Rest gar nicht erst abgeben würden. »O Leben, ich liebe dich, aber nicht jeden Tag« (Cerroli) – ein wunderbarer Satz, der alles sagt.

Der Alltag bildet auch ein turbulentes Nichts. Er erschöpft uns mit seinen Unannehmlichkeiten, widert uns an mit seiner Monotonie. Mir passiert nichts, aber dieses Nichts ist immer noch zuviel: Ich verzettele mich in tausend sinnlosen Aufgaben, nutzlosen Formalitäten und vergeblichem Geschwätz. All das macht kein Leben aus und genügt doch, mich zu erschöpfen. Das nennt man Streß, dieses beständige Rosten innerhalb der Lethargie, die uns allmählich zerfrißt. Als verlange selbst die Bedeutungslosigkeit ihren Tribut. Unter der trügerischen Ruhe unserer farblosen Leben tobt ein heimtückischer Krieg, bei dem uns die Angst und die Sorgen in einen Zustand der *ungerichteten Spannung* versetzen. Ein lächerliches Unglück, das an jedem von uns zehrt und doch keine Tragödie ist. »Das Leben entweicht durch das Gehirn und die Nerven ... Die Nervosität der Moderne ist der Schrei des Organismus, der mit dem Mittelmaß kämpft.« (Rosolino Coella) Die tausend erlittenen Unannehmlichkeiten bilden noch nicht einmal ein Ereignis, doch sie reichen aus, um uns in den modernen Zustand schlechthin zu versetzen:

die Müdigkeit. *Eine abstrakte Müdigkeit*, die nicht durch besondere Anstrengungen entsteht, sondern allein durch die Tatsache, daß man lebt; eine Müdigkeit, die man zu Unrecht durch Ruhe verscheuchen wollte, denn sie ist ja selbst ein Kind der Routine. Der Alltag oder die permanente Dienstverpflichtung: die Aufforderung, immer einsatzbereit zu sein, im Büro, im Auto, in der Familie und sogar in unseren Träumen. Und welches bessere Beispiel gäbe es für diese Verfügbarkeit als das Handy? Schon beim ersten Klingeln stürzt sich jeder auf seine Handtasche oder seine Jackentaschen und greift nach dem blinkenden und summenden Tierchen. Übrigens verurteilt jede technische Entwicklung diejenigen, die sie nicht mitmachen, dazu, von der Gruppe fernzubleiben. Man hat die Wahl, mitzuspielen oder abgeschoben zu werden, vor allem unter Jugendlichen.

Ständig auf Abruf und in Bereitschaft, permanent mobil, finden wir kaum noch zu uns selbst. Ausgerüstet mit Beeper, Handy, Walkman, Kopfhörern und bald auch mit Mikrochips im Gehirn und Bildschirmen in den Augen, hat der neue Prothesenmensch, der jeden Moment irgendeine Waffe zückt und mit der gesamten Welt vernetzt ist, große Ähnlichkeit mit einem Soldaten, der permanent im Einsatz ist. Erschöpfung und Überarbeitung seien unsere modernen Laster, sagt Nietzsche. Im beständigen Kampf mit Phantomen, erleiden wir nicht kalkulierbare Verletzungen, werden wir zu *Alltagsverletzten* statt Kriegsverletzten. Und der Gegensatz ist erschreckend zwischen der Verdrießlichkeit unseres Lebens und dem fieberhaften Tempo der Bilder, mit denen die Medien uns überfluten: Das Dahinrasen der Welt unterstreicht noch den schleppenden Trott unseres eigenen Daseins. Alles hallt wider von Großtaten und Dramen, und mein eigenes Leben ist so flach. Paradoxerweise begegnet uns die Banalität im Gewand der Unordnung, und die Kraftlosigkeit drängt sich unter der Maske der Schnelligkeit und des Trubels auf.

Streß ist das Gegenteil von Abenteuer, er ist die Konzentration, die gebraucht wird, um den Alltag im Zaum zu halten. Wir schlagen uns also mit einer »rasenden Trägheit« (Steiner) herum, in einer Pseudogeschäftigkeit, die nie etwas Unvorhergesehenes zeitigt. Wir nehmen alle Nachteile der Zersplitterung hin und erleben doch nie den Zauber des Zufälligen, die Wohltat einer echten Überraschung. Wir verharren in einem Mittelmaß, das weder Freude noch Leid ist: Anstatt zu spüren, wie die Zeit uns prägt, sehen wir zu, wie »die Tage wie Blut aus einer Wunde« fließen (Louis Guilloux). Und manchmal wünschen wir uns geradezu ein Unglück, ein richtiges Unglück, denn alles ist uns lieber als dieser endlose Zwischenakt, dieses nervende Leben, das sich nicht einmal zu einem würdevollen Drama aufzuschwingen vermag. (Und bekanntlich hat Streß, unsere unverzichtbare Triebfeder, wenn er im Übermaß auftritt, die Eigenschaft, die körperlichen Abwehrkräfte zu senken.) »It's better to burn out than to fade away«, singt Neil Young, der seinerseits von Kurt Cobain zitiert wird. Es ist besser, zu verbrennen, als auf kleiner Flamme vor sich hin zu köcheln. Doch selbst das kleinste Feuer verursacht horrende Kosten, und es kommt der Moment, da man seine Schulden begleichen muß, auch wenn man sich nur im Bereich des Farblosen, Einschläfernden bewegt hat, wo eine kaum wahrnehmbare Fäulnis selbst die kümmerlichsten Schicksale vergiftet. Darum auch ist das Dasein von unendlicher Kürze: endlos lang und doch immer zu kurz in Anbetracht der unerschöpflichen Möglichkeiten. Wir verfügen über einen Zeitüberschuß, der uns zu fehlen beginnt, sobald er verstrichen ist. Das zusammenhangslose

Gestotter unserer Leben verhindert, daß wir sie zu Kunstwerken machen. Denn die Kunst entzieht sich in ihrer Dichte und Einheit dem, was uns als menschliche Wesen ausmacht: Unfertigkeit, Unbestimmtheit. Das Stückwerk unserer verstreichenden Tage ist alles andere als ästhetisch; niemand kann sich selbst gestalten wie ein Gemälde, eine Skulptur oder eine Sinfonie. Wir sind keine Meisterwerke und als solche Abbilder einer vollkommenen Welt, sondern allenfalls Handwerker, die sich in einer verschlungenen und unvorhersehbaren Welt selbst erschaffen müssen.[6] Kurz, zwischen dem Leben und der Kunst liegt die Arbeit an der Form: Die Form komprimiert, reinigt, befiehlt, lindert unsere Wunden, indem sie sie stilisiert; sie macht das Tragische anziehend und die Niederlage erträglich. (Vielleicht gibt es nur im Schreiben wahres Glück, da das Leben im nachhinein versucht, eine vollkommene Verbindung mit den Worten einzugehen, die treffendste Formulierung zu finden.)

Der Alltag vermittelt uns also das Gefühl, daß wir in Gefahr sind, wenn er durcheinandergerät. Je weniger passiert, desto mehr sorgt man dafür, daß überhaupt nichts mehr passiert. Die bloße Angst vor dem Leben erzeugt ein nicht zu unterdrückendes Bedürfnis nach Ruhe und Entspannung. Daher die unzähligen Therapien im Zeichen von Zen-Buddhismus, Buddhismus und Yoga oder der Mißbrauch von Aufputsch- und Beruhigungsmitteln, Vitaminen und Psychopharmaka in Amerika und Europa. Selbst wenn ich das lähmendste, stumpfeste Dasein friste, habe ich noch die Befürchtung, von einem heftigen Sturm davongetragen zu werden, den ich unverzüglich aufhalten muß. Die aus der Leere geborene Geschäftigkeit durch noch mehr Leere zu heilen, das ist der Teufelskreis, der uns droht. Dabei brauchten wir in unserem farblosen Leben weit weniger Ruhe als vielmehr echte Aktivitäten, Ereignisse, die Gewicht und eine Bedeutung haben, Augenblicke, die uns wahrhaft erschüttern oder erheben. Die Zeit, dieser große Plünderer, bestiehlt uns unaufhörlich. Doch es ist etwas anderes, mit Pauken und Trompeten ausgeraubt zu werden und in dem Bewußtsein zu altern, daß man ein erfülltes, reiches Leben geführt hat, als Stunde um Stunde kümmerlich von Dingen aufgezehrt zu werden, die man nicht einmal erlebt hat. Die Hölle von uns Zeitgenossen liegt in der Trivialität, das Paradies, das wir suchen, in der Erfüllung. Manche haben gelebt, andere haben nur gedauert.

1 »Le royaume du tiède« – diesen Ausdruck hat Victor Segalen geprägt.

2 Lucien Jerphagnon hat diesem Phänomen ein sehr schönes Buch gewidmet: *De la banalité*, Paris 1965.

3 *Mrs. Dalloway*, dt. von Walter Boehlich, Frankfurt 1997, S. 12.

4 Ich greife hier unter anderem Blickwinkel ein Thema wieder auf, das bereits in Pascal Bruckner und Alain Finkielkraut: *Au coin de la rue l'aventure* (dt.: *Das Abenteuer gleich um die Ecke*, München 1981), behandelt wurde.

5 Gilles Lapouge, *Utopies et Civilisations*, Paris 1973, S. 110–111.

6 Nach der von Pierre Aubenque vorgenommenen Unterscheidung zwischen dem stoischen und dem aristotelischen Weisen: *La Prudence chez Aristote*, Paris 1997, S. 90–91.

Fünftes Kapitel

Die Extremisten der Routine

> … mein Leben hat mit dem Erlöschen begonnen. Seltsam, und doch ist es so! Vom ersten Augenblick an, da ich bewußt zu leben begann, fühlte ich, daß ich schon erlösche.
>
> *Iwan Gontscharow, Oblomow*[1]

Die Märtyrer des Faden

Das klösterliche Leben mit seiner minuziösen Zeiteinteilung, seinen langen Phasen, die dem Gebet und der Meditation vorbehalten sind, läßt am ehesten die Erfahrung der profanen Zeit erahnen, die wir heute erleben. Der Mönch zeichnet sich, sofern er einem kontemplativen Orden angehört, dadurch aus, daß er im Sinne von Handlung oder Herstellung nichts tut: Er ist genau wie wir dieser großen, desorganisierenden Macht unterworfen, die da Alltag heißt und die seinen Glauben verändern wie auch ihn von Gott abbringen kann. Die geistigen Übungen, denen sich jede Ordensgemeinschaft unterzog, hatten zum Ziel, die Gläubigen vor der Zerstreuung zu bewahren und sie auf den alleinigen Weg der Anbetung Gottes zu bringen. Vermutlich ist jene peinlich genaue Zeiteinteilung, der sich das Abendland unterworfen hat (und die später vom Kapitalismus übernommen wurde), dort im gedämpften Schatten der Klöster entstanden. Wer sich aus der Welt zurückgezogen hat, um sich dem Allerhöchsten zu weihen, lebt in einem von der Uhr geregelten Rahmen, der durch Glocken symbolisiert wird. Der Mönch ist kein Faulpelz oder Parasit, wessen ihn später Luther und Calvin bezichtigen werden (die das Gebet durch Arbeit ersetzen und daraus einen beinahe religiösen Akt machen), er ist in gewisser Weise sogar ein überarbeitetes Geschöpf. Wie jeder von uns widmet er sich einer zugleich bedeutsamen und belanglosen Aufgabe: Er schlägt die Zeit tot, in diesem Fall die profane Zeit, um die Ewigkeit zu erlangen. Ist er vom Glauben erfüllt, so ist jede Stunde, die er ganz dem Ruhm Gottes widmen kann, wertvoll. Doch sobald er zweifelt oder wankelmütig wird, erfaßt ihn die Acedia (vom griechischen *akedeia*, was soviel bedeutet wie Gleichgültigkeit bzw. überdrüssiger Widerwille gegen das asketische Leben), jene schreckliche Krankheit der Asketen, die sie vom Weg des Herrn abbringt und mit Traurigkeit schlägt: die Erschöpfung dessen, der sein Leben dem Gebet geweiht hat und den das Gebet nun zermürbt, der von einem plötzlichen Desinteresse an seinem Seelenheil befallen wird; ein schreckliches Übel, gegen das die Kirche machtlos war:

> Wenn diese Leidenschaft einmal Besitz von der Seele eines Mönchs ergriffen hat, erzeugt sie in ihm eine Abscheu vor dem Ort, den er bewohnt, einen Widerwillen gegen seine Zelle, Verachtung für seine Brüder, die mit ihm oder fern von ihm leben und die in seinen Augen nachlässig oder nicht durchgeistigt genug sind. Diese Leidenschaft macht ihn willenlos und nimmt ihm den Mut für die Arbeiten, die er in seiner Zelle zu erledigen hat, sie hindert ihn daran, dort zu verweilen und sich der Lektüre zu widmen … Schließlich denkt er, daß er sein Seelenheil nicht mehr erlangen kann, wenn er an diesem Ort bleibt, wenn er nicht schnellstens geht, die Zelle verläßt, in der er zugrunde gehen muß, wenn er noch länger darin verweilt.[2]

Kurz, in diese Oasen des Friedens, wo nur Inbrunst und innere Andacht herrschen sollten, kehren mit der Langeweile die Launen zurück, ein Nebel schleicht sich ein und verdirbt das prächtige Haus, greift die Herzen an, läßt die Kräfte erlahmen, setzt das Unwandelbare dem Angriff des Vergänglichen aus. Weil ihm der »Mut [fehlt], die Dauer zu ertragen« (Vladimir Jankélévitch), befällt den Mönch eine Art innerer Fäulnis. Deshalb muß man ihn Tag und Nacht beschäftigen, seinen geistigen Raum mit einem Kontrollnetz überziehen, die ungenutzten Lücken seiner Zeit stopfen, ihm mit verschiedenen Aufgaben zusetzen, die ebenso mühselig wie sinnlos sind, aus Angst, daß sich das Böse in ihn einschleicht und seine Hingabe unterhöhlt. In seinen *Bekenntnissen* empfiehlt Augustinus das Absingen von Hymnen und Lobliedern, damit das »niedergeschlagene« Volk nicht »vor Langeweile austrocknet«. Später wird der heilige Thomas die Hermetik mancher Bibeltexte segnen, weil sie den Geist zu angestrengter Aufmerksamkeit zwingt, und Gebete empfehlen, die weder zu lang noch zu kurz sind und von lebhafter Gestik begleitet werden, um die Gläubigen vor dem Gähnen zu bewahren. Sogar Gott hat die Pflicht, unterhaltsam zu sein. Der Asket, der Zönobit, der Eremit, sie sind die ersten Märtyrer des Faden in der Geschichte. Da sich ihr Leben auf eine lange Anrufung des Abwesenden reduziert, ist es dem Müßiggang und den ätzenden Nebenwirkungen der gewöhnlichen Dauer viel stärker ausgesetzt. Wir wollen gewiß nicht jene klösterliche Acedia mit unserer heutigen Depression gleichsetzen. Dennoch gibt die Klausur mit ihren Qualen bereits einen Vorgeschmack auf den Lebensüberdruß, die säkulare Sünde par excellence, die schon die Antike kennt und die seit der Renaissance zur Krankheit der modernen Seele wird (im Mittelalter war sie bis auf wenige Ausnahmen – den heiligen Johannes Chrysostomus, den heiligen Gregor und Christine de Pisan – dagegen ein seltenes Phänomen).

Der Herrscher über die Leere

Ein Mann verkörpert wie kein anderer dieses Fieber der Sinnlosigkeit, ein kaum bekannter Schweizer Autor, Henri Frédéric Amiel (1821–1881), der Verfasser eines monströsen Tagebuchs von über sechzehntausend Seiten, eines Denkmals der absoluten Leere, der hemmungslosen Aufzeichnung des Nichts, denn jeder seiner Tage ist von der völligen Abwesenheit jeglichen Geschehens geprägt. Dieser große Gelehrte, Professor in Genf, verbrachte seine Zeit damit, von den Büchern, die er hätte schreiben können, und von den Frauen, die er nicht geheiratet hat, zu träumen. Als leidenschaftlicher Zauderer und von einem »universellen Proteismus« beseelt, war er darauf bedacht, stets hinter den Kulissen des Daseins zu bleiben. Nur sein minuziös geführtes Tagebuch gab ihm die Illusion eines Schicksals, einer Identität.[3] Es gibt andere, talentiertere und berühmtere Tagebuchschreiber, doch allein Amiel hat diese einzigartige Beständigkeit im Stumpfsinnigen, endlos Wiedergekäuten festgehalten. Abgesehen von seiner schwindelerregenden Unentschlossenheit ist Amiel für uns interessant, weil er die Bedeutungslosigkeit auf ein bis dahin nie erreichtes Niveau hebt. Und bedeutungslos ist in diesem Zusammenhang nicht das, was keinen Sinn hat, sondern dem bisher noch kein Sinn verliehen wurde. Aus weniger als nichts hat Amiel einen Romanstoff gemacht, der noch dazu nicht belanglos ist. Denn sein Tagebuch ist ein Heiligtum aus Papier, das einer neuen Gottheit geweiht ist: dem unendlich Winzigen, das zu inszenieren und zu beleuchten er sich bemüht. Stimmungen, Anekdoten, Migränen, Verdauungsprobleme, Atemnot, all diese Nichtigkeiten bilden am Ende eine Geschichte. Als leidenschaftlicher Erforscher des Inneren, der sich der Zusammenhangslosigkeit seiner Eindrücke, »den Mängeln der mikroskopischen Analyse« widmet, erfindet er buchstäblich ein neues Fachgebiet: Er erhebt die Lappalie zum Epos des modernen Seelenlebens, er macht das Zufällige zum Schlüssel des Wesentlichen. Aus jedem Tag zieht er sein Maß an Belanglosigkeiten, erweckt er unter seiner Feder ein ganzes niederes Königreich zum Leben. Und aus dieser Blöße gewinnt er einen paradoxen Stolz.

Je weniger sich Amiel der Welt zuwendet, desto mehr muß er schreiben. Die entsetzliche Aufgabe, nicht zu existieren und dieses Nicht-Sein schriftlich festzuhalten, ein »Eunuch aus Berufung, ein geschlechtsloses, unbestimmtes zaghaftes Wesen« zu sein, geht mit der Feststellung einher, daß der Alltag bodenlos und ohne Grenzen ist. Die Vorstellung, jede einzelne Minute sei von einer unerschöpflichen Vielfalt an Schauern bewohnt, macht ihn schwindlig. Sein wahnsinniges Verlangen nach dem Sterilen erhält von daher unerwartete Verstärkung. Geißelt er bereits sein Werk als »diesen Wald vergeblicher Seiten«, diese »hingekritzelte Zurückgezogenheit«, so betrübt ihn noch weitaus mehr, daß er sein Ziel verfehlt haben könnte: denn was er jeden Abend auf dem Papier zusammenträgt, ist noch wenig im Vergleich zu dem, was er gefühlt und beobachtet hat. Sonderbares Schicksal eines Mangels, der sich in einen Überfluß entäußert. »Diese Tagebücher sind eine Illusion. Sie beinhalten nicht ein Zehntel von dem, was ich in einer halben Stunde zu einem Thema denke.« – »Dieses Tagebuch ist für den Tag, was das Fruchtfleisch für das Aroma einer Frucht ist. Es trägt Fakten zusammen, die groben und vergänglichen Fasern des Lebens, doch der ätherische Teil, die Gedanken oder Gefühle, die die Seele durchströmten, verdunsten darin, ohne Spuren zu hinterlassen.« Das gescheiterte Leben ist in ein Ereignis verwandelt, die Wüste in einen paradiesischen Garten. Sein überbordender Wortschwall ist machtlos nicht etwa aus Mangel, sondern aus Überfluß an Material. Denn dieses unaufhörliche Selbstgespräch, das der Göttin der Unfruchtbarkeit gewidmet ist, krankt immer noch an einem: Sein Fehler besteht nicht darin, daß er zuviel, sondern daß er nicht genug sagt. Diese gigantische Enzyklopädie des Nichts ist nur eine Broschüre im Vergleich zu den Bänden, die sie eigentlich füllen müßte.

Wozu soll er noch leben, wenn schon dieses kleine Fischernetz ihn mit seinem verschwenderischen Fang erdrückt? (Die Moderne ist voll von diesen Helden des Sich-Auslöschen-Wollens, des Erschlaffens, die wie Oblomow ein ungeheures Beharrungsvermögen entwickeln und Lethargie und Faulheit zu absoluten Werten erheben.) Selbst sein Leben im Puppenstadium, auf die einfachste Formel gebracht, ist noch eine unbändige Flut. Seine Sprache wuchert, auch ohne sich von Tatsachen zu nähren. Merkwürdige Verkehrung: Man berichtet nicht mehr, was man erlebt hat, sondern man schreibt, um sich davon zu überzeugen, daß man lebt, man erzählt von sich, um sich zu dehnen, und sei es nur im Minimalen, im Winzigen, man berauscht sich an dem unerschöpflichen Reichtum, den ein so mittelmäßig erscheinendes Schicksal birgt. Und das *journal intime*, oder besser gesagt *journal de l'infime*[4] erfindet so seinen eigenen Leser, der in der Banalität brüderlich mit ihm vereint ist, glücklich darüber, zu erleben, wie der Autor Woche für Woche seine lächerlichen Ernten einbringt. Ich bin unergründlich, so sagt uns Amiel, und ich durchlebe jedes Jahr 365 verschiedene Schicksale (der einzelne Tag als totales menschliches Drama, das war das große Thema des Romans im 20. Jahrhundert, von Joyce bis Virginia Woolf). Ist er des Lebens müde, unser Genfer Professor? Doch diese Müdigkeit ist hyperaktiv, unser erschöpfter Autor setzt unglaubliche Energien ein, damit ihm nichts widerfährt. Und der Inkonsistenz sind keine Grenzen gesetzt, so stellt er fassungslos fest, als er in den schwindelerregenden Mikrokosmos seiner Atonie eintaucht.

Amiel hat möglicherweise eine nie dagewesene Form des Glücks eingeführt, das Nicht-Leben als Askese, als spezifische Neurose der Moderne, im Gegensatz zur Hysterie der Romantik. Ein nichtiges Schicksal, von leidenschaftlichem Geschwafel erfüllt und von Lebensüberdruß geprägt, das so dicht ist, daß es phantastische Ausmaße annimmt. Da, wo der Held stets auf dem Sprung ist und zwischen zwei Großtaten allenfalls Pausen durchlebt, kennt ein Amiel nur tote Zeiten, die von langen Stränden der Leere gesäumt sind. Als hätte er in der Vorhölle seine Wohnstatt bezogen, Herrscher über ein lächerliches Königreich, das Enthaltung und Nichterfüllung heißt. So führt er auf seine Weise ein außergewöhnliches Leben, das auf ein chronisches Blutgerinnsel gründet und an eine säkulare Mystik der Vernichtung erinnert. Auch unsere Zeit ist voll von diesen Extremisten der Routine, die sich Kuren der Fadheit unterziehen: so die Pilger eines merkwürdigen Rituals, die jedes Jahr in einem stillgelegten Bahnhof in Frankreich zu einem »Congrès de Banalyse« zusammenkommen, oder jener holländische Zeichner, der ein Gelübde der Nicht-Information ablegte und im April 1998 eine Zeitschrift mit 16 leeren Seiten herausbrachte, die in unregelmäßigen Abständen erscheint und dem Leser eine königliche Ruhe verschaffen

Die Utopie des fun

Als entfernter Nachkomme des britischen Phlegmas und naher Verwandter des Coolen umschreibt dieser Begriff angelsächsischen Ursprungs, der aus der Welt der Freizeit und der Kindheit stammt, keine Moral des Vergnügens und erst recht nicht der Ausschweifung sämtlicher Sinne. Vielmehr steht er für ein Auswahlverfahren, mit dem man aus dem Alltag so etwas wie einen Kern des nicht zu starken und nicht zu schwachen Vergnügens herausschälen kann, das keinerlei negative Folgen hat und uns doch in ein Reich angenehmer Gefühle befördert. Alles kann zum *fun* werden, das heißt zum Auslöser eines leichten Erregungszustandes – Sex wie Enthaltsamkeit, eine Hochzeit wie eine Reise, eine Religion wie politisches Engagement –, vorausgesetzt, man verbrennt sich nicht daran. *Fun* ist demnach eine Disziplin des Aussiebens, die ein diskretes Bollwerk errichtet, eine keimfreie Atmosphäre herstellt, in der ich die Welt genieße, ihr aber umgekehrt nicht das Recht einräume, mich zu verletzen oder zu bestrafen. Ein diskretes Dissidententum, das die Hysterie eines ausschweifenden Lebens ebenso ablehnt wie die Hysterie der Geschäftigkeit und Zerstreuung nur in gefilterter Form begreift, bei der ein Puffer zwischen uns und den Dingen liegt, der uns vor Strenge und Härte schützt.

In dieser Hinsicht ist *fun* ein Zeitgenosse des Virtuellen und bezeugt den gleichen Willen, die Welt zu entmaterialisieren, die Grenzen von Raum und Zeit aufzuheben. Etwas von dieser neuen Dimension findet sich in den Gleitsportarten: Beim Surfen verbindet man sich mit den Wellen, um sie besser meistern zu können. Inline-Skates verwandeln den Asphalt in ein langes glattes Band, über das wunderbar elegante Schatten huschen, sich zwischen den Fußgängern hindurchschlängeln und Hindernisse spielend überwinden. Beim Snowboarden in den Bergen wird der Skifahrer zum Vogel, der durch die Luft tanzt, über Felsen fliegt und den Pulverschnee streichelt. Ein wahres Wunder: der Körper, der sich aus eigener Kraft aufhebt und die Schwerelosigkeit erlangt. Eine Welt der Geister, Kobolde und Irrwische, die sich über die Regeln der Schwerkraft hinwegsetzen und die Materie verflüssigen. Man wiegt nicht mehr, man schwebt. Traum vom vollkommen gelösten, von allem Gewicht befreiten Menschen, der das Erlebnis über die Erfahrung stellt, die knisternde Berührung über die Verwurzelung. Die Wirklichkeit in ihrer Dichte wird lediglich berufen, um ihr besser ausweichen zu können. Und ebenso, wie man heute dank virtueller Techniken mit Elvis im Duett singen oder in einem Bogart-Film mitspielen kann, verzaubert uns der *fun* wie im Märchen: Das Verlangen besteht dabei alle Prüfungen und wird mühelos befriedigt. Das Universum hat etwas von seiner Rauheit verloren, sich in eine glatte Oberfläche, in Formen und Bilder verwandelt. Man kann also alles ausprobieren, vorausgesetzt, daß nichts von Bedeutung ist. Das ist *fun*: die Utopie einer totalen Entlastung, die alle Sinnenfreuden erlaubt und dabei jegliches Unglück meidet. Mit *fun* wird das Leben zu einem Spiel, für das wir keinen Preis zahlen müssen.

soll. Dort, wo das soziale Leben tobt und ein allgemeingültiges Tempo vorgibt, bremsen diese Deserteure und schlüpfen mit einer solchen Begeisterung in die alltägliche Apathie, daß sie diese umleiten und in ihre eigene Falle tappen lassen. Schließlich gibt es zwei Arten, sich der Banalität zu entziehen: indem man sie flieht oder aber sich so eng mit ihr verbindet, daß man sie von innen heraus torpediert.

Die Passion Wetterbericht

Amiel war nicht nur der erste Fanatiker der Nichtigkeit, der verträumte Anhänger des Verzichts, er begründete außerdem (nach Rousseau und Maine de Biran) etwas, das zum Leitmotiv seines und der folgenden Jahrhunderte werden sollte: der Zusammenhang zwischen dem Wetter und unserer seelischen Verfassung. Andere hatten bereits vor ihm den Einfluß des Klimas auf die politischen Zustände untersucht oder die Seele als eine atmosphärische Substanz bezeichnet, deren Veränderungen meßbar seien.[5] Amiel wird diese Zeichensprache systematisieren. Es gibt bei ihm keinen Eintrag, der nicht mit einer Bemerkung über das Wetter beginnt, als müßte er den Himmel zu Rate ziehen, um zu wissen, wie er sich fühlt: »Heller Sonnenschein, genauso strahlend wie gestern« – »Grauer Tag, die Hundstage scheinen vorüber zu sein« – »Grauer, kalter, trauriger Himmel, ohne einen Sonnenstrahl, ohne Liebe, er entspricht dem abgeklärten Leben eines Mannes, der es nicht gewagt hat, einer Frau die Hand zu reichen und ihr zu sagen: Mit Gottes Segen, wollen Sie mit mir durchs Leben gehen und sich durch ein Gelöbnis an mich binden? Es ist ein erträglicher Himmel, doch seine Farbe erinnert an Klostermauern und Verzicht« – »Strahlender Sonnenschein durchflutet mein Schlafgemach, die Natur feiert ein Fest, der Herbst lächelt. Ich antworte auf diese Avancen, so gut ich kann.«[6]

Der Wetterbericht als demokratische Passion entsteht an der Schwelle zum 19. Jahrhundert, als er aufhört, reine Vorhersage zu sein, die vor allem der Landwirtschaft und der Seefahrt nützt, und zur Wissenschaft des Intimen, das heißt unserer Stimmung wird. Was aber ist eine Stimmung, wenn nicht ein Zusammenhang zwischen der Welt und uns, der unstete Kreaturen und eine ständig im Wandel begriffene Natur miteinander konfrontiert? Indem er uns an den Zauber des Unregelmäßigen, an kleine Variationen gewöhnt, bildet der Wetterbericht eine Pädagogik der winzigen Unterschiede: Wenn uns sonst schon nichts passiert, passiert uns wenigstens, daß es regnet, stürmt oder daß die Sonne scheint. Der Reiz des Wetters liegt in seiner Unbeständigkeit. Es ist demnach auch der Reiz der verstreichenden Zeit, eines stets in Bewegung befindlichen Kaleidoskops. Indem er unsere Sinne schärft, allen voran die Wahrnehmung, bildet dieser Reiz eine Ethik der Zwischentöne, der Schattierungen und Nuancen. Und da das Bewußtsein, zu existieren, sich mit dem Ablauf der Jahreszeiten begnügt, läßt es die griechische Vorstellung vom Kosmos wieder aufleben, von einem Verbundensein zwischen den Elementen der Natur und den Herzen der Menschen, einem Gleichklang, nach dem wir uns alle sehnen.

Pascal in seinen *Pensées* bestritt jegliche Verbindung mit dem Klima: »Das Wetter und meine Stimmungen haben wenig miteinander zu tun. Ich habe meine Nebel und mein schönes Wetter in mir; ob es um meine Angelegenheiten gut oder schlecht bestellt ist, tut wenig zur Sache.« Dem Gläubigen in seinem unerschütterlichen Glauben sind unsere modernen Frösteleien fremd, unsere Beunruhigung angesichts einer Bewölkung, unsere Freude über einen Sonnenstrahl. Natürlich ist die Wettervorhersage auch ein Zeitgenosse des globalen Dorfes, und sie schließt die Börsenkurse, die Rohstoffpreise, die Aktienwerte nunmehr mit ein. (In einer Ecke des Bildschirms plaziert, in Minutenschnelle steigend und fallend, ist der Börsenkurs heute gleichbedeutend mit dem Daumen eines römischen Kaisers, der seine Gladiatoren begnadigt oder aber verurteilt.) Und da sie die Planeten draußen mit den kleinen Planeten im Innern verbindet, ist sie seit den fünfziger Jahren zum hedonistischen Symbol der Industrieländer geworden. Schließlich unterliegen die Wetterberichte im Fernsehen dem doppelten Zwang sowohl zur Genauigkeit als auch zur Euphorie. Eine atmosphärische Störung sollte vorzugsweise kurz sein und eine Wetterbesserung einleiten, die Sonne sollte alle Urlauber begleiten, sofern sie nicht in Gluthitze oder Dürre ausartet. Das ideale Wetter muß zugleich beständig und gemäßigt sein. Daher das betretene Gesicht des Meteorologen, wenn Kälte und Regen vorherrschen – dann wird er zum Überbringer schlechter Nachrichten, wenn nicht gar ihr Verbündeter –, und seine strahlende Miene, wenn der Himmel wieder blau ist. In jedem Fall muß er die Ernsthaftigkeit des Wissenschaftlers mit mütterlicher Fürsorge verbinden und dem Zuschauer sagen: »Wenn Sie heute abend nach Warschau fliegen, vergessen Sie nicht, einen Mantel mitzunehmen. Wer nach Moskau weiterfliegt, sollte außerdem noch einen dicken Wollpullover einpacken ...«

Da das Wetter die *Haut der Welt*, also unser wichtigstes Kleidungsstück ist, garantiert es in gewisser Weise meine Existenz und sagt mir, wie ich zu sein habe. Darum ist, so meint Roland Barthes, das Klima das ernsteste Thema, das es gibt. Man weiß, daß die Nervensysteme mancher Menschen die atmosphärischen Schwingungen mit einer beinahe elektrischen Empfindlichkeit erfassen und den kleinsten Nebel, die winzigste Bewölkung zu einer aufreibenden Dramaturgie machen (seit 1987 ist SAD, die *seasonal affective disorder*, als Depression mit zyklischem Charakter in das diagnostische und statistische Handbuch der Gemütserkrankungen der American Psychiatric Association aufgenommen).[7] Ein großer kosmischer Körper badet den unseren, reißt uns mit in seinem Beben, seinen Seufzern, seinen Stürmen; wir leiden genauso unter seinen Krankheiten, wie wir von seinen Aufheiterungen profitieren. Das Sonnenlicht gibt uns ein Gefühl der Ausdehnung, es läßt unsere Seele bis an die Grenzen des Universums wachsen, genauso wie sich bei bleigrauem Himmel unsere Herzen verkrampfen. Das Weiteste wird zum Nächsten, die Unwetter am Himmel werden zur persönlichen Tragödie.

Doch kaum ist die Gleichsetzung des Inneren mit dem Äußeren postuliert, wird sie auch schon wieder entkräftet. Die Wettervorhersage hat mehr von einer Opferzeremonie als von einer Wissenschaft. Sie ist eine technische Variante der Weissagung, wie Astrologie und Numerologie, allerdings von höherer Plausibilität. Mit den Vorhersagen erweist uns eine launenhafte Gottheit ihre Gunst oder kasteit uns für unsere Verfehlungen – und die größte ist die Maßlosigkeit der Industriegesellschaften, die mit Wirbelstürmen, Flutwellen und Taifunen (denen man abwechselnd weibliche und männliche Namen gibt, um niemanden zu kränken) bestraft wird. In den USA gibt es Gewitter- und Hurrikanjäger, waghalsige Surfer, die sich ins Zentrum eines Sturms begeben und auf die ultimative Welle warten, die sie auf die andere Seite des Spiegels befördern wird. So der sagenumwobene Fotograf, der im Auge des Zyklons Andrew ausgeharrt haben soll, der im

August 1992 die Bahamas und den Süden Floridas verwüstete. Angeblich hat der Mann überlebt, aber den Verstand verloren. Auf jede Klimakatastrophe reagieren wir mit einer Mischung aus Entsetzen und Jubel, wenn das Wetter (ein Blizzard, ein Tornado) die normale Zeit außer Kraft setzt, den Alltag dramatisiert, uns an die Grenze des Erhabenen bringt, das heißt zu übermenschlicher Größe. Es ist eine Erschütterung, die uns alle berührt, auch wenn uns selbst nichts zustößt. Hinter der Banalität der Meteorologie verbirgt sich etwas heidnisch Heiliges, das Wetter ist unser letztes übernatürliches Phänomen (Anfang der achtziger Jahre fuhr Johannes Paul II. zum Beten nach Süditalien, um der Dürre ein Ende zu setzen). Darum gehört die Wettervorhersage auch in das große Register des Trostes. Gleichwohl ein vager Trost, denn wir können das Wetter weder beherrschen noch lenken. So richten wir leidvolle Blicke und Bittgesuche an »die da oben«, jene rätselhaften Geister und wankelmütigen Gottheiten, die über unser Schicksal entscheiden und deren zahllose Launen Wolkenbrüche, Hagel, Kälte, Hurrikane, Winde, Überschwemmungen heißen, so viele Arten, uns arme Menschen zu quälen.

Letztlich beherrschen wir das Klima genausowenig wie uns selbst, und wir entschlüsseln den Himmel mit der gleichen Ratlosigkeit wie die Regungen unseres Herzens. Was die Analogie zwischen der Erdatmosphäre und unserer Seelenverfassung betrifft, so ist sie ganz und gar nicht sicher: Eine grelle Sonne kann uns mit ihrer Üppigkeit blenden, graue Wolken uns dagegen erfreuen und Rauhreif auf den Bäumen uns still begeistern. Die Wettervorhersage ist ein sehr zufälliges Orakel. Zwei widersprüchliche Vorstellungen vom Glück vereinigen sich in ihm: die, daß es eins ist mit der Welt, und jene andere, daß es dem Lauf der Welt entgegensteht. Einerseits ist die Osmose zwischen Mensch und Universum fragwürdig; die geheime Abfolge unserer inneren Jahreszeiten ist nicht immer an die Naturgewalten gebunden. Andererseits versuchen wir, uns von der Ordnung der Jahreszeiten zu befreien, und leiden doch unter ihren kleinsten Härten, als beleidigten diese unser Streben nach Autonomie. Wir empören uns darüber, daß es uns im Sommer zu warm ist und daß es im Winter schneit: Wir benehmen uns dem Klima gegenüber wie verwöhnte Kinder, die es mal nach Herzenslust kommandieren, mal fortjagen wollen. (1986 marschierten Mitarbeiter der französischen Satirezeitschrift *Jalons* in einem eisigen Januar durch Paris und skandierten: »Winter zu kalt, schuld ist Mitterrand.«)

Wenn Erdrutsche, Überschwemmungen, Lawinen heute gerichtlich verfolgt werden, dann weil es für uns keine Naturkatastrophen mehr gibt, nur noch menschliches Versagen. Für jedes Drama muß ein Verantwortlicher gefunden werden. Von fatalistischem Sich-drein-Schicken sind wir zur Bestrafung übergegangen, wir grämen uns weniger, wenn wir einen Schuldigen finden, vor allem in einer Zeit, in der die Sündenböcke versichert sind. Da der Mensch die Natur zu gestalten und zu beherrschen meint, ist es normal, daß er über ihre Funktionsstörungen Buch führt. Doch die ungeheure Macht, die im Gegenzug über ihn kommt, überrascht und überwältigt ihn. Bei fehlerhaften Vorhersagen kann man heute Météo-France verklagen, und bald werden wir vielleicht auch gegen Mutter Erde prozessieren, wegen ihres schlechten Charakters, ihrer katastrophalen Kälteeinbrüche, ihrer bösartigen Ausdünstungen. Aber wenn sich in unserem behüteten Europa mal eine echte Naturkatastrophe ereignet, dann sind wir ratlos und wie gelähmt, so sehr mangelt es uns (im Gegensatz zu den Amerikanern) an einer Disziplin in Extremsituationen, so sehr haben wir bereits jede Vorstellung von klimatischen Risiken und Härten aus unserem Bewußtsein verdrängt. Ein doppelter Wille also, uns mit der Welt zu vereinen und uns von ihr zu befreien: Die Abhängigkeit bedrückt uns, kränkt uns, doch die vollkommene Unabhängigkeit trifft uns nicht weniger hart, denn sie isoliert uns. Bedürfnis nach Vereinigung also auf der einen Seite, Bedürfnis nach Selbstbehauptung auf der anderen, und das moderne Bewußtsein, auf halbem Wege zwischen seinem Traum von Beherrschung und seinem Traum von Harmonie, kann sich zwischen ihnen nicht entscheiden.

Die Abenteuer des kranken Körpers

Was haben Sie so erlebt? Viele Leute könnten antworten: Ich hatte Magengeschwüre, Rheuma, mein Körper hat Geschichten erzählt, die ich in Erlebnisberichte umsetzen kann, und darauf beschränkt sich meine Biographie. Krank zu werden bedeutet auch, etwas Außergewöhnliches über sich sagen zu können, es ist eine Art, Aufmerksamkeit zu erregen. Was eigentlich ist eine Krankheit? Eine Veränderung des Organismus, die auch als Erfahrung erlebt werden kann, nicht nur als erschütterndes Ereignis. Es geht hier weder um eine romantische Vorstellung vom Schmerz noch um den überholten Mythos, nach dem sich hinter jedem großen künstlerischen Werk ein chronisches Krankheitsbild verbirgt, Asthma bei Proust, Epilepsie bei Dostojewski, Syphilis bei Baudelaire, und der einen Drieu La Rochelle zu der Bemerkung verleitete: »Die, denen es gutgeht, sind unbedeutende Beispiele.« Natürlich fliehen alle die Krankheit, und es geht keineswegs darum, die Qualen zu leugnen, die sie mit sich bringt. Doch man behandelt sie nicht einfach als eine Einschränkung der Lebensqualität, als einen Entzug, eine schlichte Abfolge von Fieber und bestimmten Symptomen: nein, sie ist ein Lebensereignis.[8] Sollte ich gegen meinen Willen unpäßlich werden, habe ich immer noch die Möglichkeit, dies für mich zu verbuchen, mir diese Absonderlichkeit anzueignen, die in meinem Körper entstanden ist, sie in mein Eigentum zu verwandeln. Und selbst angesichts der grausamsten Schmerzen bleibt mir immer noch die Flucht in die Sprache, die souveräne Freiheit, von ihnen zu erzählen, um sie auf Distanz zu halten.

Die Erfahrungen des wunden, gepeinigten Körpers (logisches Gegenstück der Ekstase, des erotischen Körpers: Orgasmus ist Ausdehnung, Schmerz ist Verkrampfung) zeugen von einem Sein, das ganz und gar damit beschäftigt ist, über sich selbst nachzugrübeln, allein gegen sich selbst anzutreten. Es gibt nichts Traurigeres, als Greisen im Altersheim zuzuhören, wenn sie einander endlose Geschichten über den Zustand ihrer Prostata, ihrer Lungen und Nieren anvertrauen, wie ihre Gedanken vom Geschwätz über ihre Organe, vom Drama einer verstopften Blase, von geschwollenen Füßen oder verkalkten Arterien beherrscht werden. Man wirft seine Wehwehchen in den gemeinsamen Topf, wetteifert im Schrecken, geteiltes Leid verbindet, es bildet vorübergehende Familien von Diabetikern, Herzkranken und Migränepatienten. So lautet übrigens die Definition des hohen Alters: der Moment, wenn alle Energie für die Selbsterhaltung aufgebracht werden muß, wenn das Durchhalten so problematisch geworden ist, daß jeder Tag zu einer gewonnenen Schlacht gegen die Auflösung wird. Der langsame, lautlose Zusammenbruch eines verlöschenden Lebens, das sich auf wenige Grundfunktionen reduziert: trinken, essen, schlafen, sich dahinschleppen, die Lecks abdichten, die defekten Leitungen reparieren – von einem bestimmten Augenblick an vernichtet uns die Zeit mehr, als sie uns prägt, und der Verlust ist unwiederbringlich.

Es gibt also zwei Arten, dem Leben etwas Romanhaftes zu verleihen, wenn wir nichts erleben: Wir können entweder auf unser Seelenleben hören oder unser körperliches Elend erzählen. Und in der Tat hat Freud, indem er das Unterbewußtsein erfand, der Kunst der Selbstanalyse einen neuen Aufschwung gegeben. Das Dasein besitzt dank dieser unerschöpflichen Echokammer nun eine unvermutete Tiefe. Alles wird heute in geradezu inflationärem Maße kommentiert. Genau wie die Träume jene verschwenderische Fülle von Verwicklungen darstellen, die das Gehirn uns anbietet, wenn wir einfach nur schlafen, so haben noch unsere harmlosesten Verhaltensweisen einen Sinn, Lapsus und Fehlleistungen verwandeln die flachsten Lebensbahnen in turbulente Kavalkaden. Jeder kann sich selbst deuten, in seinen Keller hinabtauchen und einen Vorrat an Geschichten und Rätseln von dort heraufholen, die das Gewöhnliche in gewisser Weise verschönern. Es gibt keine unbedeutenden Individuen mehr, nur noch bedeutende Persönlichkeiten, die sich selbst noch nicht kennen, die aber den seelischen Reichtum eines Michelangelo, eines Borgia oder Shakespeare in sich tragen …

Ebenso kann die Krankheit zu einer Lebensform werden, zu einer Art, den Alltag in eine Fiktion oder gar in eine polizeiliche Untersuchung zu verwandeln, da unser Körper einen potentiellen Mörder beherbergt, seinen eigenen Tod. Indem die Krankheit uns aus der Selbstverständlichkeit des Alltags reißt, dramatisiert sie unsere mechanischen Handgriffe, die sich nun aufs äußerste verdichten. Durch die Krankheit rückt das Belanglose in die Nähe des Gefährlichen, eine Lappalie könnte der Auftakt zu einer allgemeinen Funktionsstörung sein (viele schwere Krankheiten nisten sich ohne Vorwarnung in uns ein). Die Tragikomödie des Hypochonders besteht darin, daß er seinem eigenen Sturz in törichter Weise vorgreift und Kopfschmerzen oder einen Krampf im Arm als sein Todesurteil betrachtet, bis er eines Tages wirklich krank wird und sich in seinen finstersten Diagnosen bestätigt sieht. Durch bestimmte Erkrankungen betritt man eine hochgefährliche Welt. Und dann wird für den, der nur dank einer strengen Diät noch am Leben ist, ein Glas Wein, eine Prise Salz oder ein Stückchen Butter zum Russischen Roulette. Jeder Patient erlebt durch sein Leiden eine paradoxe Intensivierung seines Daseins, das sich in einen mit Fallen übersäten Weg verwandelt, besonders, wenn er für jeden Verstoß teuer bezahlen muß. Nichts im Körper ist mehr selbstverständlich, jeder Teil kann degenerieren, jedes Organ kann uns foltern, das Leben will das Leben töten: dies wird uns in Momenten der körperlichen Erschöpfung bewußt. (Nach Angaben der Weltgesundheitsorganisation wird die Menschheit von etwa 40000 Krankheiten bedroht, 40000 Möglichkeiten, aus dieser Welt abberufen zu werden, die Kombinationen und Komplikationen nicht mitgerechnet.)

Jede Beeinträchtigung der körperlichen Unversehrtheit zeichnet sich durch wechselweises Einsetzen und Abklingen von Krisen aus. Die Leidenschaften vermindern sich vielleicht dadurch, doch ist diese Einschränkung auch reich an winzigen Hoffnungen und kleinen Überraschungen. So sieht man Kranke, die ihren Zustand einer möglichen Genesung vorziehen, weil diese sie zur Allgemeinheit zurückbringen würde. Wie Italo Svevos Zeno, der, geradezu verzückt darüber, daß er nicht genest, seine organischen Schwächen wie Schätze verehrt:

> Die Krankheit ist eine Überzeugung. Ich wurde mit dieser Überzeugung geboren. (…) Ich muß gestehen, daß die Zuckerkrankheit für mich eine wahre Beruhigung

> war. Ich sprach darüber mit Augusta, der natürlich sofort die Tränen in die Augen kamen. (...) Ich aber freute mich meiner Krankheit. Ich verstand plötzlich den armen Copler, der eine wirkliche Krankheit einer eingebildeten weitaus vorzog. Ich war jetzt restlos mit ihm eines Sinnes. Eine wirkliche Krankheit war ja so einfach: man mußte sie gewähren lassen. Tatsächlich, als ich dann in einem medizinischen Werk die Beschreibung meiner süßen Krankheit las, entdeckte ich in allen ihren Stadien nicht etwa ein Todesprogramm, sondern ein ausgesprochenes Lebensprogramm! Fort mit den Vorsätzen! Endlich war ich sie los.[9]

Nicht nur verleiht der Status des Kranken einem Individuum Persönlichkeit – das klassische Leiden war das Los der Allgemeinheit, das moderne Leiden aber gibt dem Menschen eine Identität, ja beinahe eine Existenzberechtigung –, sondern das Leiden kann auch zum Gegenstand einer Geschichte werden, vor allem, wenn man es überwunden hat. Und wenn manch einer sich entscheidet, es zu ignorieren, schwenken andere es wie einen Talisman, um Mitleid zu erregen, ihre Nächsten zu tyrannisieren oder auch nur, um sich interessant zu machen.[10] Jeder einzelne pendelt in dieser Hinsicht zwischen drei Klippen, die beinahe drei Erzählmustern gleichkommen: unter einem harmlosen Übel zu leiden, das keinerlei besondere Erwähnung verdient (etwa einer Grippe, bei der man sich zwar zerschlagen fühlt, deren Ausbeute an Mitleid jedoch gleich null ist, weil sie so häufig vorkommt), unter einer chronischen Krankheit, die durch ihre Dauer langweilig wird, oder unter einem Übel, das so entsetzlich ist, daß es abstoßend wirkt. Und man kann sich wünschen, krank zu sein, um die wunderbare Lust der Heilung zu erfahren, einmal

Ein köstliches Grausen

»Angst«, sagte E. A. Poe, »ist ein Gefühl, das die Menschen gerne verspüren, wenn sie sich in Sicherheit wiegen.« Das Aufkommen der Banalität im Abendland bescherte uns zwei gänzlich neue literarische Gattungen, den Krimi und den phantastischen Roman. Sie tauchen auf, als mit dem Mittelalter die Ära der Wunder zu Ende geht; sie helfen uns, aus einer Welt auszubrechen, die von Feen und Göttern verlassen und durch Arbeit, Wissenschaft und Technik bereits diszipliniert ist. Deshalb tragen Horrorfilme und -romane auch so perfekt zur Verpestung des Weltraums bei: im Märchen war er noch magisch, von nun an ist er vergiftet. Das Gewöhnliche wird grauenerregend, es ist ganz und gar von okkulten Mächten und greifbaren Drohungen bevölkert.

Wobei man allerdings den klassischen Kriminalroman, der vom Einbruch der Unordnung in eine zivilisierte Gesellschaft und von deren Auslöschung berichtet, vom *roman noir* unterscheiden sollte, der in einer insgesamt chaotischen Welt spielt, in der es Gerechtigkeit und klare Regeln gar nicht mehr gibt. In dieser Hinsicht hat die amerikanische Kultur zwei neue Genres hervorgebracht: den Western, der in der Zeit vor dem Gesetz spielt, und den Krimi, der außerhalb des Gesetzes oder neben ihm spielt. Die Grausamkeit einer Gesellschaft an der Grenze zur Zivilisation auf der einen Seite, die Barbarei des Großstadtdschungels und der gesellschaftlichen Kulissen auf der anderen.

Im Fantasy- wie im Kriminalroman erschauern wir ohne schädliche Folgen, ohne Risiken. Gemütlich in einen Sessel gekuschelt, ergötzen wir uns an Abscheulichkeiten, die uns beruhigen: Lust des Wiedererkennens bei dem gleichzeitigen Gefühl, sich auf vertrautem Gebiet zu bewegen. Der Kult des Grauens ist in erster Linie ein Kult des Pantoffelhelden. Wir sind nur deshalb bereit zu zittern, weil wir uns in Sicherheit wissen, wir erliegen dem Komfort des Schreckens, und dieser kontrollierte Schrecken kanalisiert alle anderen, die uns im Alltag heimsuchen. Sich in Angst versetzen, um die Angst zu zähmen, darin besteht die Wonne des Schauerromans und des Horrorfilms.

Das Positive an diesen morbiden Fiktionen ist, daß sie im Gegensatz zu unseren modernen Mythen weder das Böse noch den Tod verheimlichen, weshalb sie häufig auch eine religiöse Konnotation haben. Wir haben in Phasen der Ruhe das Bedürfnis, dem Schrecken ins Auge zu sehen, wir wollen wissen, was sich hinter den allzu braven Kulissen unseres Lebens zusammenbraut. Und im Grunde sind all dies Rituale zur Aufwertung unseres Alltags, die uns in der Promiskuität mit der Katastrophe leben lassen.

Doch sobald der Zuschauer oder der Leser ins zivile Leben zurückkehrt, wird er erneut von all den Ängsten heimgesucht, die ihm auf dem Bildschirm oder zwischen den Buchseiten entgegengetreten waren und die er vorübergehend gebannt hatte. Sie begleiten ihn, zupfen ihn am Ärmel, suggerieren ihm, daß sie ihn in der wirklichen Welt auch tatsächlich heimsuchen könnten. Denn die Zähmung des Grauens durch die Kunst ist etwas sehr Fragiles: die eigentlichen Verwünschungen, die Monster und Mörder tummeln sich am hellichten Tage. Also muß man sich aufs neue in die dunklen Kinosäle begeben, sich in eine neue teuflische Intrige stürzen, sich zu festen Zeiten eine weitere Dosis Furcht injizieren, um all die bösen Mächte zu bannen, von denen es in den Ritzen unseres Komforts und unserer Passivität nur so wimmelt.

in den Abgrund zu schauen und ihm doch zu entkommen. Es ist ein euphorischer Augenblick, wenn eine Infektion sich zurückzieht, wenn man wieder zu Kräften gelangt und seinen Körper wieder gebrauchen kann: Eben das ist das Besondere an der Erschöpfung, daß sie das gewöhnliche Wohlbefinden zu etwas Wunderbarem werden läßt und die ersten Tage der Genesung so begehrenswert macht. Man geht, umgeben von der Aureole des Eroberers, daraus hervor, die Krankheiten sind die Schlachten des modernen Bürgers, von denen er erzählt wie einst der Soldat von seinen Feldzügen. Und manch einer dichtet sich schreckliche Wunden an, wie ein Sünder im Beichtstuhl seine Verfehlungen, um sich einzigartig zu machen. Es erfüllt einen mit Freude, sagte Spinoza, etwas Hassenswertes zerstört zu wissen, von einer Gefahr zu sprechen, aus der man erlöst ist, als verleihe sie uns die höchste Tugend des Helden (vor allem im Mittelmeerraum), die *baraka*. Nichts, so wissen wir, bewundern unsere westlichen Gesellschaften mehr als den Überlebenden, sei er nun einem Unfall, einem Krebsleiden oder dem Koma entronnen, vor allem, wenn die Wissenschaft ihn bereits abgeschrieben hatte.

Ob wir sie bekämpfen oder ihnen erliegen – Krankheiten geben uns eine Geschichte. Einige machen uns zu Außenseitern, andere verschaffen uns Zugang zu einer Geheimgesellschaft mit ihren Riten und Traditionen. Und in jedem Fall zeugen sie von unserer Fähigkeit, das Unglück zu gestalten, wenn wir uns schon nicht von ihm befreien können, und unsere Schwächen in eine schöpferische Erfahrung zu verwandeln. Auch ein eingeschränktes Leben kann Welten eröffnen, es kann sich entfalten und seine eigenen Gebrechen in Szene setzen. Dieses Wenige ist immer noch ein ganzer Kosmos für sich.

1 Iwan Gontscharow, *Oblomow*, Frankfurt 1981, dt. von Reinhold v. Walter, S. 266.

2 Saint Jean Cassien, *Les Institutions cénobitiques*, zitiert nach Madeleine Bouchez, *L'Ennui*, Paris 1973, S. 34. Vgl. auch den Kommentar von Jean-Louis Chrétien in: *De la Fatigue*, Paris 1996, S. 92 ff., ebenso Jean Starobinski, »L'humeur et son changement«, in: *Nouvelle Revue de psychanalyse*, Herbst 1985, S. 71 ff.

3 Zu Amiel vgl. Georges Poulet, *Etudes sur le temps humain*, Paris 1989, Band 4, S. 266 ff., und Roland Jaccard, *Amiel. Du Journal intime*, Brüssel 1987.

4 (frz.) das intime Tagebuch, das Tagebuch des winzig Kleinen, Nichtigen.

5 Vgl. dazu das kleine Buch von Pierre Pachet, *Les Baromètres de l'âme*, Paris 1990, S. 37–38.

6 Zitate aus dem XII. Band des *Journal*, Genf 1994.

7 Vgl. Martin de la Soudière, *Au Bonheur des saisons*, Paris 1999, S. 272.

8 In *Le Normal et le Pathologique* (Paris 1991, S. 122–123; dt.: *Das Normale und das Pathologische*, München 1974) unterstreicht Georges Canguilhem, wie sehr die Krankheit eine neue Dimension des Lebens ist, die Erfahrung einer positiven Neuerung für den Lebenden, der die Fähigkeit behält, Normen zu setzen. François Dagognet andererseits erklärt, wie sehr die Krankheit dem Leben eine andere Gangart verleiht, bei der jeder einzelne zugleich Opfer und Nutznießer ist. »Wenn man sein Leben wählt, wählt man seine Krankheit.« Deshalb nennt man sie auch »affection«, denn man leidet unter ihr genauso, wie man an ihr hängt. (*Pour une Philosophie de la maladie.* Entretiens avec Philippe Petit, Paris 1996.)

9 Italo Svevo, *La coscienza di Zeno* (dt. *Zeno Cosini*, Reinbek bei Hamburg 2000, S. 40 u. 552).

10 Über die Weigerung zu genesen um der erhöhten Zuwendung willen, die der Status des Kranken mit sich bringt, siehe Edouard Zarifian, *La force de guérir*, Paris 1999.

Sechstes Kapitel

Das wahre Leben ist nicht abwesend

> Ich glaube eher an den Tod im Leben als an das Leben nach dem Tod.
>
> *André Green*

> Was kann man denn auch tun, wenn man dreißig ist, in seine eigene Straße einbiegt und plötzlich von einem Gefühl der Seligkeit überwältigt wird – reiner Seligkeit! –, als hätte man mit einmal ein strahlendes Stück dieser Spätnachmittagssonne verschluckt, und nun brennte es einem in der Brust und jagte einen kleinen Funkenregen durch den ganzen Körper, in jeden Finger und jede Zehe? …
>
> *Katherine Mansfield*[1]

> Freude ist der Übergang des Menschen von einer geringeren Vollkommenheit zu einer größeren. Die Traurigkeit ist der Übergang des Menschen von einer größeren Vollkommenheit zu einer geringeren.
>
> *Spinoza*

Die verpaßte Verabredung mit dem Schicksal

Ein Mann und eine Frau sehen sich zufällig bei Freunden wieder, nachdem sie sich zehn Jahre zuvor ein erstes Mal begegnet waren. Von klein auf hatte der Mann, John Marcher, das Gefühl gehabt, vom Schicksal gezeichnet zu sein, »für etwas Ungeheuerliches und Schreckliches [bestimmt zu sein], das [er vorausahnte] und von dem [er] mit Sicherheit [glaubte], daß es [ihn] überwältigen werde.«[2] Diese unvorhersehbare Sache erwartet ihn versteckt »inmitten der Windungen und Verschlingungen all der Monate und

Jahre wie ein Raubtier im Dschungel«. Das Tier wird ihn irgendwann anspringen, er muß nur darauf vorbereitet sein. Er schlägt der jungen Frau, Mary Bartram, vor, mit ihm gemeinsam auf dieses außergewöhnliche Ereignis zu warten. Als Auserwählter hat er keine Angst, sich in der Masse der Menschen zu verlieren, das Geheimnis, das er in sich trägt, macht ihn vollkommen einzigartig.

Die Jahre vergehen, der Mann und die Frau werden zusammen alt und liegen immer noch auf der Lauer. Eines Tages erkrankt die »wunderbare Freundin«. Bevor sie stirbt, vertraut sie dem Mann an: »Sie brauchen nicht mehr zu warten. Es ist bereits geschehen.« Auf dem Friedhof, wo sie begraben wird, trifft John Marcher zufällig einen jungen Witwer, der von der Trauer um seine kürzlich verstorbene Frau niedergeschmettert ist; und aus unerklärlichen Gründen beneidet er ihn um seinen Kummer, um »de[n] durchdringende[n] Blick seines Grams«. »Was hatte dieser Mann besessen, den sein Verlust derart bluten und doch weiterleben ließ?« Plötzlich versteht John Marcher, daß das Tier aus dem Dschungel das Gesicht jener Frau getragen und daß er sie verpaßt hat. »Der Ausweg, die Rettung wäre gewesen, sie zu lieben; dann, dann erst hätte er gelebt.« Wenn er ihre Zuneigung erwidert und endlich eine mitreißende Leidenschaft verspürt hätte, hätte er den wahren Geschmack des Daseins kennengelernt. Doch in seine Zwangsvorstellung eingemauert, ist er der geblieben, »dem nichts auf der Welt widerfahren sollte«.

Eine herrliche Apologie, dieser Text von James: Das Schlimmste, was passieren kann, ist, an seinem Glück vorbeizugehen, ohne es zu erkennen. Auf ein wundersames Ereignis zu warten, das uns eines Tages erlösen werde, ohne zu wissen, daß das Wunder in dem Ereignis liegt, das wir tatsächlich erleben. Zu denken, unser Leben, das zur

Zeit eine bloße Skizze ist, werde bald in etwas Intensives umschlagen: Dieses Vertagen der Lust erinnert merkwürdig an die religiöse Askese. Als müßte auf eine durch und durch triviale Vorgeschichte eine Verklärung folgen, eine endgültige Entlassung aus dem menschlichen Elend.

Lauter verpaßte Gelegenheiten: ein Wort, das unausgesprochen blieb, eine Hand, die sich nicht ausstreckte, eine angedeutete und dann wieder zurückgezogene Geste, so viele Augenblicke, in denen sich – aus unserer Angst oder unserer Schüchternheit – unser Schicksal nicht wendet. Zu früh, zu spät: So manches Leben ist von Anfang bis Ende dem Unerfüllten, Unvollendeten geweiht. Was hätte sein können, was aber nicht war: Manch einer gibt sich mit dieser Möglichkeitsform zufrieden, und jeder von uns könnte die Geschichte seiner nicht gelebten Schicksale schreiben, die ihn wie geisterhafte Schatten begleiten. Brassaï erzählt, wie sich der 22jährige Marcel Proust in einen schönen Jüngling verliebte, den Sohn eines hohen Genfer Beamten. Auf der Rückseite eines Fotos, das dieser ihm schenkte, stand folgende, aus einem Sonett des präraffaelitischen englischen Malers Dante Gabriel Rossetti stammende Widmung: »Look at my face; my name is Might Have Been, I am also called No More, Too late, Farewell.«[3] Da jedes Leben einzigartig ist, verwirft es andere und schließt sie aus. Oder besser gesagt, es baut sich auf einem Verbrechen auf: der Verhinderung anderer Möglichkeiten, die es in sich barg und die sich nicht entfalten konnten. Man kann zwar noch so sicher sein, daß in jedem Augenblick die Chance zu einem neuen Aufbruch liegt, daß die Würfel durchaus nicht ein für allemal gefallen sind, das Ereignis ist dennoch fatal: Was geschieht, vereitelt immer andere Geschehnisse. Und für den, dem nicht die Gnade eines zweiten Mals zuteil wird, für den die Geschichte keinen »Nachschlag bereithält«, verringern sich die Möglichkeiten dramatisch. Keine Hände strecken sich mehr nach ihm aus, der Weg gabelt sich nicht mehr, er bleibt hoffnungslos gerade und flach.

Es gibt ein anderes, schöneres, intensiveres Leben! Welches Kind oder welcher Jugendliche, der im Schoß einer langweiligen Familie Trübsal blies, hat diesen Ruf nicht mit lustvollem Schauder vernommen? Niemand ist endgültig zu den Bedingungen verurteilt, in die er hineingeboren wurde, zu seinem sozialen, elterlichen oder ehelichen Milieu. Allein schon die Ahnung eines gunstvolleren Schicksals gibt uns häufig die Kraft, die Mauern einzureißen, die uns gefangenhalten. Der Reiz von Aufbrüchen und Trennungen liegt darin, daß sie uns ins Unbekannte stürzen und im Gewebe der Zeit einen wohltuenden Riß hinterlassen. Und zu den Prinzipien Lust und Wirklichkeit sollte man ein drittes hinzufügen: das Prinzip Exteriorität als Reich der Vielfalt, des unerschöpflichen Geschmacks der Dinge. Das Leben hält auch Offenbarungen bereit, wenn es uns intuitiv plötzlich andere, erstaunliche Welten eröffnet: denken wir an Flauberts Pécuchet, als er von einer herrlich ungenierten Bäuerin in Bann gezogen wird, die er durch eine Hecke beobachtet. Man muß eine Tür zum »Land draußen« (Lewis Carroll) offenlassen, zum Geheimnis, zum Unerforschten, und diese Tür mindestens einmal durchschreiten und auf den Ruf aus der Ferne antworten, die für den einen in der Wüste liegt, für einen anderen im Orient oder in Afrika und für wieder andere in der Entdeckung einer neuen Sexualität oder einer bislang unterdrückten Berufung. Dann hängt alles nur noch an der bevorstehendem Flucht, an einem Sprung, der uns aus der erstickenden Macht der Routine und der Enge befreien wird. Ein lichter Moment, Erlebnis des Gerade-noch-so-davongekommen-Seins, der uns zu schöneren Gestaden führt.

Doch wenn es einem auch freisteht, sein Leben neu einzusetzen wie einen Würfel, den man noch einmal wirft, und zu neuen Ufern aufzubrechen, so kann man dennoch nicht einfach alles Beliebige tun oder ein Beliebiger sein, mal in die Haut eines Forschers, mal in die eines Künstlers oder eines Raumfahrers schlüpfen, mit dem »Himmel als alleiniger Grenze«. Das ist das amerikanische Modell des *can do*, des »du kannst es«, das den Fähigkeiten eines Menschen keinerlei Grenzen setzt, sofern er nur die Ärmel hochkrempelt. Es ist der Optimismus einer Pioniernation, die an die Verbindung von Effizienz und Willen glaubt. Auf die Heilszwänge des Ancien Régime folgte der Rausch des Möglichen in den laizistischen Gesellschaften, aber dieses breite Spektrum macht uns schwindeln. Wer hofft, er könne alle gebotenen Wege zugleich einschlagen, läuft große Gefahr, daß er keinen einzigen betritt. Aus sich herauszugehen ist eine Sache, zu glauben, man sei der Notwendigkeit einer Wahl enthoben, eine andere, denn der Rahmen, der uns einschränkt, bedingt zugleich unsere Freiheit.

Darin liegt vielleicht das Paradoxon. Das Trachten nach einem guten Leben muß zwei widersprüchlichen Befehlen gehorchen: Man muß voll ausschöpfen, was einem geboten wird, und gleichzeitig offen bleiben für das, was anderswo geschieht. Weisheit der Kurzsichtigkeit, die sich auf das Gegenwärtige orientiert und sich mit dem begnügt, was sie ist. Weisheit der Weitsichtigkeit, die Pläne schmiedet und sich mit ihrem Zustand nicht zufriedengibt. Die Philosophie des *carpe diem* einerseits lädt uns dazu ein, jeden Tag zu leben, als sei er der letzte; die Hoffnung auf etwas Besseres andererseits bedeutet uns, ein aufgezwungenes Glück (aufgezwungen durch die Familie, die soziale Ordnung) im Namen eines ersehnten Glücks zu verweigern. Zwang, der uns in uns selbst verschließt, oder Expansion, durch die wir uns auf das gesamte Universum ausdehnen und uns darin auflösen (das war der Punkt, an dem Rousseau und Diderot sich schieden). Ruhe oder Unruhe, Autarkie oder Rausch – diesem Dilemma entgehen wir selten.

So daß es im Grunde zwei Formen des Möglichen gibt: das erdrückende Mögliche, das die Wirklichkeit kraft seiner Allmacht verschlingt und alles erbärmlich erscheinen läßt, was wir empfinden (das ist das Unglück des Helden bei Henry James), oder aber das beflügelnde Mögliche, das alles zu Tag fördert, was im Menschen ruht. Sarg oder verpuppter Schmetterling: Das eine erstickt meinen geringsten Unternehmungsgeist im Keim und hindert mich daran, etwas anzupacken. Das andere verweist auf eine reichere Zeit, die zugleich Bruch und Kontinuität bedeutet und das beinhaltet, »was süß ist, sich vorzustellen«, wie Kant von der Utopie sagte. Im einen Fall erliegt das Leben dem Gewicht des Unbegrenzten, im anderen entfaltet es alle seine verborgenen Schätze, so wie erst die Sonne alle Farben zum Leben erweckt.

Das Gift des Neids

Jedem offiziellen Optimismus zum Trotz ist nichts schwerer zu ertragen als das Glück des anderen, wenn es einem selbst nicht gut geht. Das Schauspiel dieser hundertfach mit den Gaben des Glücks, der Gesundheit und der Liebe gesegneten Leute, wie sie paradieren und radschlagen vor Glück – was kann einem das Leben mehr vergällen! Deshalb kann auch der tägliche Anblick der Schrecken dieser Welt auf dem Bildschirm beruhigend auf uns wirken. Nicht, daß wir uns über das Unglück anderer sonderlich freuen würden, doch fühlen wir uns dadurch weniger allein oder halten uns sogar für Glückspilze: »Zu sehen, welche Übel einem selbst erspart bleiben, ist wahrlich angenehm.« (Lukrez) Trost durch Vergleich. Wir brauchen das Unglück des anderen, es hilft uns, unser eigenes zu ertragen, und läßt uns erkennen, daß es immer irgendwo noch schlimmer ist, unser Los also gar nicht so grausam ist, wie es scheint. Die Verbitterung resultiert im allgemeinen aus dem Vergleich meines eigenen Schicksals mit dem anderer, die besser dran sind, und zieht eine unendliche Reihe von Unzufriedenheiten nach sich. »Arm sein in Paris heißt doppelt arm sein«, sagte Zola, so sehr kann einen die Nähe des Reichtums verrückt machen. Man könnte die ganze literarische und intellektuelle Szene Frankreichs unter den drei Blickwinkeln Verdruß, Schäbigkeit und Verleumdung betrachten. Wieviel unsühnbarer Haß, wie viele geräuschvolle Querelen, ursprünglich aus Verbitterung und Eifersucht erwachsen, werden unter dem Mäntelchen politischer oder philosophischer Fragen ausgetragen? Da unsere demokratischen Gesellschaften auf dem Prinzip der Gleichheit beruhen, sind sie grundsätzlich von Neid erfüllt; das kleinste Privileg, das dem anderen eingeräumt wird, macht uns wütend (und erst recht dieses besonders schwer zu ertragende Privileg: das Glück). Dieser Neid kann dem Aussehen gelten, einem körperlichen Vorzug, einer Automarke oder einem Liebespartner; wir können den anderen sogar um sein Elend oder um seine Krankheiten beneiden, wenn wir sie schicker finden als unser eigenes fades Dasein. Genausowenig, wie man seine Mitmenschen mit Berichten über sein Unglück belästigen sollte, darf man sie mit seinen Erfolgen erschlagen. Ein spitzfindiges Kalkül, das einen dazu verleitet, eine gute Nachricht zu verschweigen, sich bescheiden zu kleiden, ein ausdrucksloses Gesicht zu machen, kurz, die Diskretion in eine Strategie der Distinktion zu verwandeln. Ebenso muß man gegenüber Leuten, die mehr Glück haben als man selbst, den Verächtlichen spielen, um sich vor beißendem Groll zu schützen.

Es gibt noch eine andere, tiefere Quelle für dieses Gefühl: Je mehr das Glück sich als allgemeines Ziel durchsetzt, desto mehr verliert es an Gehalt. In der Unklarheit seiner Botschaft liegt zugleich seine Kraft und sein Fluch, weshalb man Leute aufrichtig bemitleiden kann, die viel Energie investieren, um dieses rätselhafte Gut zu erringen, und sich gescheitert wähnen, wenn es ihnen nicht sofort gelingt. (Doch wenn das Glück auch diejenigen flieht, die es suchen, bedeutet dies keinesfalls, daß es umgekehrt diejenigen bevorzugt, die es fliehen.) Niemand ist jemals sicher, wirklich glücklich zu sein, und schon indem man sich danach fragt, verdirbt man sich die Antwort. So wie es für die Calvinisten keine sicheren Kriterien gab, nach denen man feststellen konnte, ob man zu den Auserwählten oder zu den Verdammten zählte, bezieht jeder von uns das Gefühl der Befriedigung allein aus seiner inneren Überzeugung. Doch kann diese Überzeugung in der nächsten Minute von der bloßen Anwesenheit der anderen hinweggefegt werden. Ich hatte mich eben noch für den glücklichsten aller Menschen gehalten, und nun stelle ich im Laufe einer Unterhaltung fest, daß ein Freund seine Ferien viel aufregender verbringt als ich oder daß er ein abwechslungsreicheres Liebesleben und bessere Berufschancen hat. Fazit: Ich bin ein armer Wicht, der an ein mittelmäßiges Schicksal gefesselt ist.

Kurz, der Wettstreit unserer Begehrlichkeiten vermag uns in endlose Qualen zu stürzen. Wie gehoben unsere Stellung auch sein mag, schützt sie uns keineswegs vor Verbitterung, wenn wir an eine noch höhere denken. Und wir verbieten uns, etwas Gutes zu genießen, weil es anderen irgendwo noch besser geht. Wir machen unser Glück zum Gesetz, wir tragen unsere Glückseligkeit zur Schau wie andere ihr Adelswappen. Es geht schon gar nicht mehr darum, glücklich zu sein, sondern darum, die anderen unglücklich und gedemütigt zu wissen. Wie sagte doch Racine: »Solch gewöhnliches Glück birgt für mich keine Freuden, denn es ist gar kein Glück, wenn mir's andre nicht neiden.« Doch abgesehen davon, daß uns die anderen immer strahlender oder niedergeschlagener vorkommen, als sie es wirklich sind, ist diese Art des Sieges, der allen Kummer in sich birgt, den er eigentlich vermeiden will, erbärmlich. Endlos ist unser Kampf gegen lächerliche Details, nichts befriedigt eine Eitelkeit, die Tag und Nacht unsere Ruhe verdirbt und sich in eine verzehrende Sorge verwandelt.

Wie sollen wir diesem Teufelskreis entrinnen, der uns abwechselnd in Raserei und Verwirrung stürzt? Gewiß, man kann das Glück versäumen, wenn man jedesmal denkt, es sei nicht das richtige oder nur wenige Auserwählte hätten den Schlüssel dazu. Doch die Dinge wären einfacher, wenn man sich mit dem zufriedengeben könnte, was man erlebt. Die Abhandlungen über das Glück wirken im allgemeinen so platt, weil sie immer wieder die gleiche Botschaft vermitteln: Geben Sie sich mit Ihrem Schicksal zufrieden, mäßigen Sie Ihre Gelüste, begehren Sie, was Sie haben, und so werden Sie bekommen, was Sie begehren. Eine ebenso resignierte wie fade Weisheit, in der sich alle erdenklichen Glaubensrichtungen einschließlich der Regenbogenpresse und der offiziellen Trostspender begegnen. Ein trister, ewig aufgeschobener Traum! Denn wenn es schon gefährlich ist, sich auf die Pfade einer angepaßten Glückseligkeit zu begeben, den Beruf, die Ehe, ein Familienleben einzuschlagen, in der Erwartung, daß sie uns die ersehnte Erfüllung bringen werden, so versagt man sich damit auch die besten Dinge der Welt, indem man die Erfahrungen anderer ignoriert oder geringschätzt. Der andere ist nicht nur Rivale, Zensor oder Richter: er ist auch ein Souffleur im wahrsten Sinne des Wortes. Er regt uns an, flüstert uns tausend Arten ein, wie wir unser Leben verändern und neue Wege gehen können. Die bösen Wallungen des Neids können dann in Nacheifern umschlagen, in Neugier. Der andere kann zum Ratgeber unseres Begehrens werden, er ist kein unerträgliches Hindernis mehr. Es gibt auf dieser Welt andere Pfade der Freude, andere Formen der Zufriedenheit. So wie ein Kunstwerk uns neue Aspekte des Lebens eröffnet und damit zu seiner Verschönerung beiträgt, sind wir von Verführern umgeben, von sonnigen, strahlenden Wesen, die uns auffordern, in andere Rollen zu schlüpfen. Sie probieren ganz neue Lebensweisen aus, reißen das Glück aus seinen vorgeschriebenen Bahnen und bringen es auf neue Wege. Es ist manchmal gar nicht schlecht, ihrem Ruf nachzugeben, ihnen zu folgen wie die Kinder dem Rattenfänger von Hameln, denn sie träufeln uns »neue Laster« ein (André Breton). Nichts wäre trauriger, als aus Trotz an der eigenen Epoche vorbeizuleben, sich das Beste von ihrer Verrücktheit und ihren Erfindungen entgehen zu lassen. Es wäre eine doppelte Sackgasse: sich wie ein Chamäleon von allen offiziell zugelassenen Bildern des Glücks aufsaugen zu lassen oder in sich selbst gefangen zu bleiben und sein kleines Leben wiederzukäuen wie einen ausgelutschten Kaugummi. Fröhlichkeit kann ansteckend wirken, eine unwiderstehliche Anziehungskraft ausüben. Jenen Trauerklößen, die mit geradezu gierigem Blick um das Unglück herumschleichen, kann man die Gesellschaft der Leidenschaftlichen und der Genießer vorziehen, deren bloße Anwesenheit schon Gelöstheit und Fröhlichkeit verspricht.

Die Mystik der Höhepunkte

Die britische Zeitung *The Times* brachte Ende 1998 eine ebenso ergreifende wie bezeichnende Geschichte: Ein gewisser Andrew Park, britischer Staatsbürger, beschließt 1993, jeden Tag Weihnachten zu feiern. Nicht ein einziges Mal macht er eine Ausnahme, sommers wie winters. Jeden Abend legt er am Fuße eines festlich geschmückten Weihnachtsbaums drei Geschenke in seine eigenen Schuhe und packt sie am nächsten Morgen staunend aus. Jeden Tag Weihnachten, das schlägt auf die Dauer ins Gewicht: Truthahn, Sherry, Schokolade und Pudding belasten Abend für Abend das Budget und bilden eine sowohl zu reichhaltige als auch zu einseitige Diät. Die Zeremonie wird zum Alptraum. »Ich brauche Hilfe«, sagt Andrew Park. »Ich liebe es, wenn jeden Tag Weihnachten ist. Aber ich weiß, daß das allmählich gefährlich wird.«[4]

Den Alltag abschaffen! Wer hat nicht irgendwann einmal davon geträumt? In ihrer radikalsten Ausprägung wurde diese Utopie von den totalitären Staaten des 20. Jahrhunderts verwirklicht, denen es gelang, den Status quo im Namen einer Mystik der Bewegung und der Aggressivität zu zerstören. Man hat bislang kein besseres Mittel gegen die entsetzliche Banalität des Lebens gefunden, als sie in Terror und Krieg zu ertränken. Auch in einer weniger radikalen Ausprägung kann die Weigerung, »mit den erbärmlichen Bedingungen jeglichen irdischen Daseins« zu paktieren (André Breton), ein starkes Verlangen erzeugen, die Deiche zu brechen, sich von der gewöhnlichen Achtbarkeit abzusetzen. Schon Balzac rühmte die Menschen, deren Leben eine einzige Abfolge von gelebter Poesie ist, die »Romane machen, anstatt sie zu schreiben«. In der *Geschichte der Dreizehn* erzählt er die Großtaten einiger außergewöhnlicher Männer unter dem napoleonischen Kaiserreich, die sämtlich von derselben Gesinnung besessen sind, dem Kult der Tat, dem Haß auf alles Platte, Mittelmäßige, der Leidenschaft für die Lust. Müssen wir uns einer solchen Alternative stellen? Haben wir nur die Wahl zwischen Maßlosigkeit und Enge?

Die große Utopie der sechziger Jahre war es, den unaufhörlichen Genuß, den permanenten Glückszustand zu dekretieren. Es ging darum, das ungeordnete Verrinnen der Tage in einem einzigen Augenblick erhabener Glut zu kristallisieren, den Alltag in Schwingung zu versetzen. Eine großartige und schreckliche Utopie, deren Wortführer die Situationisten waren. Dabei benutzten diese Gegner der Langeweile, indem sie uns immer wieder sagten, die Menschen seien »rund um die Uhr kreativ« (Raoul Vaneigem), in der Bewertung des Genusses die Ertragslogik des industriellen Systems. In beiden Fällen hat man den größtmöglichen Ertrag zu erwirtschaften, alles dem Gesetz der Rentabilität zu unterwerfen. Die Lust wie die Produktion duldet keine Unterbrechung. Damit bezeugen die Verfechter der Intensität die gleiche Feindseligkeit gegenüber unserem unvollkommenen Dasein wie die Christen einst gegenüber der *conditio humana*. Für sie wie für Bossuet ist das gewöhnliche Leben die Sünde schlechthin, ja die Abscheulichkeit selbst. Immer noch müssen die Menschen dafür gegeißelt und beschämt werden, daß sie nicht mehr sind, als sie sind. Die radikale Linke wie die extreme Rechte haben in ihrer Aversion gegen die bürgerliche Gesellschaft ganz einfach die Vorstellung von der Erbsünde wieder eingeführt: *Das Leben ist grundsätzlich schuldig, alltäglich zu sein*, und jeder, der dies hinnimmt, hat teil am höchsten Verbrechen. (Die fieberhaften Prophezeiungen der Situationisten, die sich nie um Beweise und Überprüfungen scherten, haben ein paar schöne Sätze und jähzornige, bündige Weisheiten produziert, aber auch einen unglaublichen Schatz an sentenziösem Blödsinn, den ein Guy Debord, der heute, selig gesprochen, im Musée Grévin der Subversion einbalsamiert steht, im Übermaß hervorgebracht hat.)

Zum absoluten Wert erhoben, wird die Intensität zu etwas so Rigidem, daß sie sich geradezu gegen das Leben kehrt. Wenn die Lust das einzig Wirkliche ist, geht sie in die allgemeine Ordnung der Dinge ein und ist keine Lust mehr (was auf einer anderen Ebene die Prostitution beweist, die den innigsten Akt, die fleischliche Verschmelzung, in einen rein mechanischen Vorgang und ein Geschäft verwandelt). Es kommt der Moment, wo alle diese automatisch gebrauchten Worte, »Leidenschaft«, »Begehren«, »Genuß«, »souveräner Lebenswille«, zur doktrinären Leier werden: Manch einer predigt die Wollust wie andere die Marktwirtschaft oder die Revolution, und sein Geschwätz ist nicht weniger hohl. Dabei muß es auch bedeutungslose Tage geben, *das Dasein muß seine unterschiedliche Dichte bewahren,* und sei es nur, damit man den Kontrast genießen kann. Große Exaltationen entstehen fast immer vor dem Hintergrund von Sehnsüchten, von Alltagssorgen, die sie klären und von denen sie sich abheben. Plötzliche Freude erhellt einen Tag, der bis dahin weder gut noch schlecht war, aber durch sie nun eine besondere Färbung erhält. Doch wenn es solche Tage auch gibt, die uns aus der Zeit ausbrechen lassen, an denen wir etwas wie einen Hauch der Ewigkeit spüren, so können wir uns dennoch nicht auf sie stützen, um fortan in der Vollkommenheit zu leben; von der Höhe dieses wunderbaren Augenblicks fallen wir unweigerlich in die profane Dauer zurück, wenn auch noch ganz überwältigt von der erspähten Seligkeit. Man schafft den Alltag nicht ab, man leitet ihn nur manchmal um, verdichtet ihn. *Das wahre Leben ist nicht abwesend, es ist zeitweilig,* es leuchtet auf wie ein Blitz im grauen Alltag und läßt eine tiefe Sehnsucht in uns zurück. Oder besser gesagt, es gibt kein »wahres Leben« im Sinne einer einzigen gültigen Wahrheit. Es sind nur viele interessante Lebenswege möglich, und das ist die frohe Botschaft.

Die Größe des Surrealismus bestand unter anderem darin, daß er »le merveilleux quotidien«[5], das wunderbare Alltägliche, pries und uns zu einer Revolution des Blicks einlud, damit wir unsere Umgebung mit neuen Augen sehen konnten. Die Poesie versteckt sich nicht im Himmel oder in einer hypothetischen Zukunft, sie ist allen zugänglich, und sofort. Zum Beispiel durch die »écriture automatique«, die aus Brüchen und Zäsuren entsteht und unerhörte sprachliche Klänge wahrnehmbar macht, aber auch durch die Verherrlichung all dessen, was wir als stereotyp ansehen: Gebrauchsgegenstände, Plakate, Werbetafeln, über die das Auge und das Denken wie mechanisch gleiten. Wir gehen durch die Welt wie Blinde, wir können die in ihr verborgenen Reichtümer nicht mehr erkennen. Unter dem Gewöhnlichen liegt eine verblüffende Schönheit. Nicht die Wirklichkeit ist langweilig, sondern immer nur mein Blick, ihn muß ich läutern und von seinem Schmutz befreien.

Ist nicht auch die moderne Kunst selbst ein Prozeß der »Verklärung des Gewöhnlichen«[6]? Einerseits entsakralisiert sie das klassische Kunstwerk, das Gemälde oder die Skulptur durch die Verwendung der gewöhnlichsten Objekte und Materialien; andererseits sublimiert sie solche trivialen Objekte, indem sie sie aus ihrem Kontext herauslöst, sie entfremdet, x-beliebige Konsumprodukte zu künstlerischer Würde erhebt, wie etwa Marcel Duchamp seine Urinoirs.[7] Unterminierung auf der einen Seite, Hervorhebung auf der anderen: ein großer Teil unserer zeitgenössischen

Ästhetik beruht auf dieser Umkehrung. Niedergang des Edlen und Prunkvollen, Erhebung des Häßlichen, des Abfalls. Am Künstler ist es, uns zu zeigen, daß das sogenannte gewöhnliche Leben alles andere als gewöhnlich ist, und uns seine märchenhafte Seite zu erschließen. Eine ästhetische Revolution ist zunächst einmal eine Offenbarung, die die Welt verjüngt und einen vollkommen neuen Blick auf sie wirft. Das Beliebige ist immer ein unsichtbares Außergewöhnliches, genau wie das Außergewöhnliche ein exhumiertes Beliebiges ist. Mit anderen Worten, das alltägliche Leben kann verklärt werden, wenn jeder von uns nach seinem Vermögen Wunder vollbringt, das Paradies erschafft und zum »göttlichen Mörder der Gewohnheiten« (Pierre-Albert Birot) wird.

Gartenarbeit oder Radikalität?

Dennoch reduziert sich das Dasein niemals auf die bloße Abfolge von Erhabenem und Plattem oder umgekehrt; zwischen beiden liegt eine ganze Skala kleiner Genüsse, die man nicht verachten sollte. Und vor allem gibt es, wichtiger noch als das Glück, die Lebenslust, die Freude, für ein wenn auch vergängliches, verrücktes Abenteuer auf dieser Erde zu weilen.[8] Man kann über die kleinen Vergnügen, den berühmten Schluck Bier und andere Nichtigkeiten lachen, sie zu gewöhnlich oder zu geringfügig finden. Dennoch liegt eine tiefe Wahrheit in ihnen, sie heiligen die Jahrhundertlegende vom Glück der Rang- und Namenlosen und brechen mit einem doppelten Tabu: einerseits dem Elenden, das dem Volk anhaftet (diesem Volk, das man so gern in der Rolle des Opfers oder des Rebellen sieht, nie in der des Glücklichen), andererseits dem immer etwas Lächerlichen,

Die Zwänge des Kalenders

Wozu gehen wir zur Schule? Vor allem, damit wir uns daran gewöhnen, stillzusitzen und pünktlich zu sein, sagt Kant. Den richtigen Gebrauch der Tage und Stunden – genau das trichtert man unseren kleinen blonden oder braunen Köpfchen zuallererst ein. Und da wir diese gewohnte Regelmäßigkeit von klein auf verinnerlicht haben, werden wir sie nicht mehr los. Früher waren wir lebhaft und unberechenbar, nun werden wir gesetzt und gewissenhaft.

Die Einteilung in Stunden, mit der man die Zeit beherrschen, den Tagen eine Form geben und ihre Zersplitterung in einen Rahmen fassen kann, hat auch etwas Beruhigendes. Sie bietet das ganz besondere Vergnügen, die Leere in Fülle zu verwandeln. Denn es ist schwierig, die Stunden auszufüllen; falls das nicht gelingt, kann man sie planen, sie auf die Minute genau kontrollieren. »Meinen Zeitplan auszuarbeiten hat mich diesen Winter fast acht Stunden ununterbrochener Arbeit gekostet«, schrieb der ewig zaudernde Amiel. Ein widersinniges Vorhaben, das Leben durchzuplanen, um darauf zu verzichten, es zu leben. Es in Gedanken vorwegzunehmen erschöpft den gesamten Vorgang: Sein Reiz besteht darin, sich die Zukunft vorzustellen, mit ihrem Bild zu spielen, ohne es zu verwirklichen. Man zwängt die Wochen in das enge Korsett eines Programms, um wenigstens sicherzustellen, daß man einen Platz hat, daß man irgendwo erwartet wird.

Im Rahmen dieses zeitlichen Korsetts, unserer neuen Gesetzestafel, blühen die pathologischen Abweichungen. Da gibt es diejenigen, die immer zu früh oder zu spät dran sind: zwei Arten, gegen die Regel zu verstoßen, durch eine Ungenauigkeit, die an Unverschämtheit grenzt, oder durch eine beinahe flegelhafte Lässigkeit (vor allem in einer Situation, in der jede Minute wie ein Jahrhundert zählt: beim Rendezvous). Und es gibt die Pseudoentspannten, die mit ständigem Blick auf die Uhr leben und immerzu zwingende Verpflichtungen haben. Ganz zu schweigen von den Rentnern, die schon bei Tagesanbruch auf den Beinen sind und dann untätig umherirren, weil sie die Reflexe des Arbeitslebens verinnerlicht haben, oder der Pose des total Überarbeiteten unter manchen Müßiggängern, die Ihnen keine Viertelstunde gönnen, ohne hektisch ihren Terminkalender zu zerpflücken.

Man darf in der genauen Ausarbeitung eines Zeitplans jedoch nicht nur eine zwanghafte Formalität sehen. Hinter einer so strengen Unterteilung der Tage verbirgt sich die Hoffnung auf einen Theatercoup: als wolle man sich vor dem Zufall schützen und sehne ihn doch zugleich herbei, träume davon, daß er den engen Käfig des Tagesablaufs sprengt. Wie die Guerilleros, die irgendwo auf dem Land improvisierte Flughäfen anlegen, indem sie weiße Linien auf den Boden zeichnen, zergliedern wir unerbittlich unsere Tage und Nächte und hoffen doch auf die totale Überraschung. Dieses zwanghafte Zeremoniell nährt zwei sehr gegensätzliche Empfindungen: den krankhaften Haß auf alles Spontane und die Sehnsucht nach einer wohltätigen Apokalypse, die unsere Verzagtheit mit einem Schlage hinwegfegen könnte. Ein Kalender kann ebenso zum Träumen verleiten wie ein Uhrwerk: beide stellen die Gitterstäbe des Gefängnisses dar, aber auch die Hoffnung auf den Ausbruch.

da die Freuden des Volkes stets herdenweise gelebt werden, also weder originell noch einzigartig sind. Man kann dieses Glück der einfachen Leute, der »gens de peu« (Pierre Sansot), das in Angeln, Camping, Heimwerken, Haus- und Gartenarbeit besteht (und bekanntlich hat die Liebe zum Garten gerade zu der Zeit von Europa Besitz ergriffen, als der Glaube an das Paradies auf Erden verlorenging), mit einer Handbewegung abtun, darüber lachen, sein Leben lang zu beweisen versuchen, daß es nicht existiert, daß es eine bloße Illusion ist.

Für eine ganze politische Strömung besteht das Glück des Volkes immer im Glück des Sklaven, der seine Knechtschaft liebt, ist es die satte Schmach des Schweins, das sich im Schlamm suhlt, dumm und glücklich zugleich. Da das Volk grobschlächtig ist, muß man seinen Ehrgeiz für bescheiden, seine Freizeitvergnügen für lächerlich und seine Träume für kleinlich erklären. Nur die Mächtigen verfügen über die subtilen Strategien der Unterscheidung, der symbolischen Beherrschung. Den schlichten Gemütern bleibt deren mühselige Nachahmung, das immer wieder neue Elend. Es geht in diesem Fall nicht darum, das Volk durch Erziehung zur Würde eines politischen Subjekts zu erheben. Nein, man muß ihm eine Lektion über seine Lebensweise erteilen, seine Vorlieben als pathetisch, seine Sitten als rückständig und seine Ängste als lächerlich abtun. Und die Kritik, die eine bestimmte hippe linke Szene am Spießer übt, wäre glaubwürdiger, wenn diese Szene zugeben würde, daß sie selbst ein Teil dessen ist, was sie verleumdet.

Nicht das Volk in seiner Verschiedenartigkeit liebt man, sondern seine Radikalität, also eine Legende, die man den unteren Schichten mit Gewalt aufdrückt, ob es ihnen gefällt oder nicht. Und wenn das Volk dieser Berufung untreu wird und sich anders verhält als gemäß seiner Rolle als Kämpfer oder Leidender, wenn es sich kleine Freuden genehmigt, wird es verflucht und zum Verräter an seiner historischen Mission gestempelt. Das Volk weiß nicht, daß es unglücklich ist, wir werden es ihm beibringen, meinte Lassalle. Ihr seid Sklaven, die sich frei wähnen, ruft der empörte Revolutionär denjenigen zu, die sich an ihren bescheidenen Träumereien ergötzen. Und ein wenig wie Rosa Luxemburg, die sich jeden Morgen darüber wunderte, daß die Proletarier nicht zu den Waffen greifen, um die kapitalistische Gesellschaftsordnung zu stürzen, möchte die Truppe der Weltverbesserer die Menschen wegen ihrer kleinen Befriedigungen diskreditieren und weil sie ihr kleinkariertes Dasein leben, statt sich als Komparsen einer großen historischen Saga zu begreifen. Es werden sich immer wieder Intellektuelle und Politiker finden, die unsere Supermärkte, unsere Vorstädte und all unsere ordinäre Häßlichkeit zu einem Verbrechen erklären, das schlimmer ist als alle anderen. Genau darin besteht die Arbeit des Revisionismus, vor allem der radikalen Linken, daß er den Nazismus banalisiert, um die Banalität des Kapitalismus und des Liberalismus für nazistisch erklären zu können.

Die göttliche Unvernunft

Es gibt also kein Heil jenseits der Banalität, vielmehr behindert und ermöglicht sie es gleichzeitig auf widersprüchliche Weise. Von ihrer Abschaffung zu träumen heißt, im

Namen der Inbrunst eine totalitäre Phantasie zu nähren, die mit ihrer aufputschenden Wirkung die Herde der mageren Tage aufscheuchen könnte, um ein Maximum an Empfindungen aus ihnen zu ziehen. Muß man darum das Leben alter Leute, deren Spektrum an Vergnügen kleiner geworden ist, die aber trotzdem immer noch zahlreiche Befriedigungen erleben, für null und nichtig erklären? Man kann sich der Prosa des Alltags nicht allein durch Willenskraft und Ermahnungen entziehen, und selbst der »köstlichste Zustand hat viele flaue Intervalle«, wie die französischen Enzyklopädisten im 18. Jahrhundert schrieben. Die Surrealisten wollten den Alltag neu verzaubern, die Situationisten das gewöhnliche Leben adeln. Doch ebenso wie sich Werbung und Information, die rund um die Uhr im Einsatz sind, den Slogan »Lebe ohne Stillstand, und genieße ohne Fesseln« zu eigen machten, so artet auch die surrealistische Verwandlung des Banalen häufig in Fakirismus aus, wenn sie uns die bittere Pille nur versüßt. Ein bißchen Glanz in den Augen und viele tönende Reden reichen nicht aus, damit sich plötzlich Paläste auf den Trümmern der Elendsviertel erheben. (Die Frage bleibt, weshalb diese beiden insurrektionellen Bewegungen – und die erste besaß immerhin Genie und auch Glamour – so schnell versackt sind in Abrechnungen, gegenseitigen Beschimpfungen und Exkommunizierungen, als räche sich die alte menschliche Pest immer wieder an denen, die ursprünglich gegen sie angetreten waren.)

Was die Kreuzritter der Gewalt auch immer sagen mögen: Gegen die Langeweile gibt es keine Revolution. Es gibt Fluchten, Vermeidungsstrategien, doch der graue Despot ist hartnäckig. Denn er hat ja auch seine Tugenden. Er überwältigt uns, aber er zwingt uns auch, etwas zu unternehmen, er erlaubt uns, die unvermuteten Ressourcen der Zeit besser auszuschöpfen. Die Erstarrung ist manchmal das Vorspiel zu radikalen Veränderungen. Wer würde ohne Langeweile, ohne diesen Dämmerzustand der Zeit, in dem alle Dinge ihren Reiz verlieren, jemals ein Buch zur Hand nehmen oder seine Stadt verlassen? Darum haben wir einiges zu befürchten von einer Erlebnisgesellschaft, die Tag und Nacht selbst noch unsere geringsten Gelüste befriedigt.

Robert Misrahi sagt: »Ein glückliches Leben beinhaltet eine qualitative Erfahrung, die Befriedigung und Sinn miteinander verbindet, das heißt ganz bei sich und im Einklang mit sich selbst zu sein und die Übereinstimmung eines tatsächlich gewollten und verwirklichten Sinnes zu erreichen.«[9] Uns dagegen scheint ein Augenblick des Glücks ein Augenblick zu sein, der der Tyrannei des Sinns entzogen ist, eine Art Rast in der Zeit, die vorübergehende Verflüchtigung der Sorge. Es hat keine besondere Bedeutung, fröhlich zu sein, zu lachen oder einen geliebten Menschen an sich zu drücken – aber es tut gut. Warum sollte das Glück einen Sinn brauchen wie der Hinkende eine Krücke? Sein göttlicher Schalk liegt doch darin, daß es uns grundlos beehrt, daß es wie eine Fanfare losbricht oder sich verstohlen in unsere Tage schleicht und genauso wieder verschwindet. Die größte Glückseligkeit ist vielleicht die willkürliche, die überhaupt nicht erwartet oder einkalkuliert war, sondern wie ein Geschenk des Himmels über uns kommt, die Zeit vorübergehend stillstehen läßt und uns verwirrt, entzückt und sprachlos macht.

Wenn das Glück wirklich, wie man uns immer wieder eintrichtert, der größte Wunsch aller wäre, sofern man es per Dekret beschließen oder mit einem Netz einfangen könnte, wie ließe sich dann erklären, daß so viele Menschen in dem Augenblick, da sie es erreichen, auch schon alles tun, um es zu zerstören, es mit Füßen treten, als ahnten sie,

Die beiden Formen des Feierns

Von alters her kennen religiöse wie heidnische Feste jene Momente der Trunkenheit, in denen eine Gesellschaft ihre Hierarchien umkehrt und im Chaos versinkt, um die Bande enger zu knüpfen und die Zeit zu erneuern. Unser individualistisches Zeitalter erträgt solch programmierte Fröhlichkeit schlecht und glaubt, sie habe diese hohen Feste überhaupt nicht nötig, um ihrem Spieltrieb zu genügen. Im Namen des Zauberworts Improvisation wünscht jeder sich auf seine Weise zu amüsieren und das unter der Oberfläche seiner allzu braven Existenz schwelende Feuer zu entfachen. Doch es genügt nicht, die obligatorische Ausgelassenheit abzulehnen, um sich allein aufzuheitern.

Sehen wir uns die Diskotheken an: Diese »Häuser der Illusionen«, wie man einst die Bordelle nannte, schweben wie schillernde Seifenblasen in der Prosa der Tage und führen in eine verkehrte Welt mit ihren eigenen Gesetzen, ihren Riten, ihrer Fauna. Doch es sind auch hysterische Räume, in denen das Lachen und die Fröhlichkeit immer etwas Gezwungenes haben und die durch Lärm, Gedränge und Qualm oft nur eine mechanische Festlichkeit erzeugen. Der Partygänger ist eine Art Profi des Unberechenbaren, ein Stratege der Überschwenglichkeit.

Dennoch täte man unrecht, dieser Lawine aus Feuerwerk und Bambule das authentische »schlichte kleine« Fest entgegenzusetzen. Über jeder Zusammenkunft von Menschen, die trinken, tanzen und schlemmen, schwebt die Gefahr des Scheiterns, des Lauen, als seien die Götter bereits von der Bühne gegangen. Das Gelingen derartiger Versammlungen ist wie Alchimie: In jeder geselligen Runde herrscht eine ansteckende Fröhlichkeit, die sich immer nur aus sich selbst erklärt. Doch wenn die Verschmelzung nicht gelingt, wenn die Unterhaltungen sich dahinschleppen, wenn trotz aller nötigen Zutaten – Musik, Alkohol, Drogen, Sex – nicht die magische Legierung entsteht, dann schlägt die spontan entstandene fröhliche Atmosphäre in Melancholie um.

Abgesehen davon, daß die Ideologie des Feierns das Gegenstück zur Doktrin der Arbeit ist – man muß sich genauso amüsieren, wie man arbeiten muß, was so weit geht, daß wir auch noch die Feste der anderen importieren, zum Beispiel Halloween –, garantiert der mystische Glaube an die Spontaneität das Gelingen ebensowenig wie die strengste Organisation. Es ist ein ewiges Paradoxon: Sobald das Fest sich selbst genügen will und eine aufgezwungene Fröhlichkeit meidet, kommt es schwerer in Gang. Der Funke will nicht überspringen, ein schaler Beigeschmack verdirbt die schönsten Festessen. Das ist die Rache der griesgrämigen Bettwärmer an den notorischen Nachtschwärmern. Wir können nicht nach Belieben über unsere Fröhlichkeit verfügen. Es braucht Regeln, um sie zu erschaffen, man muß den Jubel erst mimen, um ihn dann wirklich zu empfinden. Auch die Spontaneität ist eine Kunst und durchaus vergleichbar dem etwas steifen Zeremoniell des Karnevals und anderer Feierlichkeiten von einst. Hochstimmung gibt es nicht auf Befehl, und manchmal stellt sie sich überhaupt nicht ein.

daß solch ein Sieg schlimmer wäre als ein Scheitern? Als argwöhnten sie, daß nichts der Hölle ähnlicher ist als das Paradies und daß man dieses zwar schemenhaft erkennen, aber nie wirklich erreichen kann (was alle Drogenabhängigen wissen, für die der Höhepunkt des Rausches bald in die entsetzlichsten Entzugserscheinungen umschlägt). Wenn durch ein Wunder über Nacht alle unsere Wünsche in Erfüllung gingen, bliebe uns nur noch, auf der Stelle kümmerlich zugrunde zu gehen – weshalb die von den Religionen verheißene Unsterblichkeit vor allem ewigen Stumpfsinn verheißt.

Ausschließlich für das Glück dazusein hieße also, für ein paar einzelne Augenblicke zu leben und den Rest in den Orkus zu werfen. Es hieße auch, daß das Unglück da beginnt, wo das Glück aufhört, obwohl der größte Teil unseres Daseins gar nicht dieser Alternative folgt und sich eher in einem hinkenden Zwischenstadium aus gelegentlichen Ärgernissen, Sorgen, kleinen Freuden, Erwartungen und Plänen abspielt. So sind wir denn verurteilt, die Banalität zu verfluchen und sie zugleich zu akzeptieren: Sie ist ebenso der Abgrund, in dem wir uns verlieren, wie das graue Einerlei, das gleichwohl auch sein Licht hat. Sie verweist auf das Wunderbare, das sie in sich birgt, im doppelten Sinn des Wortes, da sie es zugleich entfaltet und verhüllt. Festlegen läßt sie sich nicht.

1 Katherine Mansfield, »Seligkeit«, in: *Meistererzählungen*, Frankfurt 1995, dt. von Heide Steiner, S. 106.

2 Henry James, *Das Tier im Dschungel*, Köln 1959, dt. von Helmut M. Braem u. Elisabeth Kaiser, S. 15, 22–23, 51, 65 u. 67.

3 Diese Anekdote wird von Roland Jaccard berichtet (*Le Monde* vom 24. 10. 1997): »Schau mir ins Gesicht, mein Name ist Hätte-seinkönnen, man nennt mich auch Nie-wieder, Zu-spät, Lebewohl.«

4 Zitiert von Pierre Georges in *Le Monde* vom 16. 12. 1998.

5 »Werde ich noch lange das Gefühl für das wunderbare Alltägliche haben? Ich sehe, wie es in jedem Menschen verlorengeht, der in seinem Leben wie auf einem immer besser gepflasterten Weg voranschreitet, der sich mit wachsender Leichtigkeit immer mehr an die Welt gewöhnt, der sich nach und nach vom Gefallen am Ungewöhnlichen und von dessen Wahrnehmung löst. Genau das werde ich zu meiner Verzweiflung niemals erfahren können.« (Louis Aragon, *Der Bauer von Paris*, Frankfurt 1996, dt. von Lydia Babilas, S. 13)

6 Arthur C. Danto, *Die Verklärung des Gewöhnlichen.* Eine Philosophie der Kunst, Frankfurt/M. 1984, dt. von Max Looser.

7 Die Ironie liegt darin, daß andere Künstler diese Provokation umkehren und, wie Pierre Pinoncelli 1993 in Nîmes, in den berühmten »Brunnen« in Form eines umgestürzten Toilettenbeckens pinkeln, den Duchamp 1917 geschaffen hatte. Pinoncelli, der in Frankreich die Straßenhappenings initiierte und gerichtlich dafür verfolgt wurde, erklärt, daß er im Gegensatz zu Duchamp das Kunstwerk in einen gewöhnlichen Gegenstand verwandeln wollte, ein Vorgehen, das für ihn einer künstlerischen Performance gleichkommt.

8 Es fällt schwer, eine Definition der Freude als bedingungsloser Einwilligung zum Leben anzunehmen, als absolute Zustimmung zu allem, was ist, als *amor fati* (Nietzsche). Von der Billigung zur Resignation ist es nur ein Schritt, und solche Lehrsätze erinnern stark an die Predigten der konservativsten Frömmler. Vielmehr gibt es Lebensfreude nur in der Unterscheidung zwischen dem Abscheulichen und dem Köstlichen, in der Weigerung, die Dinge hinzunehmen, wie sie sind. Die Freiheit, ja zu sagen, gilt nur, wenn man die gleiche Freiheit besitzt, nein zu sagen.

9 Robert Misrahi, *Le Bonheur*, Paris 1997, S. 22.

Dritter Teil

Die Bourgeoisie
oder
Die Schande des Wohlstands

Siebentes Kapitel

Diese fette gedeihliche Zucht des Mittelmäßigen, Normalen, Durchschnittlichen …[1]

Ich nenne alles bourgeois, was niederträchtig denkt.

Gustave Flaubert

Wir fechten nicht, damit das Volk glücklich werde. Wir fechten, um es in eine Schicksalslinie zu zwingen.

Ernst von Salomon[2]

Mönch oder Soldat

1995 warfen zwei junge Leute in Colmar Brandkörper auf eines der vornehmen Restaurants der Stadt. Der Besitzer kam in den Flammen ums Leben. Als sie ein paar Jahre später verhaftet wurden, erklärten die beiden Jungen, die übrigens aus gutem Hause stammten, ihre Tat damit, daß sie ein Symbol der bürgerlichen Ordnung treffen wollten. Der Bourgeois! Ob Groß- oder Kleinbürger, er ist seit zwei Jahrhunderten das meistgehaßte und -geschmähte Wesen, eine Art abstrakter Prototyp der Schande, der seine reale Gestalt aufgegeben hat, um sich im Pantheon der verfluchten Gottheiten niederzulassen. Die Geschichte der antibürgerlichen Mythologie ist nichts anderes als eine lange Aneinanderreihung von Bannflüchen. Vom Kaufmann des Ancien Régime, der die Aristokratie nachäfft, sich grotesk schminkt und tanzt, bis zum Unternehmer des 19. und 20. Jahrhunderts, der durch den Schweiß und die Plackerei des Volkes fett wird. Vom Adel wegen seines prosaischen Wesens, von der Arbeiterklasse wegen seiner Habgier und vom Künstler wegen seiner allein der Kalkulation und dem Nutzen unterworfenen Lebensweise verachtet, ist der Bourgeois in gewisser Weise mit ontologischer Niedertracht geschlagen. Er ist knauserig, ein Ausbeuter und ungehobelt obendrein, und in diesem Bouquet schlechter Eigenschaften fehlt nur noch eine: die Kriminalität. Denn seit Hannah Ahrendt weiß man, daß gerade die erschreckend normalen Individuen zu den Vollstreckern der Vernichtungsmaschinerie der Nazis wurden.[3] Der gute Familienvater, den Péguy den letzten großen Abenteurer des 20. Jahrhunderts genannt hatte, ist nun ein potentielles Monster und zu den schlimmsten Grausamkeiten bereit, um sich seinen Pensionsanspruch wie sein Erspartes zu sichern.

Seit den Romantikern und seit Nietzsche hat sich die Bourgeoisie vor allen Lagern zumindest für drei Vorwürfe zu verantworten: *die Mittelmäßigkeit, die Vulgarität und die Raffgier, drei Grundkonstellationen des bürgerlichen Kosmos.* Man muß entweder Mönch oder Soldat sein, verkündete Joseph de Maistre und brachte damit die ganze Größe des Ancien Régime, das von einigen grundlegenden Leidenschaften beseelt war, auf eine griffige Formel. Denn just aus dem Niedergang der beiden Figuren des Kriegers und des Heiligen wird der Bourgeois geboren, und er geht gänzlich im süßen Gewerbe des Handels auf, dem die Aufklärung die doppelte Mission zuwies, die Gewalt zu beseitigen und deren Triebkräfte in eine methodische Aktion umzuleiten. Das Interesse, so sagten die französischen und die englischen Philosophen, sei die sozialste und beschaulichste aller Wonnen: Es befriede die Sitten und ordne das Dasein. Es lenke das Verlangen auf einen einzigen Gegenstand, den Gewinn, und ersetze die Unvernunft durch die Umsicht der Buchführung, die Lust am Erwerb, den Besitztrieb. Indem sie Tugenden und Neigungen miteinander kombinierten, wurden die Kaufleute zum eigentlichen Vorbild der Moderne: »Der Handel«, so schreibt Montesquieu, »räumt zerstörerische Vorurteile aus, und es ist beinahe eine allgemeingültige Regel, daß überall da, wo gemäßigte Sitten herrschen, der Handel gedeiht, und überall, wo Handel getrieben wird, gemäßigte Sitten herrschen«, und er geißelt Eremiten wie Eroberer, weil ihre Entscheidung für Extreme sie verrohen läßt.

Doch noch bevor Marxisten und Sozialisten ebendieses *juste milieu* für die schamlose Ausbeutung des Proletariats verantwortlich machten, sahen die Romantiker in besagten guten Sitten eine ungeheure Einschränkung des Menschlichen. Die bürgerliche Moral hatte das Begehren auf das enge Feld der ausschließlich materiellen Bereicherung reduziert. Das Leben war nun vielleicht ruhiger, doch, mein Gott, was war es klein, vor allem für diejenigen, die den Prunk der Monarchie und die Stürme der napoleonischen Ära erlebt hatten. »Wer nicht das Ancien Régime gekannt hat, weiß nichts von der Süße des Lebens.« Dieser berühmte Aphorismus von Talleyrand bestätigt, daß der Beginn des 19. Jahrhunderts von vielen als Niedergang erlebt wurde, als erneute Vertreibung aus dem Garten Eden. Das von der Aufklärung verheißene Paradies auf Erden war zu einem schrecklich gewöhnlichen Paradies geworden. Es ist ein glanzloses Glück, das die neue Klasse der Unternehmer und Händler da verspricht: jenseits von Laden und Geld gibt es kein Heil. Keine Extreme, nichts Herausragendes mehr: Die Menschheit sollte sich im fieberhaften, gleichförmigen Trott der Herde fortan diesen beiden Aktivitäten widmen. Feind aller Ausschweifungen ist der Kleinbürger – gewissermaßen ein zwiefach kleiner Mensch – das farblose Wesen par excellence; selbst seine Tragödien sind ruhmlos und verströmen den Geruch von kaltem Eintopf.

Und das Verbrechen dieser neuen Klasse? Sie hat das Schicksal wieder eingeführt, da wo die Revolution Freiheit, Gleichheit und soziale Mobilität versprochen hatte. In kollektiver Hinsicht, indem sie durch die sozialen Ungleichheiten die Ordensgesellschaft restaurierte, und auf individueller Ebene, indem sie einen neuen, fügsamen und bescheidenen Menschentyp schuf, der überall auf der Welt der gleiche war. Anders als die Aristokratie entpuppte sich das Bürgertum trotz seiner progressiven Werte als die schicksalsgläubige Klasse schlechthin. Es läßt ein völlig neues anthropologisches Modell entstehen, den genormten, serienmäßig hergestellten Menschen, ein neues kollektives Subjekt, das sich den gleichen Aufgaben widmet, dieselben Wünsche hat und auf dieselbe Weise denkt. Um diese profillosen Massen zu beschreiben, die sich seiner Feststellung nach in Rußland immer mehr ausbreiteten, hatte Gogol den treffenden Begriff »menuaille«[4] kreiert, das sind Wesen, die man »als aschfahl beschreiben kann, denn ihre Kleidung, ihre Gesichter, ihr Haar und ihre Augen wirken trüb und grau wie die unentschlossenen Tage, die weder gewittrig noch sonnig sind und an denen die Umrisse der Dinge im Nebel verschwimmen.«[5] Diese Massenproduktion des Ähnlichen macht aus der Menschheit eine gezähmte Spezies, in der jeder die Replik des anderen ist, gleich einem gezähmten Tier, das für seine Sicherheit und sein Zwergenglück auf die Freiheit und das Ausleben seiner Instinkte verzichtet hat.

Das Faszinierende an den Werken von Flaubert, Zola und Tschechow ist, daß sie Individuen beschreiben, die scheinbar frei sind und doch starken Zwängen wie Schicksal, Erbe, Familie, Blut, Geld und Achtbarkeit gehorchen. In einer Zeit, die von Fortschrittsglauben und Optimismus erfüllt ist, machen sich diese Autoren zu Auguren des Unglücks: arm oder reich, alkoholkrank oder gesund – ihre Protagonisten tragen bereits den Riß in sich, an dem sie zerbrechen werden. Selbst die Rebellen und die Willensstarken erliegen eines Tages dem allgemeingültigen Gesetz und werden gnadenlos dafür bestraft, daß sie sich der gegebenen Ordnung entziehen wollten.[6] Das Genie eines Tschechow liegt darin, uns mit einem Hauch von Grausamkeit glühende, aufbegehrende Seelen vorzuführen, häufig Frauen, deren Traum von Ruhm und Schönheit an den häßlichen Zufällen des Lebens zerbricht. Sehen wir uns seine Stücke und Novellen an. Bei ihm zählt nicht, was geschieht, sondern was nicht geschieht: »Man liebt sich nicht, man heiratet nicht, man geht nicht fort.«[7] Die *Drei Schwestern*, die in ihrer kleinen Stadt eingeschlossen sind, werden niemals nach Moskau gehen, um ein größeres Schicksal zu erfahren; die *Braut*, die ruft: »Ich will leben, (…) ich bin noch jung, (…) und ihr habt eine alte Frau aus mir gemacht«,[8] sie nimmt Abschied von ihrer Familie, voller Begeisterung und mit der Gewißheit, den kleinen Marktflecken, in dem sie geboren wurde, für immer zu verlassen, »wie sie annahm«, fügt der Autor hinzu und deutet damit an, daß es ein Fehlstart ist. Der Tschechowsche Held ist ein Wesen, das aufsteht, um in die Freiheit zu ziehen, aber unweigerlich stolpert und fällt. Die Rebellen sind dazu verdammt, genauso zermahlen zu werden wie alle anderen. Zweifellos meinte Sartre genau das, als er die Bourgeoisie mit der Passivität, ja Klebrigkeit des Seins verglich, oder Paul Nizan, wenn er diese Klasse als »die Welt der verfehlten Leben« beschrieb, die ganz und gar »todgeweiht« sei (*Antoine Bloyé*, 1933).

Krieg – warum nicht? Das wäre doch lustig!

Auf diese allgemeine Verflachung der Ideale und der Verhaltensweisen antworten das 19. und das 20. Jahrhundert mit dem Traum von einer ungeheuren Katastrophe – Revolution oder Krieg –, die den eintönigen Lauf der Zeit unterbrechen soll. »Lieber Barbarei als Langeweile«, dieser Schlachtruf eines Théophile Gautier im Jahr 1850 wird ein ganzes Zeitalter der Erbitterung und der Abscheu erhellen. Da das Leben unter dem tristen Himmel der bürgerlichen Ordnung eine stinkende Lethargie verströmt, muß man ihm die Räubermoral des Aristokraten oder die Freiheit des Wilden, der stolz ist auf seinen Körper und seine Begierden, vorziehen. So wird der Krieg, die allgemeine, verheerende Feuersbrunst, vielen als das Ereignis erscheinen, das diese Reize des Neuen, des Sensationellen hat, vor allem nach der langen Periode des Friedens, die Europa vor 1914 durchlaufen hat. Ihres eintönigen, ruhigen Daseins überdrüssig, spielen die europäischen Nationen bereits mit der Vorstellung von einer vergnüglichen Apokalypse, bevor sie sie wirklich in die Tat umsetzen.

So formuliert es ein junger Denker im Jahr 1913: »Krieg? Warum nicht? Das wäre doch lustig!«[9] Nicht nur unterhaltsam ist der Krieg, für viele bedeutet er auch die schönste aller Synthesen, die Vereinigung der Kraft des Barbaren mit der Tapferkeit des Ritters. Der Soziologe Werner Sombart vergleicht 1915 den Krämergeist der Engländer und das Heldentum der Deutschen, der Nachkommen der wackeren teutonischen Ritter. Allen voran dankt Adolf Hitler 1914 Gott auf Knien dafür, daß der Krieg ausgebrochen ist, denn er sieht in ihm die natürliche Heimat des Menschen, die göttliche Prüfung, durch welche die Schützengräben in ein »Kloster mit flammenden Mauern« verwandelt werden.

> [A]ls jungen Wildfang hatte mich in meinen ausgelassenen Jahren nichts so sehr betrübt, als gerade in einer Zeit geboren zu sein, die ersichtlich ihre Ruhmestempel nur mehr Krämern oder Staatsbeamten errichten würde. Die Wogen der geschichtlichen Ereignisse schienen sich schon so gelegt zu haben, daß wirklich nur dem »friedlichen Wettbewerb der Völker«, das heißt also einer geruhsamen gegenseitigen Begaunerung unter Ausschaltung gewaltsamer Methoden der Abwehr, die Zukunft zu gehören schien. [Und als 1914 der Erste Weltkrieg ausbrach, kamen] mir selber (…) die damaligen Stunden wie eine Erlösung aus den ärgerlichen Empfindungen der Jugend vor. Ich schäme mich auch heute nicht, es zu sagen, daß ich, überwältigt von stürmischer Begeisterung, in die Knie gesunken war und dem Himmel aus übervollem Herzen dankte, daß er mir das Glück geschenkt, in dieser Zeit leben zu dürfen![10]

Der Vulgarität des Nietzscheschen »letzten Menschen«, der ausschließlich seinen kleinen Freuden nachhängt, hielt das gesamte 20. Jahrhundert, von Colonel Lawrence über die Futuristen und die Freikorps bis hin zu den Roten Brigaden, die Romantik jener vulkanischen Seelen entgegen, die ungeduldig darauf warten, sich in die »Stahlgewitter« (Ernst Jünger) zu stürzen und »diesen Kulturplunder«[11] mit Füßen zu treten. Man muß »nicht ein Brei, sondern ein Block« sein, wie es die Theoretiker des Nationalsozialismus[12] formulierten, man muß die »Kameradschaft der Maschine« pflegen, die unsere Seelen und Herzen stählen wird. Und wir wissen ja auch, wie sehr die Intellektuellen des 20. Jahrhunderts, allesamt bürgerlicher Herkunft, von Gewalt und Brutalität fasziniert waren; wir kennen ihre Vorliebe für »Grenzsituationen« (Jaspers), ihre Neigung zu einer Politik der schlimmsten Lösungen, die sich als Sorge um Gerechtigkeit tarnt. »Ich will nur in Extremen leben. (…) Alles Mittelmäßige macht mich rasend«, verkündet Drieu La Rochelle 1935, während er gerade begeistert aus Nürnberg und Dachau zurückkehrt. Neun Jahre später, 1944, vermerkt er in seinem Tagebuch seine Bewunderung für Stalin, den neuen Herrscher der Welt, der stärker sei als Hitler.

Das Verbrechen der Bourgeoisie? Sie stellt Sicherheit über den Mut, das Überleben im Mittelmaß über den ruhmreichen Tod in einem erlösenden Blutbad. Das bürgerliche Glück ist in doppelter Hinsicht verachtenswert: In den Augen der Gläubigen verherrlicht es einen Materialismus, der das Seelenheil vernachlässigt; in den Augen der Revolutionäre rechtfertigt es den Sieg des furchtsamen kleinen Mannes, der es nicht wagt, sein Leben aufs Spiel zu setzen. Ja, man will lieber Terrorist oder Verbrecher sein als ein kleiner Beamter oder Aktionär! Und man will lieber Mao oder Pol Pot, Castro oder Miloševic als dieses ekelhafte bürgerliche Regime. Sogar Auschwitz ziehen manche Leute dem kybernetischen Alptraum unserer Gesellschaften vor![13]

Aber Gott sei Dank müssen wir nicht zwischen Hölle und Trivialität wählen. Der Krieg ist bekanntlich in Europa kein Kassenschlager mehr. Unsere Armeen haben – zumindest für sich selbst – das Losungswort »Keine Toten!« ausgegeben, und das vergangene Jahrhundert hat uns, wenn auch vielleicht nur vorläufig, gegen Massenschlächtereien immun gemacht. (wenn freilich auch nicht gegen die Gewalt, die um so brutaler wiederaufersteht). Was den Krieg »entwertet« hat, ist seine beispiellose Verbindung von Schrecken und Langeweile. Man führt ihn, um die Monotonie zu besiegen, doch er erneuert sie in nie dagewesenem Maße. Und unsere Zeitgenossen, die ihr Leben für wichtiger halten als alle übergeordneten Interessen, wollen zu Recht weder Routine noch Gemetzel mehr und sind gegen die Poesie des Abgrunds gleichgültig geworden. Doch vor allem hat sich in der westlichen Welt seit den sechziger Jahren etwas Wesentliches getan: die Lockerung der Sitten. Heute sucht man in den Freuden der Liebe oder in Drogen eben jene Intensität, die andere in riskanten kriegerischen Unternehmungen gesucht hatten. Was allerdings ein neues Phänomen zeitigt, daß nämlich dem Genuß seinerseits bald der Charme des Wiedergekäuten anhaftet (das zeitgemäße große Abenteuer spielt sich mittlerweile im Innern ab, erforscht werden nun die Räume des Verborgenen). Mit anderen Worten, wir haben *das Recht erworben, anders zu leben,* wir unterstehen nicht mehr dem Zwang des einheitlichen Modells. Erschüttert von einer ganzen Protestbewegung, mußte die Bourgeoisie sich in Frage stellen und akzeptieren, daß sie nicht der Menschheit höchste Blüte ist, das anerkannte Vorbild zivilisierten Lebens. Die verrückten zwanziger Jahre, die Revolutionen der Kunst, die Emanzipationsbewegungen der Nachkriegszeit, der Durchbruch von Jazz und Rock 'n' Roll haben ihre schreckliche Macht über die Gesellschaft gelockert.

Die gleiche Moral des Zweifels, mit der sie selbst den Erhabenheitsanspruch der Aristokratie untergraben hatte, hat sich schließlich gegen sie gewendet und sie gezwungen, sich zu öffnen, sich mit den Augen eines anderen zu sehen. Einst »in Schicklichkeit mariniert«, ist der neue Bourgeois, von jeglicher Treuepflicht gegenüber der Gemeinschaft entbunden, ein korrekter Mensch bei Tage und ein »Lebemann bei Nacht« (Daniel Bell); er verbindet in seinem Leben eine neoliberale Ethik mit Genußsucht, die er aus den sechziger Jahren ererbt hat.[14] Doch vor allem ist er zum Menschen des schlechten Gewissens geworden, zu einem, der das Milieu, aus dem er hervorgegangen ist, teilweise oder im Ganzen erbricht. (So bezeugt beispielsweise das gesamte Werk des französischen Soziologen Pierre Bourdieu diesen Selbsthaß des Kleinbürgertums, der es veranlaßt, einerseits die eigene Herkunft mit Füßen zu treten, andererseits gegenüber den »Herren der Welt« eine ehrfürchtige Ablehnung, eine respektvolle Feindseligkeit an den Tag zu legen.)

Woran erkennt man einen Bourgeois? Daran, daß er pausenlos über die Bourgeoisie herzieht, über ihre widerwärtige Ehrbarkeit, ihre gräßliche Heuchelei. So daß die Selbstverleugnung zum Wesenszug des Bourgeois geworden ist: Da er einer Klasse angehört, die ihre Existenz immer wieder neu legitimieren muß, aber die Prinzipien, die sie selbst verkündet, unablässig mit Füßen tritt, lebt er zwangsläufig in einem Zwiespalt, ist er empört über sich selbst und muß seinen Gegenspielern »teilweise Recht geben« (François Furet). Deshalb sind wir so schockiert, wenn die europäischen und amerikanischen Konservativen in die Kreuzrittermentalität ihrer Vorfahren zurückfallen und von neuem unsere Sitten und unser Privatleben reglementieren und allen die gleiche Lebensweise aufzwingen wollen. Wie absurd ist es in diesem Zusammenhang, eine Form der Lebenspartnerschaft wie den Pacs[15] oder eine denkbare Homosexuellenehe mit Adoptionsrecht als den beginnenden Zerfall der Familie zu betrachten! Genau das Gegenteil trifft zu: Die familiäre Ordnung siegt bei allen, welcher Überzeugung sie auch anhängen mögen, und man sieht nicht, welches Argument, sei es anthropologischer oder sonstiger Natur, man dem entgegenhalten könnte. Es sei am Rande bemerkt, daß, was man einst als die bourgeoise Borniertheit bezeichnete – die Wonne des guten Gewissens, die starke Ich-Bezogenheit –, wenn sie auch nach wie vor in der Bourgeoisie grassiert, sich mittlerweile längst auf ihre Gegner ausgebreitet und heute alle sozialen Gruppen und Kategorien, alle ethnischen oder sexuellen Minderheiten erfaßt hat, die sich mit grenzenloser Selbstsicherheit zur Schau stellen. Man betet seine Identität herunter, nur um die anderen zu beeindrucken; man präsentiert sie mit allem Tamtam, aus Furcht, ohne sie nicht zu existieren. Als sei sie für viele dieser Gruppen ein Sonderrecht, das ihre Andersartigkeit entschuldigt und sie sowohl vor der Enttäuschung bewahrt, in Frage gestellt zu werden, als auch vor der Notwendigkeit, sich selbst kritisch zu betrachten. Der Konformismus des Nonkonformismus taugt genausoviel wie der gewöhnliche Konformismus, und die Disziplin der Außenseiter steht der der »Normalen« in nichts nach, schon gar nicht, wenn sie sich als Rebellion präsentiert.[16] Heute bezeichnet sich ein Monsieur Prudhomme, der französische Biedermann mit den sentenziösen Weisheiten, als Künstler und spielt den Subversiven, den großen Widerstandskämpfer (gegen das Kapital, die moralische Ordnung, den Rassismus, den Faschismus, die Zensur etc.). Weshalb das Besondere an den vehementen antibürgerlichen Vorwürfen ist, daß sie beharrlich am Gegenstand ihrer Abscheu festhalten. Sie wettern nicht, um zu töten, sondern um zu bewahren.

Ein bitterer Triumph

Denn durch eine boshafte oder auch verfluchte Ironie, ganz wie man möchte, hat die Bourgeoisie nicht nur ihren angekündigten Untergang überlebt, sondern ist sogar so prächtig gediehen, daß sie zur neuen universellen Klasse geworden ist, auf halber Strecke zwischen den sehr Reichen und den sehr Armen, während das Proletariat, das messianische Subjekt von einst, zahlenmäßig immer mehr schrumpft zugunsten einer eher fragwürdigen Arbeitnehmerschaft. Kurz, der Bourgeois hat keinen Gegenspieler mehr, und sogar seine erbittertsten Verleumder, wie etwa der Künstler, sind nur noch seine mehr oder weniger malerischen Varianten. Da die Bourgeoisie sich die Lebensweisen, die sie einst attackierten, zu eigen gemacht hat, gibt es zwar immer noch Klassenunterschiede, aber sie spielen sich innerhalb eines gleichen Ganzen, einer geschlossenen Sphäre ab – weshalb sie nicht weniger unbarmherzig sind. Und diese dominierende Masse wiederum grenzt sich von allen Ausgeschlossenen ab, die an ihren Rändern ein unruhiges, aufsässiges Aggregat bilden, daß sich um so verbitterter gibt, als es im Augenblick von keiner Idee beseelt ist. Und wenn es schon kein Entrinnen vor der riesigen Krake der Mittelschichten gibt, so bleibt uns nur noch, sie zu verachten, das heißt uns selbst zu verachten, uns unablässig zu geißeln. Die einstmals politischen Vorwürfe gegen die Bourgeoisie sind mit der Zeit zu kulturellen oder gar metaphysischen geworden.

Daß wir alle auf die eine oder andere Weise bürgerlich sind, beweist unser religiöses Verhältnis zur Ökonomie, die wir auf den Rang von etwas Hochgeistigem erhoben haben. Der Ökonomie kommt heute die Rolle des Absoluten zu, nach ihren Kriterien bemessen wir unsere Zufriedenheit oder unsere Besorgnis, kurz, sie dient uns nicht mehr, sie ist unser Schicksal. Daraus ergibt sich, daß wir heutigen Menschen Komfort, Wohlbefinden und Glück miteinander verwechseln und das Geld abgöttisch verehren. Wir sind alle zu Protestanten im Sinne Max Webers geworden, wir glauben alle an die Tugenden des Geldes und an das Geld als Tugend per se (das heißt, genauer gesagt handelt es sich um eine puritanische Variante des Protestantismus, die ihren Ursprung in Amerika hat und sich von dort aus auf der ganzen Welt verbreitet hat). Vielleicht liegt die Schwäche der utilitaristischen Doktrinen darin, daß sie ein Höchstes Gutes postulieren, nach dem alle streben müßten, und für möglich halten, daß alle guten Absichten sich darauf verständigen. Ihnen kommt das Verdienst zu, eine fortschrittliche Politik zu fördern, die die Errungenschaften des Wohlfahrtsstaats verteidigt; doch sie schlagen in Zwang um, sobald sie dessen Inhalte nach freiem Ermessen definieren, bereit, jeden auszuschließen, der gegen die Regeln verstößt: zum Beispiel, wenn sie notorische Raucher bestrafen, mit der Begründung, ein Mensch, der seiner Gesundheit schade, könne nicht glücklich sein, oder wenn sie ernstlich befürchten, daß die »Geschwindigkeitsbegrenzung auf 55 Meilen pro Stunde« unser persönliches Glücksgefühl beeinträchtigen könnte.[17] Keine dieser Fragen sollte man mit Verachtung abtun, im Gegenteil, und es wird ein regelrechter politischer und moralischer Umsturz nötig sein, um auch der Plebs das Recht auf Wohlstand und Komfort zu erschließen. Erinnern wir uns, daß die Reaktionäre des 19. Jahrhunderts es als unerläßlich für den sozialen Frieden erachteten, das Volk in Angst und Armut zu halten. Doch wenn die Regierungen auch optimale Bedingungen schaffen und alle möglichen Ziele fördern mögen, die in sich gut sind (Gesundheit, Wohnungsbau, Bildung, Sicherheit), so haben sie doch kein Recht, darüber zu entscheiden, wie ein glückliches Leben auszusehen hat. Die Menschen sollten sich über die Übel einig sein, die sie vermeiden wollen, doch sie können sich, zumindest in einer Demokratie, nicht auf das höchste Wohlbefinden einigen. Es sollte dem Ermessen jedes einzelnen überlassen bleiben, es dort anzusiedeln, wo er möchte.

Man kann endlos darüber debattieren, staunend die tausend möglichen Wege zur Glückseligkeit betrachten, darin die Zustimmung des anderen erheischen, aber man kann nichts davon erzwingen oder verfügen. Mit anderen Worten, *es gibt eine Politik des Wohlstands, doch keine Politik des Glücks.* Wenn Armut unglücklich macht, so ist Wohlstand keineswegs ein Garant für Euphorie und Freude. Darum ist es so fragwürdig, das Recht auf Glück in eine Verfassung aufzunehmen: Entweder löst man es in Myriaden individueller Rechte auf, die am Gemeinwohl vorbeigehen, oder man überläßt einer Oligarchie oder dem Staat die Sorge, das Erstrebenswerte festzulegen, auf die Gefahr hin, daß man in absoluten Autoritarismus verfällt.

Villiers de L'Isle-Adam ersann eine Apparatur, mit der man die letzten Seufzer eines lieben Menschen festhalten könnte. Reich konstruierte eine Maschine, die die »Orgonenergie« sammeln sollte. Wetten, daß in diesem Augenblick eine Gruppe von Wissenschaftlern dabei ist, ein »Hedonometer« zur Ermittlung des GBSP (Glücksbruttosozialprodukt)[18], der Quote der Glückseligkeit in einer gegebenen Bevölkerung, zu erfinden, so wie man die Luftfeuchtigkeit mißt. Wie sinnvoll diese Rechnung auch immer sein mag, man kann mit Sicherheit davon ausgehen, daß diese Zahlen wenig mit dem »Glück« zu tun haben, denn das fällt nicht in den Bereich von Statistiken oder zu befriedigenden Bedürfnissen.

Schließlich nimmt seit 1989 der Haß auf den Kapitalismus nicht etwa ab, sondern verstärkt sich eher noch, denn mangels Alternativen lastet sein Regime mittlerweile schwer auf den Geschicken der Welt. Man billigt dem Kapitalismus keine einzige Wohltat zu und kreidet ihm dagegen jegliches Unheil an. Um so mehr, als er zwar über den Kommunismus gesiegt hat, aber an sich selbst gescheitert ist, gescheitert an den Versprechen, mit denen seine Theoretiker uns überschütten und zugleich ganze Erdteile in Mittellosigkeit und Armut zurücklassen. Die einzige Möglichkeit, ihn zu »töten«, wäre, ihn so massenhaft und konsequent zu übernehmen, bis er an seinen eigenen Widersprüchen zugrunde geht. Doch da er vor allem von seinen Kritikern lebt, wird seine Energie stetig erneuert, sie sind so etwas wie seine Versicherung auf Wiedergeburt. Er ist ein ständig im Wandel begriffener Organismus, der immer neue, unerwartete Formen annimmt. Durch eine eigenartige Verzerrung wollen die, die ihn geißeln, ihn immer nur auf seinem eigenen Terrain schlagen oder ihn übertrumpfen. Sie halten sich für seine Gegner, dabei sind sie lediglich seine Makler; sie glauben, sie könnten ihn überwinden, und machen ihn doch nur noch perfekter. So läßt sich auch die betörende Seite des antikapitalistischen (oder antiliberalen) Diskurses erklären, der zugleich etwas von einem Bannfluch und einem Service hat. Denn indem er die Schwächen des Systems betont, kann dieses sich erneuern, ohne zu zerbrechen.

Der antibürgerliche Widerwille geht goldenen Zeiten entgegen: Mit dieser rhetorischen Figur schreit die gesamte Moderne ihren Selbsthaß heraus, leugnet sie ihr Scheitern und ihre scheußlichen Seiten und vergrößert die Abneigung gegen sich selbst. Denn sie mag sich nicht, die Moderne (selbst wenn sie sich als Postmoderne verkleidet). Sie hat die Hoffnungen der Menschen so hoch gehängt, daß sie sie zwangsläufig enttäuschen muß. Die Religionen rächen sich zähneknirschend: Sie sind vielleicht nicht auf der Höhe der Zeit, doch das, was auf sie folgt, ist auch nicht viel besser. Ich weiß nicht, ob wir, wie manch einer behauptet, die Entstehung einer länderübergreifenden »Hyperklasse« (Jacques Attali) befürchten müssen, die über den Kapitalfluß und das Wissen herrschen und eine Art weltweite Apartheid einführen wird. Vielleicht aber sollten wir, gerade in Anbetracht der jüngsten Vergangenheit, jene Teile der Bourgeoisie fürchten, die aus Frust und Selbsthaß genau wie im 20. Jahrhundert bereit sind, sich mit dem Mob zu verbünden und sich erneut in ein totalitäres Abenteuer zu stürzen, nun selbstverständlich im Namen der sozialen Gerechtigkeit, der Verdammten dieser Erde, der Rasse, der Zivilisation oder unter irgendeinem anderen Deckmantel. Mißtrauen wir diesen Eliten, die sich langweilen, die ihr kleines Leben verdammen und gierig nach Apokalypse und Chaos schielen.

Der schale Geschmack erhörter Gebete

Die verlorenen Illusionen – seit der Romantik hält man sie den Blütenträumen der Jugend entgegen. Danach wäre unser Dasein ein schicksalhafter Bogen von der Hoffnung zur Ernüchterung, ein Unternehmen von beständiger Ungewißheit. Diesem Klischee der zerstörten Träume könnte man allerdings ein anderes Modell entgegenhalten: die freudige Überraschung, die wiedergefundenen Illusionen. Denn die Welt der Träume ist, allen Behauptungen zum Trotz, arm und kleinlich, während die Wirklichkeit, sobald wir beginnen, sie zu erforschen, uns mit ihrem Überfluß und ihrer Vielfalt überschüttet. »Ich nenne Trunkenheit des Geistes«, sagte Ruysbroek, ein flämischer Mystiker der Renaissance, »jenen Zustand, in dem der Genuß die Möglichkeiten übertrifft, die das Begehren geschaut hatte.« Dem Prinzip der Anteriorität, welches das Leben nach einem vorherigen Programm beurteilt, muß man das Prinzip der Exteriorität entgegensetzen: Die Welt übersteigt meine Vorstellungen oder meine Erwartungen unendlich, und ich muß diese Erwartungen abschreiben, damit ich anfangen kann, die Welt zu lieben. Nicht sie ist enttäuschend, es sind die Trugbilder, die unseren Geist einengen. Der schale Geschmack der erhörten Gebete: Es liegt etwas sehr Tiefes in dieser Weisheit, die uns davor warnt, zu finden, was wir suchen. »Schütze mich vor dem, was ich will«, behüte mich davor, im Goldenen Zeitalter zu leben, im Garten der erfüllten Wünsche.

Es gibt nichts Traurigeres als die Zukunft, wenn sie unseren Vorstellungen entspricht: Wir sind enttäuscht, wenn unsere Wünsche sich mit dem decken, was wir erleben, während wir es als aufregend empfinden, wenn unsere Erwartungen durch unvorhergesehene Zwischenfälle durchkreuzt werden. (Auch die Literatur über das Glück ist meist ernüchternd: Entweder wurde die Hoffnung verraten, oder, und das ist viel verwirrender, sie wurde erfüllt und das Verlangen gestillt, das heißt getötet.) Nicht so sehr aus einem verwirklichten Plan geht die Erfüllung hervor, viel eher aus einer plötzlichen Wendung, die er nimmt. Ist Ausgewogenheit immer auch langweilig, so erlebt der Mensch hingegen ein Überströmen an Freude, sobald das Wunder Wirklichkeit über die Phantasie hinausgeht: »Ich sollte mich zwischen dem Klöppel und der Glocke entscheiden, aber was ich vor allem empfangen habe, das ist der Ton.« (Victor Segalen) Jedes mitreißende Leben beinhaltet zugleich Erfüllung und Scheitern, oder anders gesagt, eine wunderbare Enttäuschung, wenn eintritt, wonach man nicht gestrebt hatte, und man für alles empfänglich wird, was das Dasein reich, leidenschaftlich, berauschend macht. Der Zusammenbruch einer Illusion ist immer auch ein Tor, das sich zu einem Wunder hin öffnet.

Mit noch anderen Worten, wir pendeln vermutlich dauernd zwischen zwei Grundhaltungen: Mal sind wir der Staatsanwalt, der das Leben verurteilt, weil er es an einer Utopie oder einer vorgefaßten Idee mißt (dem Paradies, der strahlenden Zukunft, dem Glück); und mal sind wir der Verteidiger, der das Leben um jeden Preis, mit all seinen Enttäuschungen und Schönheiten feiert, ob es ihn nun grausam straft oder sanft streichelt. Und wenn der Kläger in uns schreit: »Ich wurde reingelegt«, so antwortet der Verteidiger: »Ich bin sehr glücklich gewesen.«

1 Hermann Hesse, *Der Steppenwolf*, Frankfurt 1982, S. 31.

2 *Die Geächteten*, Reinbek bei Hamburg 1986, S. 213.

3 George Steiner hat Hannah Arendts Hypothese in seinem Buch *In Bluebeard's Castle* (*In Blaubarts Burg*, Wien/Zürich 1991), wieder aufgenommen und vertieft.

4 Anm. d. Ü.: Der Autor geht hier von der französischen Übersetzung aus, nicht vom russischen Original. Zwei deutsche Versionen übersetzen den Begriff mit »Kanzleigesindel« bzw. »Schreibergesindel«.

5 Nicolai Gogol, *Aufzeichnungen eines Wahnsinnigen*, in: *Petersburger Erzählungen*.

6 Vgl. Jean Borie, Vorwort zu: *La Curée* (dt.: *Die Beute*) von Emile Zola, Paris (Folio Gallimard), ebenso Gilles Deleuze, »Zola et la fêlure«, in: *Logique du sens*, Paris 1975 (dt.: Logik des Sinns, Frankfurt 1993).

7 Wladimir Troubetzkoi, Vorwort zu Tschechows *La Fiancée* (dt.: *Die Braut*), Paris (Garnier-Flammarion), S. 11.

8 Anton Tschechow, *Die Braut*, in: *Die Dame mit dem Hündchen*, Zürich 1989, dt. von A. Knipper, H. von Schulz, G. Dick.

9 Zitiert von Julien Benda in: *La Trahison des clercs*, Paris, S. 211 (dt.: *Der Verrat der Intellektuellen*, Frankfurt 1983).

10 Adolf Hitler, *Mein Kampf*, Bd. 1: *Eine Abrechnung*, München 1940, S. 172 ff..

11 Hannah Arendt, *Elemente und Ursprünge totaler Herrschaft*, München 1991, S. 530.

12 Gemeint sind Alfred Hugenberg (1928) und Kurt Schuderer (1940). Zitiert nach Peter Sloterdijk, *Kritik der zynischen Vernunft*, Frankfurt 1993, S. 805–806.

13 »Und welche Lyrik liegt selbst noch in den Massakern von Auschwitz, wenn man sie mit den eiskalten Händen der allgemeinen Manipulation vergleicht, die die technokratische Organisation der Kybernetiker der zukünftigen und so nahen Gesellschaft hinhalten.« (Raoul Vaneigem, *Traité de savoir-vivre*, op. cit., S. 21; dt.: *Handbuch der Lebenskunst für die junge Generation*, Hamburg 1977.)

14 Wie Mark Lilla es so glänzend beschrieben hat in einem Beitrag in *Esprit* (Oktober 1998): »La double révolution libérale: Sixties et Reagonomics«.

15 Anm. d. Ü.: Pacte Civil de Solidarité et de Concubinage, eine von Geschlecht und sexueller Orientierung unabhängige, eingetragene Lebenspartnerschaft, im November 1999 in Frankreich als Gesetz verabschiedet.

16 Nach Lucien Sfez behaupteten 1995 48 % der Literaturstudenten in Stanford (Kalifornien) von sich, sie seien homosexuell, eine Zahl, die der Realität wohl kaum entspricht. Der Autor sieht drei Gründe für dieses Phänomen: Es ist schick, sich als schwul zu bezeichnen, weit entfernt vom brutalen Bild des Heterosexuellen; die Schwulen werden als Minderheit geschützt; und schließlich können sie nicht der sexuellen Belästigung bezichtigt werden. *La Santé parfaite*, op. cit., S. 65.

17 Charles Murray, *Pursuit of Happiness and Good Government*, New York 1988, S. 186.

18 Nach dem Begriff, den der Club of Rome als Gegenstück zum Bruttosozialprodukt entwickelt hat.

Achtes Kapitel

Des einen Glück ist des andern Kitsch

Ein bodenloser Abgrund

In dem Prozeß, der der demokratischen Kultur seit der Französischen Revolution gemacht wird, taucht ein Begriff immer wieder auf: die Vulgarität. Denn dieses neue Phänomen wird in dem Augenblick geboren, da das Volk zumindest nominell vom Untertanen zum Hauptakteur des politischen Lebens wird. Die Vulgarität verbreitet sich mit der sozialen Mobilität, die in die Vermischung der Klassen mündet, die den Adeligen und den Nichtadeligen, den Städter und den Bauern, den Proletarier und den Unternehmer Seite an Seite stellt; sie bringt den schrecklichen Mißklang hervor, der aus der Verschmelzung verschiedener Milieus und getrennter Kasten entsteht. Das Vulgäre erfaßt unsere Welt, als die aristokratischen Tugenden auf der einen und die Naivität eines Volkes in den Kinderschuhen auf der anderen Seite in diesem Zufallsprodukt Mittelschicht verschwinden, die sich in gleicher Entfernung zu den beiden Extremen hält und sich als Bürge für Maß und Institution versteht, nach einem Schema, das bereits Aristoteles, dieser Philosoph der greifbaren Alltagswelt des Menschen, entwickelt hatte.[1] Doch sie ist auch ein Forum, ein Bereich der Legierungen, in dem sich die vorher gültigen Kategorien verwischen. Nicht alles Mittlere ist zwangsläufig auch mediokér: es bedeutet auch *Vermittlung*, es ist ein Knotenpunkt, an dem ein Austausch stattfindet. Und die Mittelschicht definiert sich dreifach in Nivellierung, Gleichgewicht und Durchlässigkeit.

Daß das Volk von Natur aus ungehobelt ist, ist nichts Neues. Bevor es in der sozialistischen Glaubenslehre zum Synonym für den Märtyrer oder den Rebellen wurde, stand es zunächst für einen primitiven Bewußtseinszustand. Platon verglich es in seinem *Staat* mit einem »riesigen Tier«, das man in Fellrichtung streicheln muß, um es für sich einzunehmen. Ein unwissendes und dummes Tier, das in der Führung eines Staates die gleiche Rolle spielt wie ein schwerhöriger und kurzsichtiger Schiffskapitän in der Seefahrt. Unter dem Ancien Régime lebten zwei Arten von Menschen nebeneinander her, ohne sich zu vermischen; undurchlässige Barrieren trennten das gemeine Volk von der übrigen Gesellschaft. Alles änderte sich mit dem Untergang der feudalen Welt. Doch das Volk, obwohl nun grundsätzlich zum Souverän aufgestiegen, wird wegen seines Geschmacks immer noch beargwöhnt. So erklärt ein Immanuel Kant, der savoyardische Bauer sei zu plump, um die Schönheit der Gletscher und der Gipfel wahrzunehmen, sie bedeuteten ihm nur Gefahr und Not. Der Nichtadelige, der Leibeigene, der Bauer, von dem man im Mittelalter sagte, die Seele käme ihm zum Hintern heraus, all jene, deren Tod man in den Heldenepen belachte, sind wohl zu den Hauptpersonen des städtischen Lebens avanciert, sie bleiben jedoch von Natur aus unempfänglich für das Erhabene. Wenn sie sich da einmischen und ihre Meinung kundtun wollten, käme nur dummes Zeug heraus.

Die Vulgarität ist nicht die Ungeschicklichkeit des Bauernlümmels, des klassischen Spottobjekts des Adels, sie beginnt vielmehr mit dem Bürger als Edelmann, der den Aristokraten nachahmt und ihm doch niemals gleich sein wird; und sie markiert vor allem eine entscheidende Etappe: den Einbruch der Massen in Umgangsformen und Sitten, anders gesagt, den Aufstieg des Untergebenen zum Rang des Vorgesetzten. Das ist eine Folge der Gleichheit und Symptom einer Zeit, die es sich zum Ziel gesetzt hatte, die Hierarchien aufzubrechen, den Adel der Geburt durch den des Verdienstes zu ersetzen und allen die gleiche Chance zu geben. Die Werte sind verflacht, die Distinktionsmerkmale verwischt: Die Dame von Welt kann sich als Dirne, der höchste Würdenträger als gewöhnlicher Abenteurer entpuppen. »Die Vulgarität«, um eine Bemerkung Zolas über das Zweite Kaiserreich aufzugreifen, »ist die Orgie, die Vermischung der Gattungen. Sie ist die Gier nach den leichten Freuden, die Verschmelzung von Orden und Privilegien, die universelle Berührung, das Gedränge der Gelüste und Ambitionen; und sie ist schließlich der Triumph des Parvenüs (und in seinem Gefolge des Parias), des ungebildeten Millionärs, der eilig ein paar Grundregeln der Höflichkeit und Kultur erlernt, um damit einen schamhaften Schleier über seine Herkunft zu werfen.«[2]

Die Strategien des Usurpators

Die Vulgarität ist eine Perversion der Anpassung, eine Krankheit der Legitimation: Sie besteht darin, immer das zu simulieren, was man nicht ist. Anstatt geduldig in die Lehre zu gehen, begibt sich der Vulgäre auf den Platz dessen, den er imitiert, er will ihm gleich sein oder ihn sogar entthronen. Die Vulgarität vollzieht die Geschichte der Bourgeoisie noch einmal nach, wie ein Schatten, und stellt deren schönste Errungenschaften in Zweifel: Diese Klasse verrät nicht nur ihre historische Mission, indem sie einen neuen dritten Stand unter sich schafft, sie verneigt sich noch dazu vor denen, die sie besiegt hat, indem sie Lebensweisen und Manieren von ihnen übernimmt. Der Bourgeois ist vom Adel fasziniert, weil dieser den großen Stil hat, der ihm selbst immer fehlen wird; er ahmt die Manieren des Adels mit einem ans Groteske grenzenden Eifer nach, denn er hofft, dadurch einem Dasein Tradition zu verleihen, das ihrer entbehrt.[3] Der Nachahmende glaubt, er fängt das Wesen ein, dabei kommt er über den äußeren Anschein nicht hinaus und versandet in der Parodie. Er kombiniert in verworrener Weise Zeichen miteinander, die er nicht beherrscht, und gliedert sich durch Imitation der Kaste an, die er so heftig begehrt. Übertreibung statt Schlichtheit und plärrende Zurschaustellung statt Vornehmheit verraten den Nichtadeligen, der sich anpassen möchte.

Deshalb ist die Vulgarität auch ans Geld gebunden, das heißt an die Versuchung, sich die Eleganz, die Klasse und das Ansehen, die einem nicht in die Wiege gelegt wurden, zu erkaufen. Sinnbild: der *Neureiche*. Bei seinem Versuch, die Grammatik des Besitzens in die Sprache des Seins umzuwandeln, trägt er zu dick auf und verrät seine Wurzeln genau in dem Augenblick, da er sie vergessen möchte. Was er auch sagt oder tut, es fehlt ihm die Nonchalance, die Angemessenheit, die Gewandtheit der Wohlgeborenen. In seinen allzu gut geschnittenen Kleidern, seinen gespielt zwanglosen Äußerungen wirkt er immer wie im Sonntagsstaat. Und seine pathetischen Anstrengungen werfen ihn in die Finsternis zurück, aus der er so gerne auftauchen möchte. Der Emporkömmling bezahlt Lehrgeld für die Erkenntnis, daß man nicht vornehm ist, weil man reich ist, und daß man nicht zu den Reichen gehört, weil man Geld hat: Man ist schlicht ein Individuum, das es geschafft hat und es nun nicht erwarten kann, von den Höhergestellten anerkannt zu werden. *Die einen haben das Geld, die anderen sind das Geld:* die Erben, edel von Geburt, und die Geschäftigen, denen es immer an Erziehung, Patina und Feinsinn mangeln wird.

Ein Glücksgen?

In den siebziger Jahren versuchte eine Gruppe von Neuropharmakologen, bei einer Untersuchung über die unterschiedlichen Wirkungsweisen von Kokain und Opiaten jene Substanzen zu identifizieren, deren variables Vorkommen im Gehirn bei jedem Menschen die Neigung zur guten Laune und zum Lustempfinden bestimmt.[4] Sie sprachen von einer »hedonistischen Fähigkeit« und beschrieben damit Depression, Frigidität und Anspannung als festumrissene neurologische Zustände. Die Forschung auf diesem Gebiet wurde seitdem unaufhörlich vorangetrieben. Daß jeder von uns eine unterschiedliche Begabung für die Lust, den Streß, den Schmerz, das Altern hat, wird niemand bestreiten. Doch handelt es sich dabei um einen entscheidenden Faktor? Wenn es das Glücksgen, das genauso fiktiv ist wie eine Veranlagung zum Verbrechen, zum Fanatismus oder zur Homosexualität, wirklich gäbe, welche Erleichterung wäre das! Das Leben wäre keine chaotische Geschichte mehr, die wir den Umständen entsprechend schreiben, es wäre festgelegt wie ein Programm: zwar nicht mehr wie einst in das große Buch Gottes eingeschrieben, dafür aber durch die Struktur unserer DNS bestimmt. Wir wären auf einen bestimmten Grad von Zufriedenheit geeicht, gezeichnet von unserem Chromosomengepäck, was immer wir auch tun oder wollen. Es gäbe einerseits die Ängstlichen, die auf ewig ihrem Adrenalinspiegel ausgeliefert wären, andererseits die Einfältig-Glücklichen, deren Gehirn permanent mit Endorphinen und Serotonin überschwemmt würde.

Schluß mit den Problemen, die durch Freiheit und Zufälle in unser Leben treten: genetische Disposition gleich Prädestination.

Nun liegt aber das große Geheimnis des Glücks darin, daß es sich nicht auf die Faktoren reduzieren läßt, die sein Eintreten ermöglichen oder verhindern. Man kann diese Faktoren optimal bündeln, doch das Glück überholt sie alle, es läßt sich weder fassen noch definieren und zerfällt wie der Flügel eines Schmetterlings, sobald man es zu halten glaubt. Doch vor allem hat das Leben immer noch die Struktur eines Versprechens, nicht die eines Programms. Geboren werden bedeutet gewissermaßen, dem Versprechen versprochen sein, einer Zukunft, die pochend vor uns liegt und die wir nicht kennen. Solange die Zukunft das Gesicht des Unvorhersehbaren und des Unbekannten behält, hat dieses Versprechen einen Preis. Und im Wesen der Freiheit liegt es, daß sie das Dasein woanders als dahin führt, wo man es erwartet hatte, daß sie jede biologische und soziologische Programmierung vereitelt. Das Erregende daran, daß man nicht weiß, was morgen sein wird, die Ungewißheit darüber, was uns erwartet, ist der in unsere Zellen eingeschriebenen Regelmäßigkeit der Lust überlegen. In allen denkbaren Fällen gibt es einen Wert, der das Glück unendlich weit überholt, nämlich das Romanhafte, diese wunderbare Fähigkeit des Schicksals, sich bis zum Schluß Überraschungen für uns aufzuheben, uns zu erstaunen, uns aus den Bahnen zu reißen, die wir eingeschlagen hatten. Sollte man einem Glück ohne Geschichte nicht eine Geschichte ohne Glück vorziehen, die dafür voller überraschender Wendungen wäre? Es gibt nichts Schlimmeres als diese ewig und unter allen Umständen gutgelaunten Leute, die sich eine strahlende Fratze vors Gesicht geheftet haben, als seien sie zu lebenslanger Fröhlichkeit verurteilt.

Doch wie könnte man übersehen, daß die Brutalität des Neureichen auch ein Zeichen von Vitalität, eine Triebfeder der Bewegung ist?[5] Das Beunruhigende am Emporkömmling ist weniger seine Unverschämtheit als vielmehr der schleichende Verfall des Sittenkodex, den er bewirkt: Die Vorbilder, die er verehrt, entweiht er zugleich. Nachgeahmt werden heißt enteignet werden, in seiner Legitimität erschüttert, ja beinahe gestürzt werden. In dieser Hinsicht ist das absolute Mekka der Vulgarität für viele Amerika, diese liederliche Tochter Europas, die erfolgreicher war als die Mutter. Bereits Schopenhauer bemerkte im 19. Jahrhundert:

> Der eigentliche Karakter der Nord-Amerikanischen Nation ist Gemeinheit: sie zeigt sich an ihm in allen Formen; als moralische, intellektuelle, aesthetische und gesellige Gemeinheit; und nicht bloß im Privatleben, sondern auch im öffentlichen: sie verläßt den Yankee (Janke) nicht, stelle er sich wie er will. (…) Sie ist es, die ihn so ganz zum diametralen Gegentheil des Engländers macht, der durchweg anstrebt, nobel zu seyn in allem, im Moralischen, Intellektuellen, Aesthetischen und Geselligen; und eben darum ist ihm der Janke halb verhaßt, halb lächerlich. Sie sind die eigentlichen Plebejer der Welt.[6]

Bleibt die Frage, weshalb diese Plebejer die ganze Welt mit ihrer Lebensweise angesteckt haben, warum das amerikanische Beispiel, das zunächst selber Nachahmung war, seinerseits auf den gesamten Erdball abgefärbt hat. Dazu muß man sagen, daß in der Vulgarität, also im Nachäffen, eine gewaltige Energie liegt, eine Arbeit, die häufig etwas ganz Neues entstehen läßt. Sie ist einer der Wege, durch die das Neue zutage tritt. Die Kraft der amerikanischen Vulgarität liegt darin, daß sie, getragen von einem Pioniergeist, alle Brücken zu den Vorbildern abgebrochen hat und durch die maßlosen Nachahmungen der anderen Kulturen etwas Niedagewesenes geschaffen hat, eine neue Zivilisation.

Für einen heilbringenden Kitsch

Einem Gerücht zufolge, das sich seit mindestens anderthalb Jahrhunderten hartnäckig hält, soll die Moderne, ein Gewinn auf der politischen Ebene, im Bereich der Ästhetik eher eine Niederlage bedeuten, die Herrschaft des Kleinen über das Große, des Schäbigen über das Edle, des Unordentlichen über die Harmonie. Der mit unnützen Gegenständen zugeschüttete moderne Mensch habe geistige Anmut gegen billige Unterhaltung eingetauscht. Da keine Klasse oder Elite mehr die Regeln oder Normen festlege, könne die käufliche und medienorientierte niedere Kultur ungehindert jedem ihren Schund, ihre Einseitigkeit und ihre Dummheit aufzwingen. Dieses Urteil ist nicht ganz falsch. Die Trivialität ist durchaus das folgerichtige Symptom einer Gesellschaft, die ausschließlich von sich selbst besessen ist und all ihren kollektiven oder individuellen Ausdrucksformen eine Legitimität zuschreiben will. Sie ist die Kehrseite der Volkssouveränität, sobald diese ihre Kompetenzen überschreitet und ihre Autorität auf Umgangsformen und Künste auszudehnen versucht. Will man also die Demokratie nicht in eine geistige Niederlage münden lassen, muß man das souveräne Volk vor sich selbst schützen, vor seinen Marotten, vor der Vermassung, die es schon allein dadurch erzwingt, daß es so zahlreich ist. Man muß zum Nutzen der Demokratie Werte kultivieren, die traditionell als hemmend für ihre Ausbreitung betrachtet werden: Leidenschaft, Aufruhr, Größe und Kompromißlosigkeit. Um bestehen zu können, braucht sie ihre eigene Antithese, von der sie möglicherweise zerstört, aber auch wiederbelebt werden kann. Deshalb muß man der Demokratie in homöopathischen Dosen aristokratische oder barbarische Werte verabreichen, die ihren Idealen zuwiderlaufen, man muß den »Krieg des Geschmacks« (Philippe Sollers) erklären, man muß wieder Gradationen einführen, Dummheit und Mittelmäßigkeit als solche benennen und Hierarchien für Stil und Talent einfordern.

Ebenso sollte man die Formen der Höflichkeit in einer Kultur des unmittelbaren Kontakts neu erfinden: gegen das allgemeine Duzen, das in gewissen Medien eingeführt wurde und ebenso stilles Einverständnis voraussetzt wie auch herablassende Vertraulichkeit ausdrückt. (Als Simone Veil Ministerin für Gesundheit, Soziales und Stadtpolitik war, siezte sie im Gegensatz zu ihrem Vorgänger Bernard Tapie ihre Gesprächspartner, Jugendliche aus den Vorstädten, und das wurde nicht als Zeichen der Distanz, sondern des Respekts verstanden.) Und auch gegen den von jenseits des Atlantiks herübergekommenen Brauch, Unbekannte bei ihrem Vornamen, nach Möglichkeit sogar bei ihrem Kosenamen anzusprechen. Das Paradoxe ist in diesem Zusammenhang, daß Amerika als Antwort auf den Formalismus der vom alten Europa vererbten Regeln einen *Formalismus der Spontaneität*, der unmittelbaren und überschwenglichen Herzlichkeit erschaffen hat, der einem Fremden wie der Gipfel der Heuchelei vorkommt (vor allem, wenn dieser *niceism*, diese konventionelle Freundlichkeit, anschließend in Gleichgültigkeit umschlägt). Höflichkeit ist ein kleiner politischer Schachzug, ein erlaubter Kunstgriff, um Aggressivität entgegenzuwirken und Konfliktsituationen zu entschärfen, um dem anderen seinen Platz zuzuerkennen, ohne seine Freiheit anzutasten. Es muß dringend wieder eine Kultur des Umgangs etabliert werden, die Achtung und Anpassungsfähigkeit miteinander in Einklang bringt, es müssen einfache Regeln neu geschaffen und – warum nicht – die Liebenswürdigkeit von einst, der Takt, das Fingerspitzengefühl mit eingeschlossen werden. Es gibt noch andere Arten des Zusammenlebens als Steifheit, Kumpelei oder Rüpelhaftigkeit.

Und doch gibt es einen Rausch des Vulgären, des Abgrunds, der uns zugleich anzieht und abstößt. Im Gegensatz zur Mittelmäßigkeit, die nivelliert, und zur Sentimentalität, die beschönigt, will die Vulgarität verletzen, schokkieren, die Mächte des Verborgenen, des Schmutzigen, Niederträchtigen vernehmbar machen. Natürlich gibt es auch einen erotischen Gebrauch der Vulgarität, der den Fluch, der auf dem Fleisch liegt, zu seinen Gunsten umkehrt und mit großem Vergnügen das Hohe durch das Niedrige demütigt, der Phantasie die Zügel überläßt und diese Erniedrigung wollüstig auskostet. Und man weiß, wie betörend die Kombination von guter Erziehung und Zügellosigkeit, engelhafter Fassade und ordinärem Wesen wirken kann, als wäre hinter der Höflichkeit, ja Schüchternheit immer auch ein Kern an Roheit verborgen, in die sie jederzeit umschlagen kann. Genauso gibt es eine eigenständige Ästhetik des Kitschs, die von Clovis Trouille über Almodovar und Deschiens bis zu Jeff Koons (dem Ex-Mann von Cicciolina) reicht, eine ganze plumpe, beißende Kultur, die den schlechten Geschmack gebraucht und mißbraucht, um die offizielle Dummheit mit ihren eigenen Waffen zu schlagen (so zum Beispiel manche Splatter- oder Pornofilme, die auf die Nacktheit, das Blut, den Körper als ein Stück Fleisch setzen, um den Zuschauer außer sich geraten zu lassen). Nicht zu vergessen die Front zur Befreiung der Gartenzwerge, die diese kleinen Gipsgnome, die von ihren unrechtmäßigen Besitzern entführt wurden, in den Wald, ihre natürliche Umgebung, zurückbringt. Schließlich fanden die Romanhelden Bouvard und Pécuchet, um gegen die bürgerliche Dummheit zu kämpfen, kein besseres Mittel, als sie Zeile für Zeile zu kopieren, aus reiner Rache. Das war der Flaubertsche Rausch angesichts der Dummheit, dieser modernen Form des Unendlichen: Um gegen den glücklichen Schwachkopf anzugehen, muß man selbst ein Schwachkopf werden, wenn auch ein unglücklicher.

Dieser Überschuß an heilsamer Vulgarität, die uns von allem Schlamm unserer Gesellschaft reinigen soll, ist allerdings ein explosiver Stoff, der seine Benutzer seinerseits kontaminieren kann. Das Praktizieren schlechten Geschmacks ist ein nicht ungefährliches Priesteramt, und so wie bei Liebenden eine gewisse Brutalität jeden Augenblick in Routine umschlagen, das heißt lächerlich werden kann, ist der Grat sehr schmal zwischen der subversiven und der komplizenhaften Vulgarität, die sich zu eigen macht, was sie eigentlich anfechten sollte. (Und auch die Verfremdung des Druckstocks, wie sie von Warhol oder der Pop-Art praktiziert wurde, ist häufig nur eine andere Art, durch Überzeichnung zu verharmlosen.)

Mit der Vulgarität verhält es sich wie mit allem Schwachsinn: Um dagegen vorgehen zu können, muß man sie zuerst als solche erkennen, sich ihre dunkle Verführungskraft eingestehen, sie nicht auf den anderen abwälzen. Sie bezeichnet auch unsere Faszination für Talmi, Kitsch und alles Protzige, Falsche, das sich so lange als Echtes ausgibt, bis es dieses entstellt hat. (So läßt uns die große Zahl falscher Blondinen daran zweifeln, daß es echte gibt, drängt uns jedoch gleichzeitig dazu, die »echte falsche Blondine« zu suchen.) Die einzige nicht tolerierbare Vulgarität ist die, die sich selbst verkennt, die sich mit dem Fummel der Eleganz und des guten Tons schmückt und mit dem Finger auf die Gewöhnlichkeit der anderen zeigt. Denn unser Alltag ist immer kitschig, immer mit einem Trödel lächerlicher Träume, mit universellen Nippes verbunden. *Darum ist des einen Glück immer auch des anderen Kitsch.* Sobald eine Lebensweise von der Mittelschicht übernommen wird, gibt die Oberschicht sie unverzüglich auf. Vulgarität könnte demnach vernünftig eingesetzt werden, als geistige Hygiene gegen die Obszönität der Welt, als Reinigungsmittel gegen Geschwätz, wenn sie Schablonen bewußt gebraucht, um das Befremdliche, das Staunenswerte an den Dingen neu zu entdecken. Doch sie kann auch eine tödliche Falle sein. Diese »negative Größe« der demokratischen Gesellschaft ist zugleich eine Chance und ein Fluch: Sie garantiert die Offenheit der Formen und Bestimmungen, doch unterstellt sie alles der Herrschaft des Trivialen und der Kopie. Der Kampf gegen die Vulgarität ist aussichtslos: Sie entsteht immer neu in dem Maße, wie man sie angreift, sie zersetzt den, der sich vor ihr sicher wähnt, und sie herrscht um so ungenierter, je mehr man sie verkennt. Man kann sich von ihr nicht loskaufen, sich nicht flüchten in die erhabene Kultur und die schönen Künste, in auserwählte kleine Kreise, in den reinen Ästhetizismus, in den sich die elitären Leidenschaften in unserer Zeit so gern zurückziehen. Alles ist immer schon kompromittiert: Wir sind dazu verdammt, mit der Vulgarität zu leben, sie zu bekämpfen und zu lieben, uns ihrer zu bedienen wie eines Schwertes, das uns schützt und uns tötet. Man muß einen Damm errichten gegen all den Kot, wetterte Flaubert in seiner Wut gegen den Flitter des Zweiten Kaiserreichs. Ein noch immer aktuelles Programm. Vorausgesetzt, wir geben zu, daß dieser Kot uns anzieht und wir bis zum Halse drinstecken.

Ein ganzes, gründlich verfehltes Leben[7]

»Ein gelungenes Leben«, sagte Vigny, »ist ein Jugendtraum, der im reifen Alter in Erfüllung geht.« Die Griechen sahen es als ein durchdachtes, der geistigen Übung gewidmetes Leben, das sich in höheren Zielen verwirklicht und allen als Vorbild dienen kann. Wir würden wohl eher sagen, ein gelungenes Leben ist selbstverständlich ein reiches Leben, dessen Erfülltsein förmlich ins Auge springt und das man gegen kein anderes eintauschen möchte – mag es noch so bescheiden gewesen sein –, eben weil es ganz und gar unseres ist.

Doch sollte man aus der Tatsache, daß nicht alle Schicksale gleich sind, folgern, daß einige nichts wert sind, und ein Leben verachten, das nicht unseren Kriterien entspricht? Denn die Bilanzen sind finster, sogar die positiven, welche empfehlen, sich selbst vom Standpunkt des Todes aus zu betrachten: erst er werde das Konto saldieren und uns dem Urteil der anderen übergeben. »Man kann von einem Menschen erst im allerletzten Augenblick seines Lebens sagen, daß er glücklich war«, meinte Solon. Doch solange noch ein Hauch Leben in uns ist, wäre es ungerecht, uns entweder zu den Siegern oder zu den Verlierern zu zählen. So wie Christoph Kolumbus Indien verfehlte und dafür Amerika entdeckte, »verfehlen« wir unaufhörlich unser Leben und erreichen dabei etwas anderes, ein einmaliges Abenteuer, das niemals ein Ende hat, bis zur letzten Minute nicht.

Eben weil jedes Leben von vornherein verloren ist, kann es zugleich gut und edel sein, in einer unauflöslichen Verbindung von Ruhm und Verfall. Da es ja nicht zwingend notwendig ist, braucht es nicht zu gelingen oder zu scheitern, es braucht nur angenehm zu sein. Manch ein gesellschaftlicher Bankrott besitzt eine Größe, eine uneingestandene Güte, während bewundernswerte Karrieren mitunter kalt und trostlos sein können. Unsere einschlägigen Gewißheiten sind alle negativ: Ich weiß nicht, was ein gutes Leben, aber ich weiß, was ein schlechtes ist – jenes nämlich, das ich um keinen Preis will. Sagen Sie mir nicht, wie ein gelungenes Dasein auszusehen hat, erzählen Sie mir lieber von Ihrem eigenen, erzählen Sie mir, wie Sie aus Ihren Niederlagen etwas gemacht haben, das für alle einen Sinn ergab. Wenn man sich die Frage nach dem erfüllten Leben schon nicht verkneifen kann, so sollte man sich wenigstens die Antwort versagen, aus Angst, den Fächer zu schließen, die Möglichkeiten zu tilgen. Wir kennen Leute, die mit Orden und Ehren überschüttet werden und diese Auszeichnungen wie ein vorgezogenes Begräbnis empfinden; sie sind für immer katalogisiert. Hüten wir uns, unsere Schlüsse zu ziehen, lassen wir jedem die Möglichkeit, zu fallen, wieder aufzustehen, sich zu verirren, und sperren wir ihn nicht in ein Urteil ein. Es liegt schon eine Wahrheit in der Theorie der Reinkarnation: Eben hier im Diesseits können wir mehrere Existenzen erleben, wiedergeboren werden, von vorn anfangen, eine andere Richtung einschlagen. Wichtig ist, daß wir sagen können: »Ich habe gelebt«, und nicht: »Ich habe vegetiert.« Wir sind niemals weder errettet noch verdammt, und wir sterben alle »irgendwo im Unvollendeten« (Rainer Maria Rilke).

1 »In jedem Staat gibt es ohne Ausnahme drei Gruppen von Bürgern: die sehr reichen, die sehr armen und an dritter Stelle diejenigen, die in der Mitte stehen. Wenn man davon ausgeht, daß nur das Gemäßigte und die genaue Mitte etwas wert sind, versteht sich von selbst, daß es auch in bezug auf materielle Güter das beste ist, davon in Maßen zu besitzen. Denn so kann man am besten der Vernunft gehorchen.« (Zitiert nach Jacqueline de Romilly, *Problèmes de la démocratie grecque*, Paris 1975, S. 177–178.) Die Mittelschicht ist, nach einer späteren Überlegung von Michelet und Raymond Aron, weder reich genug, um sich dem Müßiggang zu überlassen, noch arm genug, um aufzubegehren.

2 Zitiert von Jean Borie in seinem Vorwort zu Emile Zola, *La Curée* (dt.: *Die Beute*), Paris (Garnier-Flammarion), S. 21–22.

3 Vgl. zu diesem Thema die hervorragende Studie von Philippe Perrot, *Le Luxe*, Paris 1995, besonders die Seiten 163–167.

4 Edward Khantzian, Paul Meehl und Donald Klein, zitiert nach Giulia Sissa, *Le Plaisir et le Mal*, Paris 1997, S. 168–169 (dt.: *Die Lust und das böse Verlangen*, Stuttgart 1999).

5 Wenn es uns in Frankreich auch nicht an einer Soziologie des ›neuen Geldes‹ fehlt (Michel Pinçon und Monique Pinçon-Charlot haben dies sehr gut in *Nouveaux Patrons, nouvelles dynasties*, Paris 1999, dargestellt), wurde meines Wissens bisher nichts über den ungeheuren Erfolg der Rückwanderer aus Nordafrika geschrieben, über ihre Verschmelzung mit dem alten Bürgertum und den aufreizenden Luxus, den sie manchmal zur Schau tragen und der die einen ebenso verführt, wie er andere schaudern macht.

6 Arthur Schopenhauer, *Der handschriftliche Nachlaß*. Herausgegeben von Arthur Hübscher. Frankfurt 1974, S. 305.

7 Pierre Autin-Grenier, *Toute une vie bien ratée*, Paris 1997.

Neuntes Kapitel

Wenn Geld nicht glücklich macht, dann gebt es doch zurück![1]

Sind die Reichen das Vorbild des Glücks?

In einer eindrucksvollen Passage der *Suche nach der verlorenen Zeit* beschreibt Proust den Speisesaal des Grand Hôtel in Balbec als ein »riesige[s] wunderbare[s] Aquarium (...), vor dessen Glaswänden die Arbeiterbevölkerung von Balbec, die Fischer und auch Kleinbürgerfamilien, unsichtbar im Dunkel sich die Nasen plattdrückten, um das sich langsam in goldenem Geplätscher wiegende Luxusleben aller dieser Leute anzuschauen, das für die Armen ebenso merkwürdig wie das von seltsamen Fischen oder Mollusken ist (und die große soziale Frage ist die, ob die Glaswand immer das Fest der Wundertiere umhegen wird oder ob nicht die unbekannten Leute, die gierig in der Nacht mit dem Blick etwas zu erhaschen suchen, eines Tages kommen, sie aus dem Aquarium holen und verspeisen werden).«[2]

Wer hat nicht in manchen Badeorten irgendwo in Europa schon solche Szenen erlebt, wo die Urlauber sich in Scharen um die Yachten drängen und die Milliardäre in Shorts, die wunderbar lässig einen Drink zu sich nehmen, mit den Augen verschlingen. Denn Reichtum ist vor allem ein Schauspiel, das sich vor uns ausbreitet, das Auge erfreut, Gelüste weckt und den Groll schürt. So, als müßten die Reichen von den Besitzlosen anerkannt werden und alles an sich raffen, sogar die scheinbare Zustimmung des Volkes.

Lange verkörperten die höheren Kasten unserer westlichen Gesellschaften die Verbindung von Savoir-vivre, Schönheit und guten Manieren, sie waren nicht allein frei von jeder Not, sie verhalfen der Menschheit außerdem zu einer bis dahin unvorstellbaren Raffinesse und Extravaganz. Parallel zu diesem Bild entstand ein anderes Klischee: das vom Unglück der Großen. Die Reichen langweilten sich angeblich. Zur Untätigkeit verdammt, seien sie der Leere ausgesetzt und wüßten nicht, wie sie die Zeit totschlagen sollen, die sie mit der rastlosen Suche nach immer neuen Sinnenfreuden verbrächten. Da sie für ihren skandalösen Reichtum mit Überdruß büßten, seien sie zugleich unglücklich und schuldig: unglücklich über ihren Müßiggang und schuldig, als Parasiten einer Bevölkerung zu leben, die arbeitet und leidet. Die Untätigkeit, auf die sie stolz sein müßten – nur die Nichtadeligen sind zu mühseliger Arbeit verurteilt –, würde zu ihrer Verdammnis werden. Diese »Könige ohne Zerstreuung« würden in all ihrem Gold und Prunk langsam an ihrer Leere zugrunde gehen. Zugegeben, ein bequemes Klischee! Es erlaubt den Besitzlosen, ihr Schicksal zu ertragen, da das ihrer Herren unendlich viel leidvoller ist. Und es ist zwecklos, sie zu beneiden oder zu stürzen; sie sind bereits in der Hölle!

Unsere Zeit setzte diesem doppelten Mythos ein Ende. Erstens sind die Reichen nicht unglücklich – und wenn sie es sind, so hat dies nichts mit ihrem Bankkonto zu tun –, geschweige denn reumütig. Hat man jemals einen Millionär gesehen, der in den Abendnachrichten um Verzeihung gebeten hätte? Und zweitens hat sich die Langeweile, ungeachtet aller Klassenunterschiede, in unseren Tagen auch auf die Welt der Arbeit ausgedehnt, und die Tatsache, aktiv zu sein, bewahrt einen nicht vorm Gähnen, ganz im Gegenteil. Deshalb liegt eine der Perversionen der Arbeitslosigkeit vielleicht darin, daß sie der Arbeit, sogar der stumpfsinnigsten, ein Prestige zurückgegeben hat, das diese in den Jahren des Wohlstands verloren hatte. Besessen vom Ideal der Vollbeschäftigung, wollen unsere westlichen Gesellschaften den Menschen um jeden Preis Arbeit geben und feiern die Lohnsklaverei, ohne zu bedenken, worin solche Beschäftigung besteht. Das geht so weit, daß Überbelastung zu einem Statussymbol geworden ist: Während die arbeitenden Klassen nach Muße streben, werden die sogenannten müßigen Klassen arbeitsam, prahlen mit 60- bis 80-Stunden-Wochen und schwenken ihre Überarbeitung als Zeichen der Überlegenheit.

Als es unter sehr wenigen Händen aufgeteilt war, schien das Geld alle Wunder dieser Welt zu verkörpern. Die Ausdehnung des Komforts und des Wohlstands auf eine Mehrheit hat sowohl die schlimmste Armut als auch übermäßigen Reichtum verdrängt. Die jedem gegebene Möglichkeit, reich oder wenigstens wohlhabend zu werden, hat dem Neid Vorschub geleistet und zugleich eine Welt banalisiert, die einst so prächtig erschien. Der Reiche ist ein Armer, der es geschafft hat, vor allem, wenn man die vielen jungen Leute betrachtet, die dank der neuen Technologien mit dreißig Jahren Millionäre sind.[3] Wir wachen immer noch eifersüchtig über das Leben der Mächtigen, doch wir zweifeln nunmehr daran, daß sie die Glückseligkeit für sich allein gepachtet haben. Wir können ihre Beharrlichkeit bewundern, ihren unternehmerischen Wagemut, die geniale Idee, die sie aus der Namenlosigkeit ans Licht gebracht hat, ihre Eroberungslust und ihren Sinn für das Zweckmäßige. Doch nicht diese Qualitäten sind die Objekte unserer Begierde. Wer träumt schon von einem französischen oder amerikanischen Unternehmer oder von irgendeinem Manager, dessen Dasein vermutlich genauso lustig ist wie das eines kleinen Bürokraten? Diese wohlgeordneten, tadellosen Existenzen, je nach Wunsch mit Ehe oder Familie gekrönt, haben dem eines x-beliebigen Angestellten nichts voraus: Sie sind weniger strahlende Seigneurs als vielmehr spießige Kleinbürger, die über enorme Mittel verfügen, mit anderen Worten *nette Haifische*.

Es gibt noch einen anderen Grund, weshalb das von Proust beschriebene »Fest der Wundertiere« uns nicht mehr das Wasser im Munde zusammenlaufen läßt: Man wird reich, um unter sich zu bleiben, einen exklusiven Club zu besuchen, wo man mittels Symbolen und Trophäen miteinander wetteifert. Ist nicht das erste, was die Steinreichen tun, sich mit zahlreichen Dienern zu umgeben, zwischen sich und die Welt einen Schwarm von Mittelsmännern zu stellen? Das doppelte Prinzip der Zurschaustellung und der Abschottung. Durch ihre gesellschaftliche Position an bestimmte Kodizes und strenge moralische Regeln gebunden, halten sie den Traditionen eine Treue, die sich anderswo gelockert hat. Jeder Zugang zum Gipfel der Pyramide zieht, wenn man von ein paar Exzentrikern absieht, zumeist Disziplin und Anpassung nach sich. Der Gotha ist zum Ghetto verurteilt.[4] Ganz zu schweigen von der Angst, nur wegen seines Bankkontos geliebt zu werden und den *gold-diggers* zum Opfer zu fallen, den Goldgräbern, Männern und Frauen, die sich auf die Jagd nach Milliardären spezialisiert haben, die sie heiraten, damit sie sie anschließend durch eine aufsehenerregende Scheidung besser ausnehmen können. Deshalb erinnern die Residenzen der Nabobs, so funkelnd sie sein mögen, an vergoldete Höllen, vor allem, wenn ihre Bewohner sich wie in Lateinamerika aus Furcht vor Überfällen oder Entführungen in ihren Festungen verbarrikadieren müssen. Ihnen wird die Durchlässigkeit und Offenheit der kreativen und lustbetonten Milieus immer fehlen. Was die Reichen als zwingend empfinden: sich in ihren Wohnvierteln zu verkriechen, keinen Kontakt zur Masse zu haben, die Tür vor dem Unerwarteten zu verschließen, das kommt uns wie der Gipfel allen Schwachsinns vor. *Die Welt des Kapitals ist traurig*, denn sie ist nicht von Austausch geprägt, sondern von Verschlossenheit und Autismus. Als müsse das Geld, gleich einer unersättlichen Gottheit, Tag und Nacht nur zirkulieren, um seine Besitzer zu lähmen und zu versteinern.

Wenn es heute begehrenswerte Milieus gibt, dann muß man sie vielleicht an den Rändern der Gesellschaft suchen, bei jenen Minderheiten, die, einst geächtet, mit ihrer Kultur und ihrer Musik nun der Mehrheit den Ton angeben. Es gibt einen gewissen Bovarysmus in den Mittelschichten, der sie dazu drängt, anderswo, und zuweilen am Rande der Legalität, jenen Schauer zu suchen, den sie in ihrem eigenen Spiegel nicht mehr finden. Die Kraft des Außenseiters liegt in seinem Exotismus, der ihn zu einem gefährlichen und zugleich anziehenden Wesen macht. Durch seine Art, gegen die Regeln zu verstoßen, entgeht er der Ödnis seiner Umgebung. Im allgemeinen ist eine Gesellschaft um so dynamischer, je mehr Lebensformen jenseits der Anziehungskraft der Reichen sie entwickelt. Und die großen Emanzipationsbewegungen des 20. Jahrhunderts waren in Frankreich Momente, in denen das offizielle Glück, das heißt der gängige Konformismus, im Vergleich zu anderen Formeln des Zusammenlebens abgewertet wurde.

Fitzgerald oder Das Heil durch die Reichen

Jazz, Gin, Hollywood, die Côte d'Azur, Überraschungsparties, Schönheit, Esprit, Jugend – und dann Alkoholismus, Wahnsinn, Armut, Scheitern, Verelendung, Nervenkrankheiten. Das gesamte Werk von Francis Scott Fitzgerald schwankt zwischen diesen beiden Extremen, mit einem Gefälle, dessen Unerbittlichkeit fasziniert. Sein Drama ist von Anfang an in einem ebenso verrückten wie erbarmungslosen Glaubenssatz festgeschrieben: Die Reichen sind von Gott auserwählt und bilden im Herzen der Menschheit eine Kaste des Lichts, mit der niemand gefahrlos in Berührung kommen kann. Bei Fitzgerald geht der Verfall mit dem Traum vom Ruhm einher: Das Glück ist ein Schatz, es wird von einer schweren Tür geschützt, die alle öffnen wollen. Doch niemand schafft es, der nicht von edler Geburt ist; und der Fall ist um so tiefer, wenn der Eindringling geglaubt hatte, er sei in der Festung angekommen. Sogar die Liebe, vor allem die Liebe ist die perfekte Illusion derer, die die strenge Klassenordnung durchbrechen wollen. Somit ist die weibliche Schönheit ein zweideutiges Versprechen. Die entzückende Erbin, die den Verehrer – falls es ihm gelingt, sie zu verführen – aus dem Reich der Finsternis ins Paradies erhebt, ist auch die erste, die den jungen Mann von bescheidener Herkunft verjagt und ihn dorthin zurückschickt, wo er hergekommen ist. Die schöne Frau mit der Stimme *full of money*, über die Fitzgerald schreibt: »Ihre Manieren bezeugten mit einer gesteigerten Sicherheit, daß die schönen Dinge der Welt kraft eines natürlichen und nicht übertragbaren Rechts ihr gehörten«, ist das Paradigma einer Welt, die keine nichtstandesgemäße Heirat duldet und in der alle Gatsbys dieser Welt entlassen werden, nachdem sie das Publikum unterhalten haben. Die Schlußfolgerung steht unwiderruflich fest: »Arme Jungen dürfen nicht davon träumen, reiche Mädchen zu heiraten«; wenn man »die Menschen aus ihrem Milieu herausholt, verdreht ihnen das den Kopf, so sehr sie auch bluffen mögen.«

Da das Geld für Fitzgerald ein göttlicher Talisman ist und soziale Barrieren für ihn von metaphysischer Bedeutung sind, muß der Arme, schuldig schon allein weil er arm ist, für seine Vermessenheit bestraft werden, dafür, daß er es überhaupt gewagt hat, sich zu erheben. Das angekündigte Desaster ist aufsehenerregend und endet mit einem Sturz unter dem Gelächter der Reichen. Fitzgeralds Tragödie, sein »innerer Riß«, liegt ganz und gar im halsstarrigen, kindischen Glauben an das Geld als Zeichen der Auserwähltheit, in der calvinschen romantischen Vision, die zwischen Auserwählten und Verlierern unterscheidet. Armut ist eine Strafe und das kurze Glück der Armen eine Anmaßung, denn allein die Reichen haben einen exklusiven Anspruch auf Genüsse und Sinnenfreuden. So hat auch das Mißverständnis in der Liebe bei Fitzgerald nichts mit einer Logik der Leidenschaft oder der Gefühle, sondern mit einer Logik der sozio-ökonomischen Beziehungen zu tun. Und dem Verschmähten bleibt beim Anblick der Millionäre und ihrer Berge von Diamanten nur noch der Ausweg, seine Schmach im Alkohol zu ertränken.

Das ganze Werk von Fitzgerald ist eine wunderbare Allegorie des *American Way of Life*, des frenetischen Kults der grünen Geldscheine, der zwanziger Jahre und der Weltwirtschaftskrise. Doch Fitzgeralds moderne Epigonen, die wie er von der Macht der Reichen fasziniert sind, beweisen uns, daß diese Mentalität immer noch lebendig ist. Wenn jenseits des Atlantiks die Mittelschicht, wie manch einer befürchtet, immer dünner werden und die Massen der Besitzenden und der Enterbten aufeinanderprallen sollten, dann könnte das Amerika des 21. Jahrhunderts und vielleicht auch Europa Fitzgeralds Romanwelt ähneln: eine von der eiskalten Religion des Dollars beseelte Welt, ein göttliches Siegel, das Auserwählte und Verdammte voneinander scheidet.

Das Ratsame und das Verabscheuungswürdige

Ohne die Absicht, eine Debatte zu eröffnen, die nicht hierher gehört, wollen wir einmal behaupten, daß Geld zu den in einer Gesellschaft »notwendigen unmoralischen Werten« gehört, vorausgesetzt, seine Herrschaft ist eingedämmt und kontrolliert. Denn Geld beseitigt alle Hierarchien, die mit der Herkunft und dem sozialen Status zusammenhängen, außer einer, die unüberwindlich bleibt: die Hierarchie des Geldes. Hüten wir uns insbesondere vor jedem, der seine Verachtung gegenüber dem Goldenen Kalb herausposaunt. Seien Sie sicher, daß er es insgeheim zärtlich liebt oder nur davon träumt, es den anderen vorzuenthalten. Das Geld – und darin besteht sein Vorteil – ist nach wie vor ein Mittel, die individuelle Freiheit zu bewahren,

»die sozialen Beziehungen von jeder affektiven Bindung zu reinigen« (Philippe Simonnot) und eine gewisse Autonomie zu erlangen. Es erlaubte gestern wie heute verfolgten Ethnien, weit verstreut im Exil zu überleben, es ist das tragbare Heimatland derer, die kein Heimatland haben. Schließlich ist, wie Spengler schrieb, eine hochentwickelte Zivilisation untrennbar mit Luxus und Reichtum verbunden, und es war das wundervolle Verdienst großer Mäzene, von den Medici bis zu den Rothschilds, den Camondos und Pereires, das schnöde Metall in Kunstwerke zu verwandeln, also in eine Form von Schönheit und Großzügigkeit. Es gibt nichts Abstoßenderes als die Lobeshymnen auf die Armut, wie sie manche christlichen Doktrinäre singen, als sei sie ein Merkmal höchster Tugend. Erlittene Armut ist verachtenswert, sie fügt den Entbehrungen noch die Erniedrigung hinzu, verschlimmert den Mangel durch die Schmach. Das Geld ist in jedem Fall unter die »ratsamen Dinge« (Seneca) einzuordnen, die man besitzen darf, wenn das Schicksal sie einem gönnt.

Was seine Verleumder auch von ihm sagen mögen, anstößig ist es nicht in seiner Existenz, sondern in seiner Seltenheit, weil einige wenige es so frech für sich allein beanspruchen. Geld ist das, was fast allen fehlt, und sein Hauptproblem liegt in seiner ungleichen Verteilung. (Eine unangenehme Vorahnung läßt uns befürchten, daß die Armut in den entwickelten Ländern vielleicht niemals überwunden werden wird, ganz einfach, weil die Reichen die Armen nicht mehr brauchen, um sich zu bereichern. Auf die hierarchische Beziehung, die die Leistung des Arbeiters zur Voraussetzung für den Reichtum machte, ist eine Beziehung der Innovation und der Kapitalanhäufung in den lukrativen Territorien des Neuen Marktes gefolgt. Auf das Unglück, ausgebeutet zu werden, folgte das noch größere

Unglück, nicht mehr ausbeutbar zu sein.) Man muß also auf die Antike zurückgehen und mit Aristoteles zugeben, daß Schönheit, Reichtum, Gesundheit durchaus nützliches Beiwerk eines guten Lebens, wenn auch nicht gleichbedeutend mit ihm sind. »Niemand hat die Weisheit zur Armut verurteilt«, sagte Seneca weiter. »Obgleich ich nur Verachtung für das Reich des Wohlstands übrig habe, würde ich, hätte ich die Wahl, das Beste nehmen, was er mir zu bieten hat.« Selbst wenn das schnöde Metall aller Welt Hure ist, die alles in eine Ware verwandelt, sogar den Menschen, und selbst wenn man sich unablässig die Existenz von Werten und Gefühlen in Erinnerung rufen muß, die man nicht kaufen kann, »gehört die Utopie von einer Welt ohne Geld zu jenen Idealen, die die Welt in der Tat braucht, aber die zum Prinzip der sozialen Ordnung zu machen gefährlich wäre« (Leszek Kolakowski). Muß man noch hinzufügen, daß die größten Massaker am Ausgang des 20. Jahrhunderts, Algerien, Ruanda, Timor, Bosnien, Kosovo, Tschetschenien, weniger mit finanziellen Fragen zusammenhängen als mit religiösem oder rassischem Fanatismus und verblendeten Identitäts- oder Herrschaftsinteressen?

Virtualität ohne Grenzen

Das vorangestellt, müssen wir ein grundsätzliches Unbehagen eingestehen: Es ist ebenso unmöglich, das Geld zu verachten, wie es zu verehren. Es hat mit dem Glück gemein, daß beides Abstraktionen sind und potentiell die Gesamtheit aller möglichen Genüsse darstellen. Mit dem Geld besitze ich die Dinge virtuell, ohne daß sie mich durch ihre Gegenständlichkeit stören. Darüber hinaus ist das Glück, Geld zu verdienen, häufig größer als das, darüber zu verfügen, vor allem, wenn man in kurzer Zeit viel Geld macht, indem man rasch aufsteigt. Seinen Lebensunterhalt verdienen ist eine Bürde, sich schnell bereichern dagegen ein Spiel, das an erotische Besessenheit grenzt. Doch das Tückische am Geld ist, daß es sich als eine eigene Lebensart anbietet, als Ersatz für alle anderen Glückseligkeiten. Wenn es aber dergestalt zum Idol erhoben wird, wird es so begehrenswert, daß es alles andere uninteressant erscheinen läßt. Seine Kraft und seine Tragödie liegen darin, daß es alle Hindernisse aus dem Weg räumt: Es vernichtet sie und macht alle Ziele direkt erreichbar, doch diese Allmacht mündet schließlich in Gleichgültigkeit. Wenn man zuviel an sich raffen will, bekommt man nur heiße Luft zu fassen, man erlebt einen paradoxen Frust und verbietet sich am Ende, überhaupt noch zu genießen.

Man kennt diese komischen Darstellungen von Millionären, die keine Zeit mehr haben, ihre angehäuften Besitztümer auszugeben, von Wohlhabenden, die so reich sind, daß sie der Welt überdrüssig werden und mitten im Überfluß nicht mehr das geringste Vergnügen empfinden. Fast würden sie sich ein paar Schicksalsschläge wünschen, damit sie von vorn anfangen und die spannende Odyssee des sozialen Aufstiegs noch einmal beginnen können. Diese Leute, die, wie man sagt, alles haben, um glücklich zu sein, und es doch nicht sind: Da sie alles haben, haben sie gar nichts mehr. Sie verzetteln sich in ihren Begierden, anstatt sich festzulegen, werden von immer neuen Trugbildern angezogen und enttäuscht. Und da sie praktisch nicht mehr reüssieren können, bleibt ihnen nur die Möglichkeit zu scheitern, unterzugehen wie jene großen Dynastien, die so privilegiert waren, daß sie Unglück und Katastrophen magisch anzogen. Geld illustriert vortrefflich das folgende Paradoxon: *Alles, was man einsetzt, um sein Glück zu realisieren, kann es ebenso in die Flucht schlagen.* Daher die unersättliche Gewinnsucht, die zumindest in Amerika zur allgemeinen Leidenschaft geworden ist: »Das fleißigste aller Zeitalter – unser Zeitalter – weiß aus seinem vielen Fleiße und Gelde nichts zu machen als immer wieder mehr Geld und mehr Fleiß.« (Nietzsche)

Eine sehr feine, kaum wahrnehmbare Linie trennt in unserer Gesellschaft das Geld als Zweck vom Geld als Mittel zum Zweck; und alles, was Konsumterror und Werbung anstreben, ist, diese Linie zu verschleiern. Dann nämlich betritt man, zumindest was die Wohlhabenden angeht, die Sphäre des »ostentativen Konsums«, ein Begriff, den der amerikanische Soziologe Thorstein Veblen vor dem Ersten Weltkrieg für die Sitten der Großbourgeoisie geprägt hat, für die Rockefellers und die Vanderbilts. Herrenhäuser, Yachten, schöne Autos, große Wohnungen: Man ist dazu bestimmt, mit anderen Personen seines Rangs zu konkurrieren, sie zu blenden oder es ihnen wenigstens gleichzutun, also das bittere Nagen des Neids auf jeden zu empfinden, der noch mehr Erfolg hat, und diejenigen zu verachten, die einem mit ihrem Lebensstandard nicht das Wasser reichen können. Wenn der Chef eines Unternehmens einen ein- bis zweitausendmal größeren Batzen Geld kassiert als seine Angestellten, bekundet er damit nicht seine Kompetenz oder seine Verdienste, sondern reinen Machtwillen. Seine Freude entsteht also daraus, alles an sich zu raffen, was den anderen vorenthalten bleibt, und seinesgleichen zu beeindrucken. Der Fluch solcher Lanzenstechen ist, daß man immer jemanden finden wird, der noch reicher ist als man selbst, einen Magnaten, dessen Glanz einem ein Dorn im Auge ist, der in der Rangliste von *Forbes* oder *Fortune* über einem steht und dessen Finanzvolumen einen mit den Zähnen knirschen läßt. Der Frust wächst mit dem Bankkonto, und man freut sich viel weniger über seine Gewinne, wenn man sieht, daß die des anderen schneller steigen. Denn auf diesem einschlägigen Gebiet muß man die Reichen von den Superreichen und den Ultrareichen unterscheiden, was durchaus nicht dieselben Kategorien sind. Deshalb sind Leute mit Geld so furchtbar trocken, sofern sie nicht ihr Geld in den Dienst einer Sache, einer Idee oder der Kunst stellen, denn sie vermitteln den Eindruck, als ginge ihrem Leben jeglicher Sinn ab.

Eine neue Moral der Enthaltsamkeit?

Letztlich gibt es wenige Augenblicke im Leben, in denen Geld die Fließfähigkeit eines reinen Mittels zum Zweck wiedererlangt, in denen man »liquide« genug ist, um auszugeben, ohne zu rechnen, ohne sich um das Morgen zu kümmern. *Geld trägt zur Lebensfreude bei, wenn man es vergißt, wenn es als solches verschwindet,* wenn eins das andere nicht ausschließt: der Besitz nicht das freie Schweifen des Geistes und umgekehrt. Nicht vom Geld abhängig zu sein bedeutet zu wissen, daß man nicht anders leben würde, wenn man viel mehr davon hätte. Doch meistens zählen sie es alle, sogar die Nabobs. (Der Geiz der Reichen, die Angst, mitten im Überfluß zu versagen, ist ein erstaunliches Phänomen. So hatte Paul Getty, der kalifornische Ölmilliardär, in seinem Londoner Haus einen Münzfernsprecher für seine Gäste installiert, und er verließ niemals als erster eine Versammlung, damit er nicht das Taxi zahlen mußte.) In den meisten Fällen und für die meisten Menschen ist Geld mit einer Droge vergleichbar. Es soll uns von allen Sorgen befreien und wird doch zur Obsession, zum Selbstzweck. Es verfolgt uns mit seiner

Abwesenheit, belastet uns mit seiner Gegenwart, es verbietet uns, ein angemessenes Verhältnis zu ihm einzugehen. Die Gier, die es auslöst, drängt sich mit einer solchen Unnachgiebigkeit auf, daß sie die Lust erschwert, wenn nicht gar unmöglich macht. Ebendies, sagte William Burroughs, habe ihn das Morphium gelehrt: Unersättliche Begierde macht die Lust der Erfüllung unerreichbar. Das Geld wird zu einer traurigen Leidenschaft, wenn es alle anderen Leidenschaften verdrängt und zum bloßen Wiederkäuen wird. Und der Wahnsinn, den es auslöst – man sieht es an bestimmten Formen der Spekulation –, ist mit dem Rausch der großen Zahlen verbunden: In einer Welt, die alles auf den Pfennig genau kalkuliert, wird es zur höchsten Lust, die Kalkulation durch die Ungeheuerlichkeit der eingesetzten Summen herauszufordern. Dann kommt ein Moment, wo zügellose Berechnung umschlägt in absolute Sinnlosigkeit. Man hat die Gier nach Gewinn schon hinter sich und tanzt nun über dem Abgrund, berauscht sich an der Poesie der Zahlen, und die Börse selbst verwandelt sich in einen Tempel des mathematischen Überschwangs. Wie das World Wide Web ist das Geld eine in ständiger Ausdehnung begriffene Galaxis, in der man stets neue Planeten entdeckt; es ist eine Kopie des Kosmos.

Mit anderen Worten, wenn niemand sich rühmen kann, daß er sich wohlfühlt mit seinem Geld, dann deshalb, weil es *nie sicher ist* und ebenso zu unserer Zufriedenheit arbeiten kann wie dagegen. Man sollte es also nur rehabilitieren – vor allem in einem Land wie Frankreich, wo Heuchelei in Dingen des Geldes und Haß auf beruflichen Erfolg regieren –, um sich besser vor den Fallen zu schützen, die es uns stellt. In Übersee beispielsweise, angesichts zunehmenden Reichtums und wachsender Ungleichheit[5], florieren geradezu die neuen Morallehren der Enthaltsamkeit, die das Kreditsystem, Loyalität im Beruf und die Fixierung auf die Erbschaft im Namen einer vernünftigen Verwaltung der eigenen Bedürfnisse ablehnen.[6] Nur ein Medieneffekt, eine vorübergehende Reue, bevor man wieder zu neuen Konsumorgien aufbricht? Vielleicht. Doch ist es bezeichnend, daß just im Zentrum des Finanzgeschehens Zweifel an dessen Richtigkeit aufkommen und ein Plädoyer für ein in anderer Weise erfülltes Dasein gehalten wird, das weniger der Logik der Güter und der künstlich erzeugten Bedürfnisse unterworfen ist. Die eigentliche Frage lautet also: Welchen Preis sind wir zu zahlen bereit, um Geld zu haben, welchen Platz möchten wir ihm einräumen? Wenn wir nicht, wie es die antiken Philosophen sagten, von dem besessen werden wollen, was wir besitzen, sollten wir besser unsere Ausgaben einschränken, um dafür unsere Leidenschaften zu befriedigen; anstatt uns unaufhörlich neu zu verschulden, sollten wir unseren Gefühlen und einem intensiven geistigen Leben größeren Raum geben.

Doch vor allem muß man wieder Prioritäten setzen und der klingenden Münze andere Quellen des kulturellen, ästhetischen und geistigen Reichtums entgegenhalten. Sogar das Streben nach Ruhm und Größe, ja selbst die Eitelkeit ist der Verlockung des Geldes und seinen kümmerlichen Zwängen zuweilen vorzuziehen. Die Kraft der großen Umwälzungen des vergangenen Jahrhunderts in Frankreich, die Jahre 1936 und 1945 eingeschlossen, lag ja unter anderem darin, daß nicht nur der soziale Kuchen neu verteilt, sondern auch neue Reichtümer für möglichst viele geschaffen wurden: die Freizeit, die Poesie, die Liebe, die Befreiung der Lust, der Sinn für die Schönheiten im Alltag. Man sollte sich also nicht damit begnügen, den Mangel zu verwalten, sondern auch immaterielle Güter entdecken, solche, die nicht den Gesetzen des Profits unterliegen – den alten revolutionären Traum vom Luxus für alle, von der Schönheit auch für die kleinen Leuten weiterträumen. Luxus ist heute alles, was selten geworden ist: Einklang mit der Natur, Stille, Meditation, wiederentdeckte Langsamkeit, die Lust, gegen den Strom zu schwimmen, die Muße im Studium, der Genuß großer geistiger Werke. So viele Privilegien, die man nicht kaufen kann, weil sie buchstäblich unbezahlbar sind. Unfreiwillig erlittener Armut kann man die selbstgewählte »Verarmung« (oder besser gesagt freiwillige Selbstbeschränkung) entgegensetzen, die keineswegs eine Entscheidung für die Armut ist, sondern eine Neudefinition der persönlichen Prioritäten. Womöglich gibt man seinen ganzen Besitz hin, stellt seine Freiheit über allen Komfort oder über einen sozialen Status und gewinnt dafür ein reicheres Leben, kann sich auf Wesentliches besinnen, anstatt mit Geld einen lächerlichen Schutzwall gegen die Angst und den Tod aufzubauen. Letztlich liegt der wahre Luxus – »doch alles, was wertvoll ist, ist ebenso schwierig zu erlangen wie selten« (Spinoza) – darin, sein Leben selbst zu gestalten und Herr über sein Schicksal zu sein.

Auch Sterne gehen unter

Weshalb verfolgen wir mit krankhafter Neugier die Beziehungen, Trennungen und Trauerfälle der sogenannten Stars? Diese höchst außergewöhnlichen Wesen, die nur auftauchen müssen, um dazusein, und die man wiedererkennt, selbst wenn man sie nicht kennt, diese Wesen, die vor keinem Tabu und keinem Exzeß zurückschrecken, werden nur dazu verehrt, daß man sie anschließend wieder auf ein gewöhnliches Niveau herunterholen kann. Da sie im Zentrum des gesellschaftlichen Begehrens stehen, müßten sie uns eigentlich aus dem Reich der Eintönigkeit herausreißen; doch sie wühlen es bloß auf, um es noch mehr zu festigen. Und die ganze Regenbogenpresse hat vielleicht nur den einen Sinn, ihre Leser zu beruhigen, sie in der Vorstellung zu bestätigen, daß Fürsten, Stars aus Film und Showbusiness ein sehr zwiespältiges Glück verkörpern, ein Ideal, das auch sie nur mühsam realisieren. Daher unsere bittere Freude, wenn wir erleben, daß sie mit den gleichen Leiden geschlagen sind wie wir selbst.

Diese *happy few*, die unser Dasein adeln, uns aus unseren lächerlichen Sorgen und unseren unbedeutenden Kümmernissen herausreißen sollen, beweisen uns nur, daß auch eine höhere Kaste oder Klasse nicht die vollkommene Glückseligkeit erfährt, die allein den Göttern vorbehalten bleibt, wie schon Aristoteles sagte, während »die Menschen immer nur so glücklich sind, wie es einem Sterblichen möglich ist«. Daß schließlich auch eine Sekretärin das aufregende Leben einer Prinzessin und eine Prinzessin das geordnete, unspektakuläre Dasein einer braven Hausfrau führen kann. Auch das ist Demokratisierung: Die legendären Orgien und Exzesse der alten Monarchen sind nunmehr der großen Masse zugänglich. Dank der Indiskretion der Medien stellen wir erleichtert und traurig fest, daß diese Leute aus dem gleichen Stoff sind wie wir selbst; insofern *verringern die Medien auch den Neid* und erfüllen hinter ihrer scheinbaren Belanglosigkeit eine wichtige Funktion. Der Star in seinem glamourösen Pantheon entgeht vielleicht der Anonymität, doch ist er genau wie wir der Verwirrung, der Einsamkeit und dem Altern unterworfen (der fortschreitende Verfall der Schönheit bei mancher großen Schauspielerin ist eine immer wiederkehrende rhetorische Figur für eine bestimmte Presse, die diesen Verfall mit tieftraurigem Sadismus verzeichnet). Wir wählen unsere Stars wie unsere Politiker und setzen sie mit derselben Gleichgültigkeit, derselben Willkür wieder ab. Unsere Gier nach Tratsch und sensationelle Einzelheiten entsteht nicht, wie behauptet wurde, durch Entfremdung oder Entzug. Der Starkult resultiert vielmehr direkt und auf widersprüchliche Weise aus der fortschreitenden Gleichheit in der Demokratie.

1 Jules Renard

2 Marcel Proust, *Auf der Suche nach der verlorenen Zeit*, Bd. 1, *Im Schatten junger Mädchenblüte*, dt. von Eva Rechel-Mertens, Frankfurt 1967, S. 896.

3 Man spricht in diesem Zusammenhang vom Phänomen der *million dollar babies*. In Großbritannien gab es Anfang der neunziger Jahre 7000 Millionäre, bis zur Jahrtausendwende werden es 14000 sein (*Courrier International*, Oktober 1999). In Silicon Valley sollen einem amerikanischen Autor zufolge jeden Tag 64 neue Millionäre geboren werden (David A. Kaplan, *Silicon Boys and their valley of Dreams*, New York 1999). In Frankreich sind laut *Le Nouvel Economiste* im Jahr 1999 33 neue Multimillionäre hinzugekommen.

4 Nach der treffenden Analyse von Michel und Monique Pinçon-Charlot über die traditionelle Bourgeoisie des Pariser Westens, *Dans les beaux quartiers*, Paris 1989.

5 Nach einer amerikanischen Studie hat sich die Einkommenskluft in den Vereinigten Staaten in den letzten zwanzig Jahren immer weiter vergrößert. An der Spitze der Pyramide sind die Einkünfte eines von zehn Amerikanern seit 1977 um 115 Prozent explodiert, am unteren Ende der Skala haben sich die Einkünfte jedes zehnten Amerikaners

um den gleichen Prozentsatz verringert. Das Kapital der Mittelschicht ist nur um 8 Prozent gestiegen (*International Herald Tribune* vom 6. 9. 1999). Wenn diese Schicht, die immer weiter ins Proletariat abrutscht, gänzlich verschwände, würde dies mit Sicherheit das Ende der Demokratie bedeuten, deren Grundlage sie bildet, und den Sieg eines ungezügelten Kapitalismus, der jeden Gegengewichtes entbehrt.

6 So zum Beispiel das provokante Buch von Stephen Pollan und Michael Levine, *Die Broke*, New York 1997. Der Autor, ein Finanzexperte, stellt folgende Gebote für eine gute Finanzverwaltung im 21. Jahrhundert auf: »Zerreißen Sie Ihre Kreditkarten und zahlen Sie bar, kündigen Sie in Gedanken Ihren Arbeitsplatz, sobald sie ihn angetreten haben, gehen Sie nie in Rente und sterben Sie vor allem völlig pleite, verteilen Sie ihren Besitz an ihre Kinder, solange diese noch jung sind und ihn brauchen können. Und schreiben Sie dem Bestattungsinstitut einen ungedeckten Scheck für Ihre Beerdigung aus …« Aus der Feder eines Finanzgurus zeigt ein solches Werk deutlich, wie sehr die Unternehmenspolitik des systematischen Abspeckens einen Teil der amerikanischen Mittelschicht desillusioniert hat, und es übersetzt eine Art innerer Desertion vor den Postulaten des Systems in vorstellbare Bilder.

Vierter Teil

Ist das Unglück vogelfrei?

Zehntes Kapitel

Das Verbrechen zu leiden

Helfen Sie mir, den Schmerz, der mich quält, zu unterdrücken, doch nehmen Sie ihn mir nicht, ich brauche ihn zum Leben.

Eine Patientin zu ihrem Therapeuten[1]

In einem 1872 erschienenen Roman beschreibt Samuel Butler eine Gegend namens Erewhon (ein Anagramm des englischen *nowhere*), das Land Nirgendwo, wo Krankheit wie ein Verbrechen bestraft wird. Der kleinste Schnupfen kann Sie dort ins Zuchthaus bringen, wohingegen Mord als eine Krankheit angesehen wird, die Fürsorge und Pflege verdient. Mit einem ausgeprägten Sinn für düstere Prophezeiungen erklärt Samuel Butler sogar, daß Trauer und Verzweiflung, beispielsweise durch den Verlust eines geliebten Menschen, wie ein schweres Vergehen bestraft werden und der Trauernde nichts anderes sei als ein seines Kummers schuldiger Verbrecher. Einem wegen Schwindsucht angeklagten Mann verliest der Richter folgendes Urteil: »Sie werden mir vielleicht sagen, Sie seien weder für Ihre Geburt noch für Ihre Erziehung verantwortlich. Aber ich antworte Ihnen, daß Ihre Schwindsucht, seien Sie nun daran schuld oder nicht, Ihr Fehler ist und daß ich die Pflicht habe, darüber zu wachen, daß die Republik vor derartigen Verfehlungen bewahrt wird. Sie mögen sagen, Sie seien durch ein Unglück zum Verbrecher geworden, ich halte dagegen, daß ihr Verbrechen darin besteht, kein Glück zu haben.«

Ein herrlicher ironischer Einfall, den die zweite Hälfte des 20. Jahrhunderts bestätigen sollte, denn diese Zeit ist, mehr als jede andere, in der Ablehnung des Unglücks und im »Verbot des Todes« (Philippe Ariès) ein gewaltiges Stück vorangekommen. Als wollte die ganze Epoche dem Philosophen Alain Recht geben, diesem unermüdlichen Vorsänger eines Optimismus nach Art der Dritten Republik, der in seinem bereits zitierten Werk *Die Pflicht, glücklich zu sein* (1911–1923) schwerem Leiden jede reale Grundlage abspricht. Wie für Epikur existiert es für ihn nicht, ist es nicht faßbar. »Der Schrecken wirkt einschläfernd«, der Tod tritt unverzüglich ein, wenn er anklopft, und läßt der Phantasie und der Angst erst gar keinen Platz. Alain als großer Eskamoteur geht so weit, allen Ernstes zu behaupten, daß ein Mann auf dem Weg zur Guilloutine »nicht mehr zu beklagen ist als ich«; er brauche nur an etwas anderes zu denken, zum Beispiel »die Schlaglöcher und die Kurven zu zählen«. Und was Pascal betrifft, so sei er im Anblick der Sterne und der Unendlichkeit sicherlich nur erschauert, »weil ihm an seinem Fenster unmerklich kalt geworden war« (sic).

Die Ausbreitung des Abfalls

Seit unsere westlichen Gesellschaften es sich im Zuge der Aufklärung zur Aufgabe gemacht haben, das Glück auf Erden einzuführen, arbeiten wir uns langsam durch den Katalog, führen endlose Listen über alles Unglück, das es auszumerzen gilt. Doch die Leiden wachsen wie die Köpfe der Hydra unaufhörlich nach und breiten sich um so schneller aus, je verbissener wir ihnen nachstellen. Ihre Liste wuchert täglich weiter und vertagt die verheißene Glückseligkeit auf eine ferne Zukunft. Lange Zeit fand jede revolutionäre Bewegung Gefallen daran, die mit der Furcht vor

Tod und Einsamkeit verbundenen Ängste für belanglos zu erklären, und hatte für die Doktrinen, die es wagten, diese Ängste zu erwähnen, nur Verachtung übrig. Was zählte, war allein der Umsturz der sozio-ökonomischen Strukturen und die Machtergreifung durch die Ausgebeuteten. Wären der Kapitalismus und mit ihm alle Ungerechtigkeiten erst einmal beseitigt, dann entstünde eine neue Welt im Dienste des Menschen, aus der sich der Schmerz nach und nach zurückziehen würde wie das Wasser von einem Strand bei Ebbe. Diese schöne Rechnung ist bekanntlich nicht aufgegangen: Nicht nur hat der realexistierende Sozialismus das Unglück überall da, wo er sich etablieren konnte, vermehrt, er hat darüber hinaus alle dem menschlichen Dasein innewohnenden Probleme vernachlässigt und sie als »kleinbürgerlich« abgetan.

Doch die Haltung der liberalen Demokratien zum gleichen Thema ist, obwohl etwas vorsichtiger, so doch nicht weniger zweifelhaft. Obwohl sie die Gemächlichkeit von Reformen dem überstürzten Tempo von Revolutionen vorziehen, haben sie die Hoffnung auf eine wundersame Wendung von Wissenschaft, Technik und materiellem Fortschritt nicht aufgegeben, weil sie am Ende dort erfolgreich sein wollen, wo die totalitären Regierungsformen gescheitert sind. Und in der zweiten Hälfte des 20. Jahrhunderts trat in Europa ein glühender Eifer und maßloser Optimismus zutage, der die bloße Erwähnung des Unglücks zu etwas Archaischem, wenn nicht gar Obszönem stempelte. Unsere Zeit wiederum hat gegen das Unglück die schlimmste aller Verschwörungen angezettelt: das Schweigen. Die Antike zehrte von der Hoffnung, sie könne das Leiden widerlegen.[2] Das Christentum verherrlichte es. Und wir verleugnen es, fliehen es wie eine Plage, weigern uns, auch nur zu erwägen, ob es echt sein könnte.

Trauer, Schmerz und Krankheiten wurden so zur großen Lücke im Denken der weltlichen Ideologie der Moderne und erlangten den wenig beneidenswerten Status des Abfalls in einer zukunftsorientierten Gesellschaft: Ereignisse im Abseits, über die ein Rede- und Erscheinungsverbot verhängt ist und mit denen sich jeder auf seine Weise arrangieren muß. Also ist nicht das Leiden verschwunden, vielmehr ist es untersagt, öffentlich darüber zu reden (außer, das sei noch einmal wiederholt, in der Literatur). Man hat Dynamik und gute Laune vorzutäuschen in der Hoffnung, daß der geheimgehaltene Kummer schließlich von selbst verschwindet. Angesichts des Leids *fehlen uns die Worte*, vor allem, wenn wir glauben, wir verfügten zu seiner Rechtfertigung über das Dogma einer perfekten Erklärung (die Logik des Marktes, der sexuelle Notstand, die Armut etc.), die das gesamte Spektrum des menschlichen Schmerzes abdecken soll. Wir haben den Kummer aus unserem Vokabular gestrichen, genau wie wir die Unglücklichen, die Kranken und die Sterbenden von uns fernhalten, weil sie unseren vorgefaßten Meinungen Gewalt antun und »die Stimmung verderben«. Ihre Nähe irritiert uns, die wir Jugend, Gesundheit und *fun* zu Götzen erhoben haben, ihr bloßer Anblick deprimiert uns. Seit Tolstoi weiß man, das Leiden ist eine Gemeinheit und der Tod ein widerliches Ärgernis. Das 19. Jahrhundert lehnte ihn im Namen des Anstands ab,[3] das 20. Jahrhundert verdrängte ihn im Namen des Genusses. Doch sei es nun für die guten Manieren oder für ein hedonistisches Ideal – der Tod ist und bleibt die größte Unschicklichkeit.

Schreckliche Blindheit des Glücks, das in allem nur sein eigenes Spiegelbild erkennt und zur alleingültigen Aussage werden will. Doch genau wie der Abfall in der Welt des Konsumrauschs am Ende den gesamten Raum einnimmt und sich uns auf tausend widerliche Arten in Erinnerung bringt, so hat auch das Leiden, da es sich nicht ausdrücken kann, zu wuchern begonnen und das Bewußtsein für unsere Verletzlichkeit nur noch geschärft. Unter dem Vorwand, man wolle es vertreiben, hat man ihm einen sakralen Charakter verliehen. Zu einem Tabu, einer Grauzone unserer westlichen Gesellschaften geworden, ist es buchstäblich explodiert wie ein Gas, das zu lange unter Verschluß gehalten wurde; es ist in alle Poren der Gesellschaft gedrungen und hat Bereiche besiedelt, in denen man es nicht erwartet hatte. Denn daß wir das Böse, das uns trifft, nicht benennen können, sei es am Arbeitsplatz oder im Alltag, daß wir es nicht von den anderen akzeptiert wissen, ist das Schlimmste, was es gibt, und es verdoppelt unser Leid (ebenso wird, wie Philippe Ariès bemerkte, der Verlust eines geliebten Menschen noch traumatischer dadurch, daß wir unsere Tränen und unsere Trauer unterdrücken). Das Unrecht der westlichen Welt in der zweiten Hälfte des 20. Jahrhunderts bestand darin, die Menschen in der wahnwitzigen Hoffnung auf ein baldiges Ende allen Unglücks zu wiegen: Hungersnöte, Armut, Krankheiten und Alter würden binnen ein, zwei Jahrzehnten verschwinden, und eine von ihren uralten Plagen gereinigte Menschheit würde an die Pforten des dritten Jahrtausends klopfen, stolz darauf, die letzten Keime der Hölle ausgemerzt zu haben. Europa sollte nach den bedeutungsvollen Worten von Susan Sontag zum einzigen Ort werden, an dem die Tragödie nicht mehr stattfinden würde. (Mit jedem Jahrzehnt, mit jedem ausgehenden Jahrhundert kehren die gleichen leeren Verheißungen, die gleichen unverwüstlichen Hoffnungen wieder: Die Grenzen verschwinden, dem Hunger wird Einhalt geboten, die Gefängnisse werden abgeschafft, die Krankheiten besiegt, usw.)

Nicht nur hat dieses Märchen sich niemals erfüllt, es hat gewissermaßen noch verstärkt, was es beseitigen sollte: Zu Recht hatte man gegen den Geist der Resignation gewettert, den Kirche und Bürgertum besonders im 19. Jahrhundert propagierten. Anstrengung und Schmerz wurde damals als normal angesehen, um sich von Sünde oder Armut freizukaufen, und die Freude als eine Seltenheit betrachtet, als ein privater Garten, der von hohen Mauern umgeben war und dem Volk verboten. Doch sobald der Hedonismus sich als alleingültiger Wert aufdrängt, werden Tod und Leiden zum reinen Widersinn, zu einer unerträglichen Einschränkung unserer Rechte. Zusätzlich zu den Verheerungen, die sie anrichten, sind sie auch völlig nutzlos, was sie noch bitterer erscheinen läßt. Und man wird unruhig, wenn sie andauern, obwohl man uns doch weisgemacht hatte, sie würden bald verschwinden. »Geben wir die Existenz des Bösen zu, und tun wir den häßlichen Dingen des Lebens nicht auch noch den absurden Gefallen, sie zu leugnen«, sagte schon Voltaire. Daher das bereits erwähnte Paradoxon: In den westlichen Gesellschaften wurde noch nie so viel über das Leiden gesprochen wie seit der Zeit, da sie sich ausschließlich mit dem Glück beschäftigen. Durch eine ungewöhnliche Umkehrung der Dinge hat der Schmerz, der doch angeblich keinerlei Legitimation besaß, einen maßlosen Platz besetzt, genauer gesagt den ersten.

Betrachten wir den düsteren Glanz, der heute dem Wort Unglück anhaftet. Vor ihm verneigen sich alle: Es ist ein Freischein, der die Herzen öffnet, der jedes Urteil aufhebt und alle Nachlässigkeiten entschuldigt. Die Genialität eines François Mitterrand war es, daß er seinen eigenen Tod mehrere Jahre im voraus inszenierte, um Lügen und Unterlassungen seiner Regierungszeit einzugestehen. An der Schwelle zur Ewigkeit, während man tapfer einer tödlichen

Krankheit begegnet, beichten, daß man einst gefehlt hat, macht das Geständnis unschädlich und filtert die Enthüllungen in einer Weise, die den Kritikern den Wind aus den Segeln nimmt. Hier spricht kein Mächtiger mehr, sondern jemand, der bereits mit einem Bein im Grabe steht; leichenblaß wendet er sich an uns, und indem er seine belanglosen Jugendsünden, seine pétainistischen Versuchungen, seine kompromittierenden Freundschaften zugibt, fegt er sie vom Tisch. Wenn das klassische Sterben einst Vorbildwirkung hatte, so war diese Agonie ein Appell an die Nachsicht und erlaubte dem alten sozialistischen Monarchen, der sich schon immer auf Betrügereien verstanden hatte, sein gegenwärtiges Leiden als Schutzschild der Vergebung vor die vergangenen Irrtümer zu halten. Ein großartiger Abgang, der zwar die Moral und die Prinzipien der Demokratie verletzte, an dem sich jedoch alle Dramatiker ein Beispiel nehmen sollten.[4]

Weil das Leiden lange Zeit in die Kulissen verbannt war und im politischen Diskurs schamhaft übergangen wurde, kommt es nun wieder zum Vorschein, kehrt mit Pauken und Trompeten zurück und erlangt eine zweifelhafte Heiligkeit: Weit davon entfernt, obszön zu sein, wird es sogar noch zur Schau getragen und dient, sobald es sich zeigt, als Absolution. Für den, der sich auf das Leiden berufen und alle seine Wundmale öffentlich zeigen kann, gelten die Gesetze der gewöhnlichen Moral nicht mehr. Denn die Demokratie hat ein ambivalentes Verhältnis zum Unglück: Indem sie es ablehnt, macht sie es zur Grundlage immer neuer Rechte. Ihre großen Aufgaben sind in erster Linie negativ formuliert: Sie will Armut und Ungleichheit beseitigen und Krankheiten bekämpfen. Der unvermeidliche Widerspruch aber besteht darin, daß man den Übeln, die man doch ausräumen möchte, zu Beachtung verhilft. Wenn jedes Leiden neue Ansprüche begründet[5], dann wird der physische und psychische Schmerz nach und nach zum Maß aller Dinge. Um ihn zu beseitigen, muß man ihn zunächst benennen, ihn zulassen. Seit der Aufklärung sorgt die Moderne dafür, daß sich das Gefühl für das Unerträgliche immer mehr weitet: Was vorher selbstverständlich schien, wird nunmehr als Ungerechtigkeit und Willkür betrachtet. Neu im Vergleich zu den vergangenen Jahrhunderten ist nicht die Menge der Plagen, unter denen wir leiden, sondern unsere Haltung dazu. *Modern sein heißt unfähig sein, sich mit dem Schicksal abzufinden, das für uns vorgesehen ist.* Der Haß auf das Leiden ist demnach der Ursprung allen Fortschritts im Rechtswesen, nicht nur für die Menschen, auch für andere Lebewesen wie die Tiere.[6] Und da die bescheidenen Ansprüche früherer Zeiten von immer größeren Begehrlichkeiten abgelöst wurden, leben wir in einem Zustand ständiger Enttäuschung: Niemand wird je genug geliebt, gewürdigt oder belohnt. Wie im Christentum der Tod als der Lohn der Sünde galt, sollten wir für unser bloßes Dasein mit Glück belohnt werden, diesem Manna, das für jeden in ausreichender Menge bereitgehalten wird, um ihm dafür zu danken, daß er geboren wurde. Doch je höher gesteckt der Ehrgeiz, desto magerer erscheint das Ergebnis, und die Menge des Unerträglichen wächst ständig weiter. Indem die Demokratie eine fortwährende Unzufriedenheit erzeugt, wird sie zur Regierungsform der geheiligten Beschwerde. Durch das Recht, das, wie ein Jurist sagte, zu »einem riesigen Syndikat gegen das Leiden« wurde, kehrt dieses Leiden in den allgemeinen Diskurs zurück; gerade weil man es für vogelfrei erklärt hat, lebt es paradoxerweise immer wieder auf. In diesem Fall wird der Jäger zum Opfer seiner Beute, und nicht umgekehrt.

So kommt es zu einer besorgniserregenden Verwechslung von Widrigkeit und Unglück: Ein Hindernis ist keine gewöhnliche Prüfung mehr, die die Welt meinen Handlungen in den Weg stellt, sondern ein persönlicher Angriff, für den mir eine Entschädigung zustünde. Wir verwechseln schmerzlich und unangenehm, unglücklich und schwierig; bei der kleinsten Widrigkeit rufen wir: Die Welt liebt mich nicht, alles hat sich gegen mich verschworen. Die wachsende Ungewißheit darüber, was Leiden ist und was nicht, läßt die Verzweiflung jeden Tag größer werden, wie eine Seuche, die man weiterverbreitet, während man vor ihr zu fliehen sucht. Dinge, die einst hinnehmbar waren, sind es nun nicht mehr; alles, was der Zufriedenheit im Weg steht oder sie hinauszögert, wird als Schicksalsschlag verbucht. Eine traditionelle Kategorie wie die körperliche Anstrengung – es sei denn in spielerischer Form wie beim Sport – wird verbannt; harte körperliche oder unangenehme Arbeiten werden den Immigranten übertragen, denn sie ermessen ihre Mühe ja nicht. Doch auch geistige Anstrengung wird als Unterdrückung empfunden. Darin besteht das Problem der Schule: Man möchte den Kindern jegliche Schikane ersparen und verzichtet im Namen der unantastbaren Freiheit der Kleinen darum häufig darauf, ihnen etwas beizubringen. Lernen wird mit Verfolgung gleichgesetzt, man muß den Schülern helfen, sich zu entfalten, anstatt ihnen abstrakte Kenntnisse aufzuzwingen …

Kurz, das Unglück ist vage geworden, es erobert alles, was nicht reine Lust ist, dringt vor wie eine Freßzelle, die sich Zustände und Gefühle einverleibt, die bisher nicht in seine Kategorie fielen. Deshalb verlieren wir den Sinn für die Verhältnismäßigkeit und machen aus dem kleinsten Malheur eine Tragödie. Wir geraten in einen pathetischen Rausch, der nicht mehr wie bei den Romantikern eine

Distinktionsstrategie gegenüber dem Bourgeois ist, sondern ein Reflex des systematischen Gejammers, eine kurzsichtige Philosophie der Verzweiflung. Die Hölle von heute ist, nicht mehr zu wissen, wo der Schmerz, der sich in allen Gesichter zeigt, beginnt und wo er aufhört. Im Grunde heißt leben allein schon Schmerz, und damit ist ein religiöses Postulat aktualisiert, das man überholt glaubte.

Zu einer neuen Kultur des Leidens?

Ich hatte in einem früheren Buch[7] dargelegt, wie der Status des Opfers zu einem beneidenswerten Status wurde, der zuweilen erblich ist und ganze Geschlechter von Parias hervorbringt, die von allen Pflichten entbunden sind und alle Rechte genießen. Ich hatte beschrieben, wie der einem Hegel so teure Kampf der Bewußtseine abgelöst wurde vom Krieg der Leiden, der in der Öffenlichkeit ausgetragen wird. Wie Völker, Minderheiten, Individuen um den Rang des am meisten zu beklagenden Opfers rivalisieren, da die traditionell Unterdrückten nun schon als vom Schicksal begünstigt bezeichnet werden – ein Irrtum, der einen Wettstreit der Opfer unter all jenen mit sich bringt, etwa Kurden, Juden, Bosniern, Tutsis, Schwarzen, Indianern, Frauen oder Homosexuellen, die um die Märtyrerkrone konkurrieren. Wie sich in unseren Ländern im Zusammenhang mit der Erweiterung der Rechte geradezu ein Markt für das Leid und eine regelrechte Demagogie der Verzweiflung entwickelte, in der jeder mit jedem rivalisiert und seine Leidenspokale hochhält. Wie schließlich dieser Unglücksrausch, als Folge des zerstörten Vertrauens in die Macht des Menschen, nicht nur in eine unübertroffene Konjunktur des Gejammers mündet, sondern auch in einen Verfall der Umgangssprache und eine widerwärtige Gleichsetzung unserer kleinen Nöte mit den wahren Greueln, wobei der inflationäre Gebrauch des Begriffs »Völkermord« und der beharrliche Rückgriff auf Auschwitz die deutlichsten Anzeichnen für diese Verzerrung durch gegenseitiges Überbieten sind.

Zum Glück erfährt nicht jedes Übel ein derartiges Schicksal. Wir stellen die Hypothese auf, daß die westlichen Gesellschaften neben dem Recht als Instrument der Wiedergutmachung und dem politischen Kampf als Motor der Gerechtigkeit gegenwärtig eine neue Beziehung zum Leiden entwickeln und daß es dabei vielleicht um eine grundlegende Umwälzung geht. Die erste Etappe besteht darin, nach jahrelanger Verdrängung das Unglück als zum menschlichen Schicksals gehörig anzuerkennen. Wir müssen wieder lernen, mit ihm zu leben, um seinen tödlichen Fallen zu entkommen und den Schaden möglichst gering zu halten. Indem wir das Unglück in unser Dasein zurückholen und es wieder in den allgemeinen Sprachgebrauch einführen, befreien wir uns von der ungesunden Faszination, die von ihm ausgeht, wenn es verborgen wird, bändigen wir es, indem wir es integrieren. Wir sind nicht machtlos gegenüber dem Leid, sondern verfügen sogar über eine Fülle miteinander konkurrierender Mittel dagegen. Neben den beiden traditionellen Auswegen, die bereits erläutert wurden, dem antiken und dem christlichen, führt unsere moderne Welt eine Unzahl sinnstiftender Therapien ins Feld, nicht zu vergessen das prall gefüllte Arsenal des amtlichen Arzneibuchs sowie sämtliche exotischen Weisheiten, Heilmethoden und Glaubensrichtungen, die unsere hilflose Epoche in wirrer Reihenfolge an ihr Lager bestellt.

Einen Trugschluß stellen in dieser Hinsicht der Buddhismus und bestimmte stoische Strömungen dar: *Sie bieten die Lösung der Probleme durch deren Auflösung an.* Sie erklären unsere Neigungen für verderblich, unsere Sorgen für eitel und unser Ich für illusorisch. Sie schlagen vor, Seelenfrieden und innere Ruhe zu suchen, indem man sich dem gesellschaftlichen Trubel entzieht. Wenn wir demgegenüber der Meinung sind, daß nicht im Verzicht, sondern in der leidenschaftlichen Zuwendung zu den anderen und zum Zauber der Welt das wahre Leben liegt, dann können solche Doktrinen, die die Problemlösung im Ausweichen sehen, uns wenig bringen. Wenn für uns der furchtbarste Schmerz im Verlust eines geliebten Menschen liegt, ist es ein schwacher Trost, wenn man uns mit Epiktet darauf erwidert: »Sag niemals von irgend etwas: Ich habe es verloren. Sondern sag: Ich habe es zurückgegeben. Ist deine Frau gestorben, so hast du sie zurückgegeben. Ist dein Kind gestorben, so hast du es zurückgegeben.« Allein ein Mensch mit »asketischem Ideal« (Nietzsche) wäre damit zu trösten. Wenn man die Wahl hat zwischen fadem Gleichmut und den Gewittern der Liebe, so darf man letztere vorziehen, selbst auf die Gefahr hin, daß die Einschläge noch viel zahlreicher sein werden. Denn die Liebe ist, wenn sie auch als Quelle der größten Glückseligkeit gilt, keineswegs gleichbedeutend mit dem Glück, da sie ein unendlich viel breiteres Spektrum an Gefühlen beinhaltet: Ekstase, Abhängigkeit, Opfer, Terror, Sklaverei, Eifersucht. Als ergreifendste und zugleich gefährlichste Erfahrung kann sie uns in den Abgrund stürzen und in höchste Höhen erheben. Vor allem setzt sie voraus, daß wir bereit sind, für den anderen und durch ihn zu leiden, unter seiner Gleichgültigkeit, seiner Undankbarkeit, seiner Grausamkeit.

Die Bezugspunkte sind ebenso zahlreich wie wirr: Es gibt keinen Konsens mehr über die Not, wenn es überhaupt jemals einen gegeben hat, denn wir befinden uns heute im *Reich des Menüs*, wo wir nacheinander verschiedene Pfade durchprobieren und sie bei Bedarf auch abkürzen. Alles ist vollkommen relativ: Jeder muß mit seinem Leiden zurechtkommen, nach seinen Überzeugungen und mit seinen Mitteln (und man weiß, wie sehr wirtschaftliche und soziale Ungleichheit die Anfälligkeit für bestimmte Krankheiten erhöht und den Menschen beim Zugang zu Heilungsmöglichkeiten diskriminiert). Die Haltung, etwas durchzustehen, ist aus der Mode gekommen. Sie war vielleicht nicht die vollkommene Reaktion, hatte jedoch den Vorzug, wenigstens allen gemeinsam zu sein und wie ein kathartisches Ritual zu wirken. Und genau wie Freud als Ziel der Psychoanalyse nannte, sie solle uns lehren, das normale Leben zu ertragen, so muß man das Leiden wieder zähmen, »sich ihm nähern«, wie Montaigne es über den Tod sagte, um ihm gegenüber wieder eine gewisse Gelassenheit zu erlangen, und zugleich versuchen, es so gut wie möglich auf Distanz zu halten.

Leiden verbindet

Der zweite Aspekt dieser Revolution besteht darin, die Menschen durch ihre gemeinsam durchlebten Tragödien aneinander zu binden. Wir versuchen nicht mehr, wie einst der revolutionäre Sozialismus, das Unglück auf einen Schlag zu vernichten, sondern nehmen es Stück für Stück in Angriff, wenn es über uns kommt. Auf alle Traumata, Unfälle, Attentate oder Epidemien kann man in bestimmter Weise reagieren, mit Vereinigungen oder Verbänden, in denen man sich gegenseitig hilft und austauscht. Menschen aller Schichten und Regionen finden sich zufällig vereint

Ärzte und Patienten

Nichts ist ambivalenter als die Figur des Arztes, der Prediger, Hexer und Heiler zugleich ist, ein Herrscher über Leben und Tod. Lange schwankte die Darstellung dieses Berufs zwischen zwei sehr gegensätzlichen Bildern: einerseits der arrogante Facharzt, dem seine Macht zu Kopf gestiegen war und der über alle Attribute des Wissens verfügte; andererseits der Hausarzt, ein Säulenheiliger der französischen Gesellschaft, der es verstand, eine sichere und genaue Diagnose mit freundlichen Ratschlägen zur Lebensweise zu verbinden. Im zweiten Fall war die Beziehung zwischen Arzt und Patient eine »Begegnung zwischen Gewissen und Vertrauen« (Louis Portier), und mancher Arzt wurde durch diese Treuebeziehung quasi zu einem Berater, der sowohl für die körperliche als auch für die geistige Hygiene zuständig war.

Alles ist anders geworden, seit die Medizin sich zugleich spezialisiert und liberalisiert hat. In den Händen des Spezialisten wird der Mensch nicht nur zerstückelt, es streiten sich auch noch mehrere Konkurrenten um jeden einzelnen Körperteil. Dieser neue Status hat zur Folge, daß man jedem Mediziner gegenüber zwischen absolutem Vertrauen und absolutem Argwohn schwankt. Da vorausgesetzt wird, daß er alles weiß, hat ein Arzt keinerlei Recht, sich zu irren. Und manche Kranke, die vom Nomadentum des Hypochonders befallen sind, ziehen von einer Praxis zur nächsten, auf der Suche nach einer anderen Meinung oder einem neuen Medikament. Der Patient von heute ist ein Skeptiker, der an keine

Behandlung glaubt, sie aber dennoch alle durchprobiert. Er nimmt Homöopathie, Akupunktur, Sophrologie und Allopathie in Anspruch, ähnlich wie die modernen Gläubigen, die sich verschiedenen Religionen zuwenden, um sich gleich doppelt abzusichern.

Je mehr man von der Medizin im allgemeinen erwartet (und man verlangt heute alles von ihr, sogar das Unmögliche, die vollkommene Heilung und den Sieg über den Tod), desto ungeduldiger wird man angesichts der Grenzen einzelner Ärzte. Die Wissenschaft erdrückt mit ihren Versprechungen ihre eifrigsten Diener. Sie werden belanglos, verlieren an Autorität und verkommen zu bloßen Dienstleistern, die man vor Gericht verklagt – übrigens häufig zu Recht –, sobald sie einen Fehler begehen. Während Forscher, Gelehrte oder manche Chirurgen, deren Können noch etwas von künstlerischer Genialität anhaftet, immer auch ein außerordentliches Prestige genießen, ist der gemeine Arzt heute in vielen Fällen nur noch ein Handwerker, der die Maschine wieder in Gang bringt – bis zur nächsten Panne.

Wir sind jedoch nicht immer dieser Patchwork-Medizin ausgeliefert, die häufig an die Arbeit eines Klempners oder Installateurs erinnert. Manchmal bahnt sich zum Glück zwischen dem Kranken und seinem Arzt ein Gespräch an, das nicht rein zweckbetont ist und dem Patienten ermöglicht, von seinem Leiden zu erzählen, seine Symptome mit seiner persönlichen Geschichte zu verknüpfen. Dann ist es nicht mehr die ungleiche Beziehung zwischen einem Halbgott in Weiß, der befiehlt, und einem Patienten, der gehorcht, sondern ein Austausch oder ein Pakt, bei dem zwei Subjekte, die sich beide ihrer Grenzen bewußt sind, sich gemeinsam und unter gegenseitiger Achtung um die bestmögliche Behandlung bemühen. Vielleicht liegt die Zukunft des Arztberufs darin, die fachliche Kompetenz des Spezialisten und die menschliche Intelligenz des Allgemeinmediziners miteinander zu verbinden.

durch denselben Schmerz und beschließen, da sie die Grenzen der Medizin und der Psychiatrie erkannt haben, gemeinsam gegen ihr Drama anzugehen. Die große Neuerung der »Anonymen Alkoholiker«, die vor dem zweiten Weltkrieg in den Vereinigten Staaten gegründet und von Joseph Kessel auch in Frankreich eingeführt wurden, bestand in einer Verhaltenstherapie, bei der der Trinker selbst, assistiert von Tutoren, die das gleiche Leiden durchgemacht und sich davon befreit haben, die Verantwortung für seine Abhängigkeit übernimmt. Auf diese Weise wird im Kampf gegen die Maßlosigkeit ein Ideal der Selbstbeherrschung wiederbelebt, unter der Kontrolle von schützenden und wachenden Paten. Alkohol (oder Drogen) bleiben nach wie vor der Lebensmittelpunkt, doch verändert man allmählich seine Beziehung zu ihnen. Da man keine Drogen mehr nehmen kann, spricht man über sie, und man spricht über sie, um keine mehr zu nehmen. Was man durch den Entzug verliert, gewinnt man an Freiheit zurück, und man rettet sich gemeinsam mit anderen genau durch das, was einen vorher zerstörte. Wer meinte, im Alkohol einen Freund gefunden zu haben, und sich unverhofft einem Gegner gegenübersah, dem wiesen die Regeln der Gruppe einen Weg, seine verlorene Selbstbestimmung zurückzugewinnen.

Etwas ganz Geringes und doch Entscheidendes hat sich vermutlich in unserer Beziehung zur Krankheit verändert. Wir fürchten und fliehen sie immer noch genauso wie zuvor, doch wir lassen nicht mehr zu, daß eine fremde Instanz, sei sie nun medizinischer oder sonstiger Natur, uns ihrer enteignet. Vielmehr verlangen wir nun, so weit wie möglich in den Behandlungsprozeß einbezogen zu werden. In der Hinsicht nimmt Aids wahrscheinlich eine Sonderstellung ein: Weil man sich, da man die Aidskranken nicht heilen konnte, lange damit begnügte, sie zu stigmatisieren, mußten diese, in erster Linie Homosexuelle und Drogenabhängige, eine soziale, juristische, politische Abwehrstrategie gegen ihre Diffamierung und Verachtung entwickeln, bis hin zur Wiedereinführung heidnischer Bestattungsriten für ihre Toten. Erstaunliches Vorbild von Männern und Frauen, die der gleichen Schicksalsgemeinschaft angehören und deren Aktivitäten sich wohltuend auf den Umgang mit allen anderen Krankheiten auswirken könnten. Aids hat nicht nur das alte Band zwischen Sexualität und Tod neu geknüpft (auch wenn dies zu Beginn auf verheerende Weise verkannt und als Komplott gegen die Minderheit der Schwulen dargestellt wurde). Es hat auch zwei Welten miteinander konfrontiert, die sich fremd geworden waren, die Jugend und das Grab, just am Ende eines Jahrhunderts, das allen, wenn schon nicht die Ewigkeit, so doch immerhin eine Lebensverlängerung bis zu einem Alter von 120 Jahren in Aussicht gestellt hatte. Aids ist über uns gekommen, um unserer kühnsten Hoffnungen zu spotten, es hat uns aufs neue in eine Art mittelalterlichen Horror versetzt, denn in seinem Schatten lauern bereits weitere Generationen von Viren darauf, uns scharenweise dahinzuraffen. Doch vor allem hat Aids den Mythos von der Allmacht der Medizin zerstört, es hat dem Wort »unheilbar« – dem unanständigsten Wort des modernen Sprachgebrauchs – wieder einen schrecklichen Sinn gegeben und unsere panische Angst vor der Rückkehr tödlicher Krankheiten wachsen lassen.

Ebendies hat ihm einen besonderen Status verliehen, es zu einem halb politischen, halb medizinischen Gegenstand gemacht: Nicht alle Pandemien sind, wenn man es einmal so auszudrücken wagt, so »begehrenswert«; Aids hat durch die mit ihm verbundenen Emotionen und dagegen gerichteten Verwünschungen alles Bisherige über den Haufen geworfen. Die Forscher mußten sich in ihrer Arbeit umorientieren, die Patienten ihren Status neu definieren und die Gesellschaft bislang schamhaft verschwiegene Krankheiten mit anderen Augen betrachten. Vielleicht hat der Kranke sich dank Aids, diesem düsteren Paukenschlag, der in einer sorglosen Zeit ertönte, aus einem unbeteiligten, den Ärzten ausgelieferten Objekt in ein Rechtssubjekt verwandelt, in einen gesellschaftlich Handelnden, der Gerechtigkeit erfahren kann (wie man es im Prozeß über das kontaminierte Blut erlebt hat), der gemeinsam mit den Ärzten über die beste Therapieform berät und manchmal sogar im Verwaltungsrat von Krankenhäusern sitzt. Da er nunmehr mitverantwortlich ist für seine Behandlung, erlangt der Patient im Laufe seiner Krankheit nicht nur medizinisches Fachwissen, sondern auch persönliche Reife und trägt damit auf seine Weise zu seiner Heilung bei: So werden in einer Schweizer Klinik für krebskranke Kinder jeden Morgen die tödlichen Zellen an die Tafel gezeichnet, und man läßt die Kleinen nachsprechen: »Ihr Zellen, ich werde euch umbringen, ich werde nicht zulassen, daß ihr mich tötet.« Und indem er sein persönliches Drama in ein Netzwerk von Freundschaften einbindet, wird jeder einzelne zugleich zum Verwalter seiner Krankheit wie auch zum Pädagogen, der die anderen erzieht und sie lehrt, sich medizinisches und juristisches Wissen anzueignen. Es ist dies ein souveräner Akt der Wiederaneignung. Der Patient befreit sich aus der Unterwerfung und erlangt seine Würde zurück.

So wirken geteiltes Leid und der Wille, sich von ihm zu befreien, verbindend; sie werden zu einem »sinnstiftenden Akt«.[8] Wie diese *Koalitionen von Leidenden* auch immer aussehen mögen, alle gehen von ein und derselben Feststellung aus: Die Weisheiten dieser Welt wie die traditionelle Politik sind der Trauer gegenüber gleichermaßen ohnmächtig und können den Leidenden nichts anderes bieten als die Ruinen einer unfähigen Wissenschaftsgläubigkeit oder eines degenerierten Christentums. In dem Bemühen, die Resignation ebenso wie das Mitleid zu überwinden, tun sich diese geschlagenen Wesen zusammen, um nicht alleine zu leiden. Lauter winzig kleine, zuweilen spektakuläre, zuweilen rührselige Versuche, die Krankheit wieder in die menschliche Gemeinschaft aufzunehmen und neue Netze gegen sie aufzubauen, abseits von Kirchen, Parteien, Institutionen.

Opfer oder Pioniere

Wenn man von einer dritten Macht sprechen kann, die aus der zivilen Gesellschaft hervorgeht, der Macht der Opfer,[9] so sind dies jene Menschen, die sich nicht auf ihren Opferstatus reduzieren lassen und bestrebt sind, trotz ihrer körperlichen Einschränkungen Freiheit und Eigenverantwortung zurückzuerlangen. Unter Zurückweisung ihrer Viktimisierung, bei der sie die eigene Benachteiligung ins Feld führen würden, um eine Sonderbehandlung zu erhalten, tragen diese Menschen ihr Leid an die Öffentlichkeit, um anerkannt und als normal akzeptiert zu werden. So beispielsweise jene junge französische Pilotin, die, durch einen

Unfall an den Rollstuhl gefesselt, eine Bewegung zur Anerkennung der Fähigkeiten körperbehinderter Piloten gründete. Indem sie beschließen, daß ein solcher Mißstand nicht zu tolerieren ist, und ihre Empörung in juristische Begriffe übersetzen, verändern diese Kranken die Norm und sorgen insgesamt für mehr Toleranz. Da kein Weg an der Gleichgültigkeit der Behörden oder der Skepsis der medizinischen oder psychiatrischen Gutachter vorbeiführt, müssen sie der folgenden entscheidenden Aufforderung gehorchen: *Beweisen Sie mir, daß Sie leiden.*[10] Dann, und nur dann, werden sie zum Präzedenzfall, dienen anderen als Vorbild und erweitern den Kreis der legitimen Opfer.

Es geht eine tiefgreifende Veränderung vor sich: Durch die Forderungen angeregt, die durch Bluter, Krebs- und Aids-Patienten sowie Körperbehinderte an sie gerichtet werden, versucht eine ganze Gesellschaft, sich auf ein neues Übel einzustellen und ihrem Unglück mit einer Mischung aus Pragmatismus und Voluntarismus zu begegnen. Man gibt sich nicht mehr mit dem zufrieden, was bis dahin alle hingenommen haben. Was früher einfach als Pech galt, wird nun als Benachteiligung, das heißt »veränderliches Schicksal« (Ernst Cassirer) betrachtet. Man kämpft, wie auch anderswo in der Welt der Arbeit und der Unternehmen, um Würde und darum, nicht auf sein Ungemach reduziert zu werden. (Den Blick auf die Behinderung zu verändern ist auch die Hauptfunktion der Fernsehsendung »Téléthon«, bei der Gelder für die Forschung gegen Myopathie gesammelt werden.) Schwerkranke, Traumatisierte, Unfallopfer zeigen so, gestärkt durch ihre gemeinsamen Schwächen, ihre Unabhängigkeit von dem, was sie bisher zu Bürgern zweiter Klasse, zu Hilfsbedürftigen, Aussätzigen gestempelt hatte. Sie wehren sich gegen ihre Marginalisierung. Sie kämpfen um ihren Platz in der menschlichen Gemeinschaft.[11]

Winzige Revolutionen

»Wozu soll man gegen Aids demonstrieren?« fragt ein Philosoph. »Ist denn jemand dafür? Demonstriert man etwa gegen Krebs oder Herzinfarkt?«[12] Auf diesen berechtigten Einwand läßt sich erwidern, daß man in erster Linie demonstriert, um seine Mitstreiter zu zählen und seine Kräfte zu mobilisieren. Man greift auf symbolischer Ebene ein und erinnert die Gesellschaft daran, daß jeder betroffen ist. Es geht darum, wie auch in anderen Fällen, Geächtete in ehrenhafte Opfer zu verwandeln (und zu verdeutlichen, daß ehrbare Bürger morgen in der Haut von Geächteten stecken können). So ähneln die Aufmärsche von Act Up[13] mit ihren wie Todesanzeigen anmutenden Transparenten, ihren Pfeifen und ihrer düsteren Kleidung den Gefolgen von Büßern, die im Mittelalter durch die Städte zogen, um die Menschen daran zu erinnern, daß sie sterblich sind. Die Moderne nimmt jedesmal, wenn sie mit dem Wesentlichen, also mit dem Tod konfrontiert wird, eine religiöse Färbung an. *Kurz, der moderne Bürger ist ein leidendes Subjekt, das sich gegen sein Leiden auflehnt* und dessen Auflehnung mehrere Wege einschlagen kann: die Beschwerde an den Wohlfahrtsstaat[14], die Klage auf Entschädigung an eine gerichtliche Instanz und schließlich den gemeinschaftlichen Kampf. Der moderne Bürger kann auch alle drei Möglichkeiten zugleich wahrnehmen, doch in jedem Fall hat er die Wahl zwischen der Opferhaltung, die ihn verurteilt, in seinem Leid zu verharren, oder dem gemeinsamen Kampf, der ihn veranlaßt, sich neue Lösungsmöglichkeiten auszudenken und seine Klagen effektiv einzusetzen. Er kann sich in seiner Verletzung einkapseln, um endlos über die finstere Ungerechtigkeit seiner Erniedrigung nachzugrübeln, oder aber sich selbst wieder aufbauen, sich zwingen, das Märtyrergewand abzulegen und in den Orden der Freiheit einzutreten. Zwischen diesen beiden Arten, mit dem Leiden umzugehen, wird sich unsere Zeit wohl niemals entscheiden können. Doch die Wahlmöglichkeit ist gegeben. Diese winzigen Revolutionen lindern keineswegs die Not des Verurteilten oder die Einsamkeit des Sterbenden. *Man kann so manches Leiden heilen, jedoch nicht das Unglück selbst,* das mit einer Findigkeit, die unsere letzten Reserven herausfordert, in immer neuen Varianten über uns hereinbricht. Jede Epoche trägt, wenn sie auch glaubt, es ginge ihr besser als der vorherigen, lediglich ein neues Kreuz. Doch wenigstens nimmt unsere Einstellung zum Schmerz eine neue Form an, die weder dem positivistischen Optimismus noch religiösen Postulaten, noch einer hedonistischen Unbekümmertheit, die ja nur eine andere Art von Kapitulation ist, irgend etwas schuldet. »Diejenigen, die sich dem Kampf verweigern, werden schwerer verletzt als die an ihm teilnehmen«, sagt Oscar Wilde.

Liebe ist nicht Mitleid

Man hat einen gewaltigen Fortschritt erzielt, indem man das Mitleid, »diesen angeborenen Widerwillen, seinesgleichen leiden zu sehen« (Rousseau), zu einer demokratischen Tugend erhoben hat, wodurch wir die gesamte Menschheit, das Tierreich eingeschlossen, als einen einzigen leidenden Körper erleben, dessen kleinste Verletzungen uns schmerzlich berühren. Durch das Entsetzen, das wir über das Leid anderer Menschen und unserer niederen Brüder, der Tiere, empfinden, entwickeln sich unsere Rechtsbegriffe weiter. Jedoch, wenn Rousseau schreibt: »Jede Kreatur, die leidet, ist meinesgleichen«, so dehnt er ohne jeden Zweifel das Gefühl der Gleichheit und der Solidarität auf die Gesamtheit der Völker und Arten aus. Er stellt das Leiden ins Zentrum der menschlichen Erfahrung, und nicht die Freude oder die Heiterkeit. Man kann seine Erklärung dann auch umgekehrt lesen: Nur wer leidet, ist meinesgleichen (und wer das Leben genießt, mein Feind?).

Hüten wir uns vor den Unglücksgeiern, die sich über unseren Wohlstand empören, aber beim ersten harten Schlag, der uns trifft, an unser Lager gerannt kommen und sich an unserem Unglück laben. Hüten wir uns ebenso vor denen, die mit ihrer Bewunderung der Armen, der Verlierer und der Ausgeschlossenen hausieren gehen. Ihre Fürsorge ist getarnte Verachtung, eine Art, die Elenden auf ihre Not zu reduzieren, sie niemals als gleichwertig zu betrachten. Unter der Maske der Barmherzigkeit triumphiert das heimliche Ressentiment: die Liebe zum Unglück, der Haß auf die Menschen. Nur wenn diese leiden, verzeiht man ihnen, daß sie leben.

»Von Mitleid ergriffen zu sein«, meinte Cicero, »bedeutet also, daß man ebenso von Neid ergriffen ist, denn wer unter dem Unglück des anderen leidet, kann gleichermaßen unter seinem Glück leiden.« Für Rousseau ist das Mitleid die effektive Teilnahme am Schmerz des anderen und ein Merkmal der Gesamtheit aller Geschöpfe. Es wäre Zeit, ihm die Mit-Freude entgegenzusetzen, den Mit-Genuß, die Fähigkeit, mit der Lust des anderen zu sympathisieren, anstatt kein gutes Haar an ihm zu lassen, sobald er besser dran ist als wir. Dann, und nur dann, zeigt sich das wahre Gesicht der Liebe: nicht im zweifelhaften Erbarmen, sondern im Jubel über die Existenz des anderen. *Delectatio in felicitate alterius*, sagte Leibniz. Es liegt mehr Seelengröße darin, an der Freude des anderen teilzuhaben, als darin, sich über sein Unglück zu grämen.

1 *Revue française de psychosomatique*, Nr. 15

2 Sokrates: »Für den guten Menschen gibt es kein Leid, weder während seines Lebens noch nach seinem Tode.« Epikur: »Der Tod existiert für uns nicht«, und: »Der Weise lächelt unter der Folter.« Zenon: »Es gibt nichts Böses außer dem Laster und der Scham.« Epiktet: »In der Ordnung der Welt gibt es keinen Platz für das Böse«, und: »Verlange nicht, daß, was geschieht, so geschieht, wie du es willst. Sondern wünsche, daß die Dinge kommen, wie sie kommen, und du wirst glücklich sein.« In den *Tusculanen* macht Cicero sich über diese Wortklaubereien lustig und bekräftigt die Existenz des Schmerzes. Sich ein unantastbares Heiligtum zu errichten, fernab von den Mißlichkeiten dieser Welt, das war der Ehrgeiz einiger antiker Philosophen und fernöstlicher Gelehrter.

3 »Der furchtbare, schreckliche Akt seines Sterbens, das sah er, wurde von allen in seiner Umgebung wie eine der vielen zufälligen Unannehmlichkeiten, ja Taktlosigkeiten des Lebens behandelt (in der Art, wie man mit einem Menschen umgeht, der im Salon einen unangenehmen Geruch um sich verbreitet). Lew Tolstoi, *Der Tod des Iwan Iljitsch*, dt. von Gisela Drohla, Frankfurt 1987, S. 82.

4 Zum Ende von Staatschefs im allgemeinen und François Mitterrands im besonderen vergleiche die von Jacques Julliard herausgegebenen Essays zur vergleichenden Ethnographie, *La Mort du roi*, Paris 1999.

5 Jean Poirier (Hg.), *La Douleur et le Droit*, Paris 1997.

6 Wie es das umstrittene Buch des australischen Utilitaristen Peter Singer, *Practical Ethics*, Cambridge 1993 (dt.: *Praktische Ethik*, Stuttgart 1984), zeigt.

7 *La Tentation de l'innocence* (dt.: *Ich leide, also bin ich*, Weinheim 1996, Berlin 1998).

8 Daniel Defert im Gespräch mit Frédéric Martel: »Face au sida«, *Esprit*, Juli 1994.

9 Antoine Garapon und Denis Salas, *La République pénalisée*, Paris 1996, S. 10.

10 Daß eine Klage, um zugelassen zu werden, einer objektiven Formulierung durch den Arzt nebst der Bestätigung durch klinische Tabellen oder eine Schmerzskala bedarf, behandelt der Artikel von Gilles Trimaille, »L'expertise médico-légale: confiscation et traduction de la douleur«, in: *La Douleur et le Droit*, op. cit., besonders S. 498–499.

11 In seiner Dissertation über posttraumatischen Streß zeigt der Mediziner Dr. Louis Jehel anhand der 56 Opfer eines am 3. Dezember 1996 in der Pariser S-Bahn-Station Port-Royal verübten Attentats, daß Frauen und Kinder besonders sensibel auf solche dramatischen Ereignisse reagieren und daß wiederum Personen, die mit Körperverletzungen im Krankenhaus versorgt wurden, den Streß schneller verarbeiteten. Jehel plädiert in seiner Arbeit für eine effektivere und schnellere Versorgung der Opfer von Attentaten. (Louis Jehel, Université de Picardie Jules-Verne, Medizinische Fakultät, November 1997.)

12 Bertrand Vergely, *La Souffrance*, Paris 1997.

13 Was immer man von dieser Organisation halten mag, die Provokationen hervorbringt wie andere Prosa und immer wieder eine revisionistische Rhetorik gebraucht und mißbraucht – etwa den Vergleich von Aids mit der Shoah –, die Einberufung von Nürnberger Prozessen gegen diese Krankheit fordert und sich im Namen der Heiligkeit des Patienten, der zu einer Christusfigur hochstilisiert wird, zweifelhaften Praktiken unterzieht, bei denen sich die Sorge um die Werbewirksamkeit schwer von der vertretenen Sache unterscheiden läßt.

14 Vgl. dazu die Studie von J. F. Lae, *L'Instance de la plainte. Une histoire politique et juridique de la souffrance*, Paris 1996.

Elftes Kapitel

Die unmögliche Weisheit

Niemals hat es einen Philosophen gegeben, der Zahnschmerzen geduldig ertragen hätte.

Shakespeare

Der Tod verbirgt kein Geheimnis. Er öffnet keine Tür. Er ist das Ende eines Menschen.

Norbert Elias[1]

Das Wunderbare ist, daß man, um die Leute zu beruhigen, lediglich das Offensichtliche leugnen muß.

Robert Bresson

Kann man den Umgang mit dem Schmerz erlernen?

Wir kennen die berühmte Alternative, vor die Voltaire uns in *Candide* stellt: Der Mensch sei hin und her gerissen zwischen »den Krämpfen der Unrast [und] (...) der Ohnmacht der Langeweile«. Wir hätten demnach lediglich die Wahl zwischen der Schrecklichkeit des Kummers und der Eintönigkeit der Ruhe. Ein grausames Dilemma! In Wirklichkeit verlangt unser Lebenshunger nach Widrigkeiten, die auf uns zugeschnitten sind, die unsere Freiheit auf die Probe stellen, ohne sie zu zerstören. Wir brauchen Hindernisse, die wir überwinden können und die uns die doppelte Erfahrung der wiederholten Niederlage und des ausweglosen Unglücks ersparen. Das Paradoxe ist, daß das, was wir ohne Mühe erlangen, keinerlei Wert hat (weshalb manche Waren dadurch, daß sie kostenlos abgegeben werden, nicht etwa anziehend, sondern abstoßend wirken;

selbst der Dieb bezahlt mit seinem persönlichen Risiko, wenn er fremde Güter entwendet). Dem kindlichen Traum von einem Dasein, in dem die höchsten Ziele mühelos erreicht werden, muß man entgegnen, daß zuviel Leichtigkeit den Spaß verdirbt, wenn die Würze des Widerstands fehlt und alles sofort erreichbar ist. Um vollkommene Befriedigung zu erlangen, muß man sich allmählich vorarbeiten, seine Projekte lange reifen lassen, und man darf nichts überstürzen, weil das den schönsten Elan zerstört. *Bezeichnen wir nicht als Leid, was aus unserer Unvollkommenheit erwächst,* nennen wir es unverhofftes Glück, freudige Überraschung, Chance, an unserer Entwicklung zu arbeiten. Folgen wir darin Platon, der über die Häßlichkeit sagte, daß die Abscheu, die sie errege, mitreißend sei, während die Schönheit uns einschläfere. Jedes besiegte und überwundene Hindernis wertet das angestrebte Ziel auf; die Mühe, die das erfordert, kann uns zwar abschrecken, aber sie verschafft uns auch einen unvergleichlichen Genuß. Der Schmerz, der die einen entmutigt, stachelt die anderen an.

Denn der Schmerz ist ein gesundes Warnsignal für den Körper, eine lebenswichtige Funktion, die uns unsere Grenzen zeigt und »das letzte Bollwerk vor dem Wahnsinn und dem Tod«[2] bildet. Die schlimmsten Krankheiten schleichen sich bekanntlich oft lautlos, in »der Stille der Organe« ein. Ebenso gehen bedeutende Lösungen, entscheidende Wendungen in unserem Leben häufig aus einer Niederlage hervor, dank derer sich die anfängliche Ratlosigkeit mitunter in einen Trumpf, die Behinderungen in Vorteile verwandeln lassen. Das ganze Drama des Erben besteht darin, daß er sein Leben bereits vorgekaut und verdaut findet, bevor er überhaupt sprechen gelernt hat; daß er schon überdrüssig geworden ist, bevor er irgend etwas ausprobieren konnte. Da ich mir Werte erst erwerben muß und nicht sofort das bin, was ich sein soll, ist der Weg zur Wahrheit verschlungen, voller Spannungen und Wechselfälle. Prägen wird uns allein, was uns zunächst zurückweist, und mit unseren Plänen stecken wir uns in der Welt ein Feld von Aktivitäten ab, die sowohl zu Niederlagen als auch zu Erfolgen werden können. Darum bedeutet auch jede Erziehung, selbst die liberalste, Schmerz, Abschied von einem Zustand glücklicher Unwissenheit, eine Gewalt, die man dem Kind antut, um es in die Welt des Wortes und des Wissens einzugliedern. Kurz, ein Leben ohne Kampf, ohne Bürde, ohne jegliche Mühe, ein Leben, das einer ebenen Linie entspräche anstatt einem »schroffen Hang« (Xenophon),[3] wäre ein Denkmal der Gleichgültigkeit.

Doch wenn wir auch nur durch Prüfungen zu menschlicher Reife gelangen, so sollte man diese dennoch nicht mit der Buße verwechseln. Im Widerspruch zu dem Mythos, nach dem man viel gelitten haben muß, um die Menschen zu kennen (Elias Canetti soll zu George Steiner gesagt haben: »Nie werden Sie bedeutende Bücher schreiben, wenn Sie nicht einmal einen totalen seelischen Zusammenbruch erleben.«), macht das Unglück die Menschen nicht reifer, sondern unglücklich und verbittert. »Es kann kein großer Menschenfreund sein, der meint, daß ein Leben vorankommt, indem es zerbricht.«[4] Mit anderen Worten, lediglich die Enttäuschungen sind zuträglich, denen wir einen Sinn verleihen können und an denen wir wachsen, wenn wir gestärkt aus einer Erfahrung hervorgehen, die uns zu zerstören drohte (doch entgegen einem zum wahren Gemeinplatz gewordenen Nietzscheschen Aphorismus macht uns das, was uns nicht umbringt, nicht zwangsläufig stärker: Ich kann einen Herzinfarkt oder eine Krebserkrankung überleben, ohne jemals meine einstige Gesundheit wiederzuerlangen und ohne die geringste Weisheit daraus zu ziehen). Was uns an den Biographien gewöhnlicher wie berühmter Leute mit ihren Aufstiegen, Abstürzen und Neuanfängen so begeistert, ist, daß sie uns ganz beliebige Personen zeigen, die selbst in einer verzweifelten Lage außerordentlichen Mut und die Fähigkeit bewiesen haben, sich eine Lösung einfallen zu lassen.[5] Der heutige Held ist ein Gelegenheitsheld, der gegen seinen Willen aus den gewohnten Bahnen geworfen wird, eher ein Ritter des Zufalls als ein Profi der Tapferkeit. Ebenso fasziniert uns der Sport als ein Spiel mit dem Schicksal: Er unterstreicht, wie vergänglich Sieg und Niederlage sind, und stellt in einem ununterbrochenen Kreislauf Titel und Trophäen immer wieder in Frage. Als ein Sinnbild für die Anfechtbarkeit erkämpfter Positionen gibt er den Verlierern Hoffnung und ist den Gewinnern eine Warnung.

Schon Cicero führte das Beispiel jener von Stolz und Leidenschaft erfüllten Soldaten an, die im Kampf tausend Schmerzen ertragen konnten, unter einer harmlosen Krankheit jedoch zusammenbrachen.[6] Wir lieben allein die Zwänge, die wir uns im Dienste eines übergeordneten Ziels selbst auferlegen, bereit, uns den schlimmsten Gefahren auszusetzen, um dieses Ziel zu erreichen (weshalb man, anders als es uns so manche fernöstliche Religion zu suggerieren sucht, das Ego, die Eigenliebe, die Eitelkeit und den Narzißmus rehabilitieren sollte, alles vorzügliche Dinge, sobald sie uns mehr Kraft geben). Man betrachte nur die oft unmenschlichen Torturen, die Hochleistungssportler über sich ergehen lassen, um einen Wettkampf zu gewinnen, während die gesamte westliche Welt einer Kultur der Betäubung, des Anästhesierens anhängt. Möge jeder einzelne die Schmerzgrenze festlegen, die er nicht überschreiten möchte (was wäre im übrigen ein Leben wert, das nicht wenigstens einmal knapp dem Tode entronnen ist, nie seine berauschende Nähe gespürt und ihm getrotzt hat?). Das nämlich ist das Projekt der Moderne, Willenskraft und Selbstbestimmung miteinander zu verbinden, wodurch das Unmenschliche menschlich wird, weil ich es will und weil ich allein das Ausmaß der Schmerzen festlege, die zu ertragen ich bereit bin. Das »rechte Leid« ist das, welches ich zu meiner Entfaltung für notwendig erklären und in Kraft und Wissen umwandeln kann.

Man kennt das Beispiel jener Bergsteigerin, die das Polargebiet zu Fuß durchmaß, um sich zu beweisen, daß sie dazu in der Lage ist, und um kranken Kindern zu helfen. Oder das eines Franzosen, der zum Gedenken seines an Krebs gestorbenen Vaters über den Atlantik schwamm und einen Teil der Gelder, die durch diese Großtat zusammenkamen, für die Krebsforschung spendete. Als könnte man dem Schicksal einen Willen entgegensetzen, als sollte eine Qual, die man sich selbst auferlegt, jene andere kompensieren, die man erleidet! Man fordert die Endlichkeit heraus und versucht stur, die psychischen und physischen Grenzen des Körpers zurückzudrängen, indem man ihn einer extremen Übung unterzieht. Diese Krieger des Überflüssigen glauben an die Gesetze der Symmetrie, sie meinen, ein kontrolliertes und freiwilliges Martyrium werde uns auf wundersame Weise von allen anderen loskaufen. Diese Ethik des Durchhaltens, die unaufhörlich Rekorde bricht, ist vor allem eine Ethik der Beschwörung: Sie gibt dem Entsetzlichen, dem äußersten Leid wieder eine Form, um es besser vertreiben zu können; sie erlegt sich zusätzliche Schikanen und Gefahren auf, um diejenigen zu bannen, mit denen wir täglich konfrontiert werden.

Leider können wir uns die Hiebe, die das Leben für uns bereithält, nicht aussuchen, die Verzweiflung klopft nicht auf Bestellung an, sondern sie bricht donnernd über uns herein, besonders in der modernen und zugleich lächerlichen Form der Katastrophe, dem Unfall. Das Dasein schrumpft kläglich zusammen, wenn der Anteil des anonymen Unglücks das frei gewählte Unglück übersteigt, wenn wir nicht mehr wagen, etwas zu riskieren, die Abgründe zu streifen, aus Angst, unser Ende herauszufordern oder tausendfaches Unheil auf uns zu ziehen. Es gäbe keine quälenden Fragen, keine Verzweiflung, wenn wir in allen Verletzungen einen Grund oder einen Sinn erkennen würden. Das können wir aber nicht, und deshalb bleibt der Schmerz unbeschreiblich und entsetzlich, er klärt uns nicht auf und lehrt uns nichts. Und wie trügerisch ist die stoische Praxis der *praemeditatio*, der gedanklichen Vorwegnahme zukünftiger Übel, um diesen besser vorbeugen zu können! Zu glauben, man könne Tod, Krankheit und Entbehrung den Stachel nehmen, indem man sich Tag und Nacht darauf vorbereitet, ist in erster Linie eine Art, sich das Leben zu vergällen, sich selbst das kleinste Vergnügen zu verderben, indem man sich bereits sein Ende vorstellt.[7] Denn das Unglück trifft uns immer unbeabsichtigt, genauso wie der Tod uns versehentlich holt und die Krankheit uns versehentlich niederstreckt, selbst wenn wir vorhatten, sie vorauszusehen, um sie zu mildern. Eine merkwürdige Art, dem Unheil so uneingeschränkte Macht über uns einzuräumen, obwohl es gar nicht in unsere Zuständigkeit fällt. Wieviel klüger ist die Sorglosigkeit! Es ist nicht wahr, daß leben heißt, sich auf Tod und Untergang vorzubereiten: vielmehr bedeutet es, alle Möglichkeiten auszuschöpfen, die uns das irdische Dasein trotz aller Wechselfälle des Schicksals und trotz des unausweichlichen Endes bietet, es heißt handeln, als seien wir unsterblich. So starb ein Cioran, der Buch um Buch den Selbstmord pries, ganz banal, wenn man so sagen darf, an Altersschwäche, was zeigt, daß es nicht immer leicht ist, sein Denken und sein Handeln miteinander in Einklang zu bringen.

Die großartigen Gemarterten

Nichts ist in einer von Positivismus trunkenen Zeit schokkierender und lehrreicher, als sich von Schwerkranken erklären zu lassen, sie sähen in ihrem Leiden einen Freund, den sie sich vertraut zu machen versuchen. Mit anderen Worten sehen einige Menschen, die allerdings die Ausnahme bilden, im Schrecken der Krankheit die Chance, in eine völlig neue Dimension des Daseins vorzudringen, und einigen ist sie sogar Anlaß zur Freude. Zum Beleg möchte ich vier zeitgenössische Autoren zitieren, die wahrhaftig unsere neuen Wilden sind, skandalöse Personen, die man an den Pranger stellen müßte, wenn nicht drei von ihnen bereits tot wären, während der vierte mittels Infusionen ein künstlich verlängertes Dasein fristet. Der erste ist Fritz Zorn, ein junger Zürcher Bourgeois, der seinen Tumor als »verschluckte Tränen« beschreibt:

> Ich bin jung und reich und gebildet; und ich bin unglücklich, neurotisch und allein. Ich stamme aus einer der allerbesten Familien des rechten Zürichseeufers, das man auch die Goldküste nennt. Ich bin bürgerlich erzogen worden und mein ganzes Leben lang brav gewesen. Meine Familie ist ziemlich degeneriert, und ich bin vermutlich auch ziemlich erblich belastet und milieugeschädigt. Natürlich habe ich auch Krebs, wie es aus dem vorher Gesagten eigentlich selbstverständlich hervorgeht. Mit dem Krebs hat es nun aber eine doppelte Bewandt-

> nis: einerseits ist er eine körperliche Krankheit, an der ich mit einiger Wahrscheinlichkeit in nächster Zeit sterben werde, die ich vielleicht aber auch überwinden und überleben kann; andererseits ist er eine seelische Krankheit, von der ich nur sagen kann, es sei ein Glück, daß sie endlich ausgebrochen sei. Ich meine damit, daß es bei allem, was ich von zuhause auf meinen unerfreulichen Lebensweg mitbekommen habe, das bei weitem Gescheiteste ist, was ich je in meinem Leben getan habe, daß ich Krebs bekommen habe. (...) seit ich krank bin, [geht es] mir viel besser (...) als früher, bevor ich krank wurde.[8]

Weiterhin denke ich an den an Aids erkrankten französischen Schriftsteller Hervé Guibert, der als Biograph seines eigenen Todes ebenso panisch wie leidenschaftlich ergriffen ist von dem, was ihm geschieht, und erklärt: »Ich werde dem, der mir mein Urteil verkündet, die Hände küssen«, dann in Verzückung gerät, »wie unglaublich Aids meinen Horizont erweitert hat«, und zu dem Schluß kommt, die Krankheit habe »etwas Sanftes und Hinreißendes in ihrer Grausamkeit«, da sie wie »eine sehr lange Treppe ist, die unweigerlich zum Tode führt, von der aber jede einzelne Stufe einen unvergleichlichen Lernprozeß darstellt. Es ist eine Krankheit, die einem die Zeit zu sterben gibt und dem Tod die Zeit zu leben, Zeit, um die Zeit zu entdecken und das Leben zu entdecken, ja es ist in gewisser Weise eine geniale moderne Erfindung, die uns diese grünen afrikanischen Affen da übertragen haben.«[9]

Betrachten wir auch den außergewöhnlichen Bericht von Jean-Dominique Bauby, einem Journalisten, der nach einem Gehirnschlag zum *locked-in*-Patienten wurde (»einem in sich selbst Eingesperrten«). Unfähig, sich zu bewegen, zu sprechen oder auch nur ohne fremde Hilfe zu atmen, kann er sich der Welt einzig noch durch die Bewegung seines linken Augenlids mitteilen. In eine »Vogelscheuche« verwandelt, das Universum der vollständigen Lähmung entdeckend, kann er, der in einem Faß Dioxin gelebt zu haben meint, nur noch lachen:

> Da hat mich eine seltsame Euphorie erfaßt. Ich war nicht nur exiliert, paralysiert, stumm und halb taub, aller Freuden beraubt und auf ein Quallendasein herabgemindert, sondern obendrein auch noch gräßlich anzusehen. Ich habe den nervösen Lachanfall bekommen, den eine Serie von Katastrophen auslöst, wenn man nach dem letzten Schicksalsschlag beschließt, diesen als Scherz aufzufassen.[10]

Und schließlich der grauenerregende Bericht des englischen Romanciers Paul West über sein körperliches Siechtum. Von einer ganzen Reihe von Leiden befallen, einem Hirnschlag, furchtbarer Migräne, Diabetes, Herzrhythmusstörungen, Hautflecken und Lähmungen, beschreibt er seine Krankheit als einen »wundersamen Unfall«, der ihm erlaubt hat, sich selbst kennenzulernen, und ihm die »Magische Welt der Biologie« öffnete, die ihm andernfalls verborgen geblieben wäre.

> Geboren zu sein bedeutet, sich zum Besseren wie zum Schlimmeren wandeln zu können, wobei man das Schlimmste erwartet. Während ich meinen Körper dabei beobachtete, wie er einigen seiner finalen Funktionsstörungen nachgab, gelang es mir, sehr viel zu arbeiten, und nicht immer nur deshalb, weil es eine Herausforderung für mich war; ja manchmal denke ich, daß sein chaotischer Zusammenbruch mich inspirierte, das heißt mich

> über das Alltägliche hinausriß. Ich muß dankbar sein für das, was mir passiert ist, für den Impuls, den es mir gab. (…) Mein großes Glück war, daß ich über mein Elend sprechen oder schreiben konnte, während ich litt, im Gegensatz zu anderen, bei denen die Krankheit zusammen mit dem Körper auch die geistigen Fähigkeiten vernichtet. *Muchas gracias* für diese Hilfe, selbst wenn es nur ein Zufall war.[11]

Als passionierter Bewunderer seines eigenen Leidens beschreibt West voller Poesie seine Anfälle von Herzflimmern und staunt über die Wirkungsweise jedes einzelnen Medikaments. Er vergleicht die chirurgischen Eingriffe mit Kunstwerken, ein Sonogramm mit Kandinsky oder Dufy, rühmt sich, er habe den Tod gestreift und sei den Furien um Haaresbreite entronnen, zelebriert das ganze esoterische Geschmeide eines medizinischen Fachjargons, der die toten Sprachen Latein und Griechisch zu neuem, grimmigen Leben erweckt. Durch die Krankheit, die »höchste Form der Kunst«, ist er wie Fritz Zorn, Jean-Dominique Bauby und Hervé Guibert in eine andere Wirklichkeit hinübergewechselt. Teilweise zu einem bionischen Wesen geworden, das einen Herzschrittmacher trägt, eine »Titanbrust«, zu einem trickreich zusammengebauten Maschinenmenschen, nimmt er mit »dem Eifer eines Briefmarkensammlers« seine Krankheitssymptome unter die Lupe, zieht »einen paradoxen Stolz« aus dem, was ihn befällt, und befindet sich »in eher angeregter Stimmung darüber, daß er wenigstens etwas über [sein] Schicksal zu sagen« hat.

Provokationen und Prahlereien von Verzweifelten, die sich produzieren, um ihr Entsetzen besser zu verbergen? Vermutlich. Doch warum sollte man sie nicht ernst nehmen, nicht auf das hören, was sie uns erzählen? Das Wertvolle an den Erlebnisberichten dieser Schriftsteller liegt darin, daß sie die drei Modell-Haltungen ablehnen, die das Abendland als Reaktion auf den Schmerz vorgibt: Demut, Heldentum oder Auflehnung. Indem sie sich weigern, als Opfer zu posieren oder der Frömmelei zu verfallen, entziehen sie sich durch ihren Humor den gebräuchlichen Regeln des Unglücks und verkehren sie. Diese gemarterten Wesen, deren einziger Reichtum eine klaffende Wunde ist, versuchen eine grundlegende Frage zu beantworten: Was tun, wenn einem nichts mehr zu tun bleibt, wenn der Körper in der Nacht versinkt? Wenigstens hat man noch die Möglichkeit, Bücher zu schreiben, sich im Schreiben eine vorübergehende Bleibe einzurichten. Da sie bereits besiegt und unwiederbringlich »in die finsteren Höhlen der Unterwelt gestürzt sind« (Fritz Zorn), müssen sie nichts mehr beweisen und gestehen taktlos, daß sie sich in diesem Grauen irgendwie wohlfühlen. Sie bilden mit ihrer Krankheit ein verletzliches Paar, sie nähren sich von dem, was sie tötet. So präsentieren sie uns ein irritierendes Exempel, von dem wir nicht wissen, ob es uns ermutigt oder erschlägt. Durch dieses Abenteuer, so unvorstellbar, daß es sie zwingt, zur Feder zu greifen (»Das Unglück mußte mich treffen, es mußte sein, wie grauenhaft, damit mein Buch das Licht der Welt erblicken konnte«, sagt Hervé Guibert), werden sie auf ihre Weise zu Erforschern neuer menschlicher Möglichkeiten. »Niemand hat bisher bestimmt, wozu der Körper fähig ist«, bemerkt Spinoza. Nun waren diese vier, mit Ausnahme von Fritz Zorn, auch Geschöpfe der *techno-science*, die von der Medizin hochgehalten wurden, Überlebende, die eine doppelte, zugleich existentielle und chemische Prüfung durchmachten. Wenn sie eine Art paradoxe Erhabenheit erlangten, die weder frei von Angst noch von Selbstironie war, dann deshalb, weil sie ihre Ohnmacht in Aktivität umwandeln und den Zugang zu einem Bereich eröffnen konnten, in dem zuvor nur Schrekken und Finsternis geherrscht hatten.

Da sie eine erschütternde Stufe des Grauens erreicht haben, versuchen sie, ihrem körperlichen Verfall wie einem Alptraum zu begegnen und dem Monster, das sie verschlingt, herausfordernd ins Gesicht zu blicken. Sie sind Experimentatoren, Grenzgänger, die an den äußersten Rändern ihrer Gattung kampieren, da, wo die Luft schon fast zu dünn zum Atmen ist. In ihrer schwindelerregenden Einsamkeit sind sie zu Mutanten geworden, die fortziehen, alle Brücken hinter sich abbrechen und die gewohnten Gefilde verlassen. Das Bewegende an ihnen ist, daß sie keine affektierten Posen einnehmen: Man findet bei ihnen weder den postromantischen Wust der Krankheit als Spenderin von Genie, wie er Thomas Mann und Dostojewski so teuer war, noch die Nietzschesche Vision vom Übermenschen, der vom Leiden wie von einem »göttlichen Hammer« geformt und geläutert wird. Keinerlei Beschönigung oder Pathos: Dazu gibt es nichts zu sagen, es ist einfach so. Und sie sprechen mit Ironie über ihre verzweifelte Lage. Die ungeheure Provokation eines Fritz Zorn: »Lieber Krebs als Harmonie«[12]; die kindliche Theatralik eines Guibert, fassungsloses Staunen vor der Tragödie eines wunderschönen jungen Mannes, der sich in ein Skelett, in ein »Auschwitz-Baby« verwandelt; der tieftraurige Narzißmus eines Paul West und vor allem das lautlose Lachen eines Dominique Bauby – sie alle sind bezeichnend. In ihrem Aufbegehren, ihrer Art, dem Schrecken Augenblicke der heiteren Ruhe abzuringen, werden sie zu Botschaftern aller zum Siechtum Verurteilten, die genau wie sie gegen diese größte Schmähung kämpfen. Sie haben »das Äußerste von allem Möglichen« (Bataille) erreicht und ersparen uns billige Vorträge. Seit den Konzentrationslagern weiß man: es gibt einen Punkt, an dem man nicht mehr unglücklich sein kann, an dem Trauer und Tränen zu einem sinnlosen Luxus geworden sind, so tief ist man in den Abgrund hinabgestiegen. Die Sprache dieser Männer, die ebenso wund ist wie ihr Körper, entwickelt sich dennoch und blüht als das einzige an ihnen, was sie überleben wird. Ihre Berichte sind keine Hymne auf den Ruhm des Eroberers oder Widerstandskämpfers, sondern auf den Menschen, der bis an den Grund seiner Entwürdigung ein Poet und ein Schelm bleibt, der seine Qual für einen Augenblick in einen Triumph, in ein inneres Abenteuer verwandelt. Vielleicht sind sie Mystiker, doch sie haben keinen Gott und keine Offenbarung; und wenn sie das Glück erleben, sich ein letztes Mal gegen die Natur aufzulehnen, in dem Augenblick, da diese sie auslöschen möchte, so beruhigen sie uns weder, noch lehren sie uns irgend etwas. Vielleicht lesen wir sie, um den Fluch zu bannen, mit dem sie geschlagen sind, doch auch, um festzustellen, daß ein Tod ohne Hoffnung auf ein Jenseits oder eine Wiedergeburt möglich ist. Ihrer selbst enteignet, richten diese spöttischen Stoiker einen letzten Gruß an uns, bevor sie untergehen. Sie heilen uns nicht von den furchtbaren Schrecken der Nacht, doch sie werfen ein schwaches Licht auf ihre dichtesten Schatten. Sie belegen neue Leiden mit Wörtern, und genau das verwirrt uns: Diese Raumfahrer des Innern sprechen von einem fernen Planeten zu uns, der bereits unserer ist und auf dem sie die ersten Landvermesser sind.

Vorübergehende Waffenstillstände

Vermeiden wir schließlich und endlich einen Widersinn: Wir besitzen heute und wahrscheinlich auch in Zukunft keine Weisheit gegenüber dem Leiden, wie sie die Antike einst kannte und heute noch die Buddhisten anbieten, ganz einfach deshalb, weil die Weisheit ein Gleichgewicht zwischen dem Individuum und der Welt voraussetzt und dieses Gleichgewicht schon lange nicht mehr besteht, spätestens seit der industriellen Revolution. Wir beugen uns der Krankheit und dem Alter, doch diese ganz und gar vorläufige Gefügigkeit wird widerrufen werden, sobald die menschliche Erfindungsgabe es erlaubt, die bis dahin anerkannten Normen umzustoßen. (Und die Wissenschaft, Hüterin ebenso vieler Träume wie Alpträume und als einzige in der Lage, Poesie, Praxis und Utopie miteinander zu verbinden, ist tatsächlich unser letztes Abenteuer, unser letztes großes Epos.)

Wie traurig ist beispielsweise der Gedanke, an einer Krankheit, einer Infektion sterben zu sollen, die in ein paar Jahren heilbar sein wird, zu wissen, daß man zu früh gehen muß (wobei, im umgekehrten Fall, es auch Aidskranke gibt, die dank der Kombinationstherapie ihrer Trauer nachtrauern und sich wieder auf das Leben einlassen müssen). *Der Schmerz ist eine Tatsache, wir müssen keinen Glaubensakt daraus machen,* und mit der Fatalität kann man immer nur einen vorübergehenden Waffenstillstand schließen. Wir haben so viel Unglück aus der Welt verschwinden sehen, daß wir nun nicht mehr bereit sind, unser eigenes zu ertragen. Wenn auch »die Macht des Menschen nur bis zu den Pforten des Todes reicht« (Aristoteles), so steht es zumindest in seiner Macht, diese so lange wie möglich geschlossen zu halten (und man weiß, daß die Forschung auf diesem Gebiet mit Siebenmeilenstiefeln voranschreitet). Diese Welt hat keine Geduld mehr mit dem Leiden, denn die bereits erreichten Verbesserungen lassen uns die Unermeßlichkeit dessen, was noch zu tun bleibt, entsetzlich erscheinen. Da das Elend »bestialisch« ist (Pavese), kann unser Verhältnis zu ihm nie angemessen sein, sondern nur verworren und gebrochen. Nicht aufzubegehren wäre bloße Resignation.

Wenn man die neue Kultur der Sterbebegleitung auch bewundern muß, die sich zur Zeit in den westlichen Ländern entwickelt und die den Sterbenden die schreckliche Last der Einsamkeit und des Schmerzes nimmt, indem sie sie »wie ein gutes Schiff in die finstere Nacht« geleitet (Marie de Hennezel), so kann man dennoch darin keine Ansätze zu einer neuen Kunst des Sterbens erkennen, falls es eine solche überhaupt jemals gegeben hat. Hüten wir uns vor der schwärmerischen Vision des Sensenmanns, die den Tod der anderen in eine Idylle verwandelt. Man kann bei einigen Verfechtern der palliativen Medizin schon eine Art Rausch beobachten, der sie dazu verführt, alles zu beschönigen und ein tragisches Ereignis zu verklären. Diese *Anhänger des heiteren Todeskampfes* offenbaren hinter ihrer Freundlichkeit zuweilen einen beängstigenden Fanatismus. Beängstigend vor allem dann, wenn sie Sterbenden, die darum bitten, ein beschleunigtes Ende verweigern, da der Todeskampf ein Augenblick der Wahrheit sei, den man niemandem vorenthalten dürfe. (Diesbezüglich verfügen wir immer noch nicht über einen rechtlichen Status des Sterbenden, wie Philippe Ariès ihn vor etwa dreißig Jahren forderte, vor allem im Fall der Sterbehilfe, die in Frankreich noch immer verboten ist, obwohl sie häufig heimlich und »administrativ« praktiziert wird.[13])

Muß man denn unter dem Vorwand, das moderne Umgehen des Todes sei etwas Skandalöses – es gibt beispielsweise schon virtuelle Friedhöfe im Internet, auf denen man der Beerdigung eines Angehörigen vom Bildschirm aus beiwohnen kann –, den Tod gleich zu einem wunderbaren Ereignis verklären? Auf die Gefahr hin, einem verlöschenden Menschen positive Gefühle zu unterstellen?

Doch vielleicht geht es ja bei dieser Art Bauchrednerei am Sterbebett in Wirklichkeit darum, sich an den Dahinsiechenden selber zu beruhigen, sich im Kontakt mit ihnen zu versichern, daß der Tod gar nicht so schlimm ist und durch seine gierige Betrachtung gegen den eigenen Tod immun zu werden. Diese erbarmungslosen Liebhaber der letzten Seufzer verspüren zuweilen unerklärliche Anwandlungen von Freude, wenn die Patienten entschlummern,[14] als würden diese, hoch oben auf dem Grat ihres gesammelten Lebens, zu Fährmännern, zu Lehrmeistern der Wahrheit, die das Licht erblickt haben und uns, mit einem Wort, »Hinweise« aus dem Jenseits geben.[15] Abgesehen davon, daß der Gedanke, das Leid anderer begleiten zu wollen, ohnehin sehr zweifelhaft ist, da man »bei der Verabredung mit dem Nächsten immer zu spät kommt« (Catherine Challier), kann man im Prinzip endlos über den Tod debattieren, da niemand weiß, was danach mit uns geschieht. Religionen, sagte Kierkegaard, seien Reisebüros, die uns eine sichere Überfahrt in den Himmel versprechen, doch noch nie sei jemand von dort zurückgekommen, um uns zu sagen, ob er mit der Fahrt und dem Aufenthalt zufrieden war. Die einzige Art des Überlebens, derer wir gewiß sind, ist die Erinnerung, die wir bei unseren Mitmenschen hinterlassen, darin besteht die einzige flüchtige Unsterblichkeit, die den Sterblichen gegeben ist. Alles übrige ist reine Spekulation. Jede Glaubensrichtung ist achtenswert: Doch es ist eine *petitio principii*, aus dem Tod eine Pforte zu einer besseren Welt zu machen, das große Unglück in ein großes Glück zu verwandeln (eine andere Art, es zu leugnen). Angesichts des Todes, sagt Jankélévitch bescheidener, gibt es weder Sieg noch Niederlage, denn er ist kein Gegner, den man schlagen oder sich unterwerfen kann. Nun aber erwecken unsere Freunde des Sensenmannes, unsere nach Sterbenden Lechzenden die Illusion, sie besäßen das Viatikum, die Lösung für die letzten Augenblicke, die sich unweigerlich in ein Happy-End verwandeln. In ihrem Glaubensbekenntnis liegt ein Lebenshaß, eine schreckliche Gier nach dem Unglück, die an die finstersten Kapitel des Christentums erinnern. Welch bizarrer Einfall, zu behaupten, Trauer, Leid und unheilbare Krankheiten seien Bereicherungen! Selbst wenn dies für einzelne Individuen zutrifft, die es für sich ganz persönlich in Anspruch nehmen, wie die vier genannten Autoren, so wird diese Behauptung unhaltbar, sobald sie verallgemeinert wird. Wir erleben heute keine Revolution des Sterbens, sondern die Anerkennung des Sterbenden als eines lebenden Menschen mit allen seinen Rechten, und das ist schon entscheidend.

Wenn wir uns auch von der Wunschvorstellung lösen müssen, alles kurieren und den Menschen von seiner Zerbrechlichkeit wie seiner Unvollkommenheit befreien zu wollen, so ist es dennoch absurd, von ihm zu verlangen, daß er sich dem Minotaurus des Leidens beugt und sich mit seinen Grenzen abfindet, da die menschliche Gattung kein beliebig formbares Material sei. *Daß nicht alles möglich ist, heißt nicht, daß nichts erlaubt wäre.* Und die Grenze zwischen den unumstößlichen Zwängen und den veränderbaren Ungerechtigkeiten ist fließend, kaum hat man sie festgelegt, verschiebt sie sich wieder. Wir sind nicht allmächtig, doch wir können in die Bereiche eingreifen, die unserem Einfluß unterstehen, wir können uns mit der »Natur« verbünden, um sie zu bekämpfen, wenn sie sich gegen uns wendet. So sieht denn auch die pragmatische Haltung unserer westlichen Gesellschaften aus, die sich, da sie die Zauberformel gegen menschliches Leid nicht besitzen, in einer Mischung aus Demut und Entschlossenheit mit therapeutischen Reparaturen und punktuellen Solidaritätsbekundungen behelfen. Es steht uns frei, unsere Fesseln zu lockern, aber nicht, sie für immer abzuwerfen, und wir setzen uns Grenzen nur, um sie überschreiten zu können. Jede Generation muß dort neu ansetzen, wo die vorherige stehengeblieben ist, wohl wissend, daß jeder Fortschritt seinerseits neue Rückschläge mit sich bringt und daß, sobald eine Not beseitigt ist, eine neue auftaucht. Dieser Krieg baut ebenso viele Häuser, wie er zerstört. Noch nie hat man so sehr gegen die Widrigkeiten des Daseins gekämpft wie, seitdem man weiß, daß es kein Patentrezept gegen das Ungemach der Menschen gibt. So kehrt das Leid zurück, doch nimmt es nur einen anderen Platz ein: Es ist kein Fatum mehr, aber dafür ein Double und als solches untrennbar mit unserem Leben verbunden; wir versuchen es zu verdrängen, obgleich wir ahnen, daß der Kampf aussichtslos ist. Ungeschickt und tastend entwickeln wir heute eine Lebenskunst, die Einsicht in das Unheil impliziert, ohne uns in den Abgrund des Verzichts zu stürzen, eine Kunst des Ertragens, die uns erlaubt, mit dem Leiden und gegen es zu existieren.

Ein Erfolg des Buddhismus im Westen?

Alles ist Leiden, Geborenwerden ist Leiden, Altern ist Leiden, Krankheit ist Leiden, Gebunden-Sein an etwas, das man nicht liebt, ist Leiden, Getrennt-Sein von dem, was man liebt, ist Leiden. Um diesem Fluch zu entkommen, muß man lernen, sich von der Welt zu lösen, nicht mehr zu begehren, muß man den Kreislauf seiner Reinkarnationen überwinden oder wenigstens einen Weg finden, um in einem besseren Schicksal wiedergeboren zu werden. Bestimmt haben Sie, in diesen wenigen Zeilen grob zusammengefaßt, einen der Grundgedanken des Buddhismus wiedererkannt. Erstaunlich, daß diese Lehre, die das Ich zu einer verhängnisvollen Illusion erklärt, in unserem hedonistisch und individualistisch geprägten Westen so großen Anklang findet.

Der Buddhismus hat, verglichen mit unseren monotheistischen Religionen, die Besonderheit, daß er nicht dogmatisch ist und keine Vorschriften erteilt, sondern einen Weg aus unserer Orientierungslosigkeit weist und jeden dazu auffordert, den Pfad zu finden, der ihn zum Seelenheil führt. Vor allem knüpft er eine neue Verbindung zwischen Theorie und Praxis, die im Abendland seit langem verschwunden ist: Im Gegensatz zum westlichen Philosophen, dem reinen Geist, der sich ganz der Spekulation hingibt, ist der buddhistische Meister genau wie der antike Philosoph in erster Linie ein Meister des Lebens. Er spricht über nichts, was er nicht selbst erprobt hat, und schöpft seine Unterweisung aus der lebendigen Quelle der Erfahrung. Mehr noch: Indem er dazu aufruft, die Glut in uns zu ersticken, auf die Begierde zu verzichten, trifft der Buddhismus auf einen der zentralen Grundsätze des Christentums und erweckt ihn zu neuem Leben: den vergänglichen und vergeblichen Charakter unseres Daseins auf Erden. Wie das Christentum betrachtet der Buddhismus das Leiden als ein Mittel, ein schlechtes Karma abzubauen, das heißt für die Fehler zu büßen, die man in einem vorherigen Leben begangen hat. Und wiederum wie das Christentum zieht der Buddhismus sein Prestige daraus, daß er sich außerhalb des Lebens ansiedelt. Kurz, er scheint dort erfolgreich zu sein, wo unsere Kirchen scheitern: als Gegenentwurf zur Habgier und zu den Verirrungen des Egoismus. Seine Verführung läge folglich in seiner Nähe zu uns, nicht seiner Fremdheit, und in seiner sehr reichen kulturellen Tradition. In ihrer asiatischen Verpackung brächte er uns Wahrheiten nahe, die wir von unseren eigenen Konfessionen nicht mehr annehmen. Und er bildete keinen Widerspruch zum Judentum oder zum Christentum, sondern bestätigte einige ihrer Grundsätze. So wäre er weniger ein Umweg als vielmehr eine Rückkehr.

Und doch ist auch dies alles andere als gewiß. Wenn man von einer ganz kleinen Zahl von Gelehrten und Gebildeten absieht, hält nicht der Buddhismus siegreich Einzug im Westen, sondern eine in ein exotisches Gewand gehüllte Religion à la carte. Er ist nicht einmal etwas wirklich Spirituelles, sondern eher eine Art Therapie, ein Schutzschild gegen den Streß, und verkündet ein für die meisten Menschen annehmbares Credo. Wie kann eine Doktrin des Verzichts eine im Weltlichen verankerte Gesellschaft begeistern? Indem man auf den Verzicht verzichtet und ihn sozusagen light, in einer für unseren empfindlichen Magen und unser überspanntes Ego leicht verdaulichen Form serviert. Man kann sich also etwas aus ihm herauspicken wie aus einer Pralinenschachtel, die besten Stücke wählen und den Rest verschmähen. Hauptsache, die Verpackung ist tibetisch, zen-buddhistisch oder tantrisch.

In dieser Schwärmerei für den Orient kommt vielleicht etwas anderes zum Ausdruck: die Erfindung eines neuen Synkretismus, die magische Aussöhnung der Gegensätze – Ausgeglichenheit und Unruhe, Zuneigung und Gleichgültigkeit, persönliche Entwicklung und Selbsttäuschung – auf dem Umweg über einen minimalen Glauben. Wie wird dieser Neobuddhismus aussehen? Wird er die spirituelle Ergänzung einer geistlosen Globalisierung, die Religion vom Ende der Religionen sein? Vielleicht. Aus dieser innigen Umarmung von Ost und West, in einer Zeit der billigen Doktrinen, wird etwas hervorgehen, das mit nichts Bekanntem vergleichbar ist. Am allerwenigsten mit dem noch sehr strengen, sehr disziplinierten authentischen Buddhismus, der, entstellt und mit Füßen getreten, zum Opfer seines eigenen Erfolgs werden wird. Es wird eine gewaltige Sinnlosigkeit daraus hervorgehen, die ewige Form des Neuen in der Geschichte.

1 *Über die Einsamkeit der Sterbenden in unseren Tagen*, Frankfurt 1991, S. 100.

2 J. D. Nasio, *Le Livre de la douleur et de l'amour*, Paris 1996.

3 Zitiert nach Paul Demon, *L'Idéal de tranquillité*, Paris 1990, S. 287.

4 Bertrand Vergely, op.cit., S. 71.

5 In bezug auf Kinder, die große Prüfungen überstanden haben und gestärkt daraus hervorgegangen sind, hat Boris Cyrulnik den Begriff »résilience« (etwa: Stoßfestigkeit) verwendet, eine Bezeichnung für die Fähigkeit, Schicksalsschlägen die Stirn zu bieten, die jedoch nicht zwangsläufig eine Begabung zum Glück miteinschließt. (*Un merveilleux malheur*, Paris 1999)

6 Cicero, *Tusculanen* 2 u. 3.

7 »Sie erliegen nicht den Schicksalsschlägen, weil sie deren Angriffe vorausberechnet haben, denn unter den Dingen, die ohne unseren Willen geschehen, werden selbst die schmerzlichsten dadurch erleichtert, daß man sie kommen sah, wenn man gedanklich auf alles vorbereitet ist und so den Ereignissen die Spitze nimmt, als handele

es sich um vergangene und längst bekannte Dinge.« (Philon von Alexandria, 40 n. Chr., zitiert nach Pierre Hadot, *Qu'est-ce que la philosophie antique?* Paris 1995, S. 212–213. Dt.: *Wege zur Weisheit oder Was lehrt uns die antike Philosophie?* Frankfurt 1999)

8 Fritz Zorn, *Mars*, Frankfurt 1994, S. 25.

9 Hervé Guibert, *À l'ami qui ne m'a pas sauvé la vie*, Paris 1988, S. 46, 181 u. 182.

10 Jean-Dominique Bauby, *Schmetterling und Taucherglocke*, München 1998, S. 26f., dt. von Uli Aumüller. Jean-Jacques Beineix hat einen großartigen Dokumentarfilm über den Fall Bauby gedreht, *L'Alphabet du silence*.

11 Paul West, *The Secret Lives of Words*.

12 Es wäre abwegig, anhand von Fritz Zorns Geschichte eine neue Annäherung an den Krebs versuchen zu wollen, als sei dieser ein Urteil über die Gesellschaft, eine Form des Protests gegen die unerträglichen Lebensbedingungen. Selbst wenn Zorn, nicht ohne hochtrabende Ausdrucksweise, zahlreiche Interpretationen seines Leidens liefert, verrät sein Buch uns nichts über Krebs, jedoch viel über den Haß auf die Klasse, aus der der Autor hervorgeht. Man wollte aus diesem Werk eine Brandbombe gegen die Schweiz machen. Warum nicht? Doch es bringt in den Abscheu, den gewisse Schweizer Autoren für ihr Land empfinden, eine Selbstgefälligkeit, die zum Lächeln reizt. Diese Privilegierten möchten uns vom dämonischen Charakter der Eidgenossenschaft überzeugen. Gewiß, man langweilt sich vielleicht in der Schweiz, doch Eintönigkeit ist weder die Hölle noch der Gulag. Selbst wenn es auf sein Spielzeug spuckt, bleibt ein verwöhntes Kind immer noch ein verwöhntes Kind.

13 Wie Jacques Pohier es sehr gut an Beispielen extremen körperlichen Siechtums erläutert (*La Mort opportune*, Paris 1998), geht es dabei nicht mehr um eine Entscheidung zwischen Leben und Tod, sondern zwischen zwei Todesarten. Der Körper ist bereits gebrochen, doch eine verbissene Therapie erhält ihn künstlich am Leben. Zum gleichen Thema siehe auch Anita Hocquard, *L'Euthanasie volontaire*, Paris 1999.

14 »Als ich von Danièle (einer Sterbenden) fortging, bekam ich wahnsinnige Lust, barfuß durch das Gras zu rennen. Mich an Bewegungen zu berauschen. Ich nahm mein Auto und fuhr zum Park von Sceaux. (…) Auf der großen Wiese, die sich vor dem Schloß erstreckt, empfand ich eine ungeheure Lust, zu rennen, mich im Kreise zu drehen, die warme, feuchte Erde zu spüren. Ich dankte dem Leben und Danièle für diesen

intensiven Augenblick bewußter Freude.« (Marie de Hennezel, *La Mort intime*, Paris 1995, Vorwort von François Mitterrand, S. 161–162; dt.: *Den Tod erleben*, Bergisch Gladbach 1996.)

15 So findet man bei Elisabeth Kübler-Ross, der amerikanischen Vorreiterin der palliativen Medizin, ein ziemlich peinliches Loblied auf die schweren Krankheiten, vor allem auf Aids als allgemeinen Beschleuniger unserer Humanisierung, als nur scheinbares Übel, das in Wirklichkeit ein hohes Gut sei. Wenn diese Ärztin uns in ihren Memoiren erzählt, sie unterhalte sich direkt mit Jesus, führe täglich Gespräche mit Geistern und betrachte den Tod als den letzten Hafen des Friedens, dann verlassen wir den Bereich der Vernunft und betreten die unergründliche Welt der Phantasmagorie.

Schluß

Das Croissant von Madame Verdurin

Glaubt denen, die die Wahrheit suchen,
zweifelt an denen, die sie finden.

André Gide

Als Madame Verdurin 1915 vom Untergang der Lusitania erfährt, jenes britischen Passagierdampfers, der von einem deutschen U-Boot versenkt wurde, verzehrt sie gerade ihr erstes Hörnchen seit Kriegsbeginn. Und die Brutalität der Nachricht dämpft nicht im mindesten ihr Vergnügen, den so vertrauten Geschmack wiederzuerkennen.

Da Madame Verdurin an Migräne litt, weil sie morgens keine Hörnchen mehr in ihren Milchkaffee tauchen konnte, hatte sie schließlich von Cottard ein Attest erlangt, das ihr gestattete, aus einem bestimmten Restaurant, von dem wir gesprochen haben, solche kommen zu lassen. Es war fast ebenso schwer gewesen, dies von den zuständigen Stellen zu erreichen, wie jemandes Beförderung zum General. Ihr erstes Hörnchen nahm sie an dem Morgen wieder zu sich, an dem die Zeitungen über den Untergang der »Lusitania« berichteten. Während sie nun das Hörnchen in den Milchkaffee tauchte und ihrer Zeitung kleine Stupse gab, damit sie sie aufgeschlagen halten konnte, ohne zum Umblättern die mit dem Eintauchen beschäftigte Hand zu benutzen, sagte sie: »Wie grauenhaft! Das ist ja fürchterlicher als die entsetzlichsten Tragödien.« ‚Aber der Tod aller dieser Ertrunkenen mußte ihr wohl doch auf ein Milliardstel seiner Größe reduziert erscheinen, denn während sie mit vollem Mund diese trostlosen Überlegungen anstellte, war der Ausdruck, der

> auf ihrem Gesicht lag und wahrscheinlich durch den Wohlgeschmack des Gebäcks darauf hervorgerufen wurde, das ihr so unschätzbare Dienste bei ihrer Migräne leistete, eher der eines sanften Behagens.[1]

Eine Heuchlerin, Madame Verdurin? Keineswegs! Sie ist einfach nur menschlich, furchtbar menschlich, man darf hier der Proustschen Ironie nicht auf den Leim gehen. Denn wir sind immer nur inmitten der Not anderer glücklich, immer nur dann, wenn wir vorübergehend vergessen, was uns innerlich verzehrt. Wir lachen und lieben, während Millionen Menschen leiden und im Sterben liegen. Genauso werden sich zur Stunde unseres Todes oder unseres Leidens Millionen Menschen, die uns nicht kennen und nicht lieben, amüsieren und freuen. So genommen sind wir alle wie Madame Verdurin, denn man kann die verschiedenen Teile der Menschheit nicht zeitlich aufeinander abstimmen, noch nicht einmal innerhalb einer kleinen Gruppe von Menschen: Daß unsere Freunde fröhlich sind, während wir selbst einen schweren Kummer mit uns herumtragen, kann uns treffen wie eine Beleidigung. Und auch die schnelle Verbreitung von Nachrichten rund um den Erdball ändert nichts daran: Die Bilder von einer Hungersnot, die wir in den Abendnachrichten sehen, haben noch nie jemandem den Appetit verdorben.

Hüten wir uns vor dem so verbreiteten Irrglauben, das Gute wirke ansteckend, mit anderen Worten, unser eigenes Glücksempfinden hänge vom Glück anderer und im weiteren Sinne von dem der gesamten Gesellschaft ab. Da muß man einen anderen Maßstab anlegen: Wir leben nicht isoliert, sondern in engen Gemeinschaften, mit unseren Familien, unseren Freunden, unserem Dorf, unserer Region, die unsere Stimmungen und Freuden entscheidend beeinflussen. Was uns ausmacht, sagte Hume, ist nicht das Universelle, sondern das Partielle,[2] eine Kombination aus Egoismus und Sympathie, eine ganz besondere Sicht auf das Leben, die um so zwingender ist, als sie uns nicht bewußt ist. Ob wir die Dinge mit Besorgnis oder mit Vergnügen betrachten, wird häufig durch dieses enge Umfeld bedingt, das uns genauso stark beeinflußt, wie wir es beeinflussen. Es gibt also ein Glück, das durch andere hervorgerufen wird, dessen Radius sich aber auf einige Vertraute beschränkt und niemals bis ans Ende der Welt reicht. Das Ideale wäre natürlich, persönliche und gemeinschaftliche Vergnügen miteinander in Einklang zu bringen und in einer Welt Erfüllung zu finden, aus der jegliche Unterdrückung und alles Elend verbannt wären. Daß am Horizont jedes freudigen Augenblicks der Wunsch erscheint, die Menschheit besser zu machen und diese Freude mit allen zu teilen, ist richtig. Doch wenn erst alle Ungerechtigkeiten verschwinden müßten, damit wir ins Nirwana gelangen, käme nicht einmal der Anflug eines Lächelns über unsere Lippen. Um uns her herrschen Schrecken und Grauen, doch wir leben und gedeihen, und wir haben das Recht dazu, denn diese Unempfindlichkeit ist notwendig für unser inneres Gleichgewicht. Unter welchem Blickwinkel man es auch betrachten mag, es gibt kein Glück außer in der Sorglosigkeit, der Leichtfertigkeit und Unschuld, jenen seltenen Augenblicken, die wir der Angst und der Sorge abringen. Wir sind immer nur trotz eines Umstands glücklich: trotz eines leidenden Freundes, trotz eines mörderischen Krieges, trotz unserer kranken Welt, und wir brauchen uns dessen nicht zu schämen, denn es wird immer Katastrophen, immer Massaker geben, durch die sich die vollkommene soziale Gerechtigkeit auf den Sankt-Nimmerleins-Tag verschiebt.

Und doch ergibt sich daraus eine Konsequenz: Da das Glück Ausdruck einer heilbringenden Gleichgültigkeit ist, da es dem bösen Zauber der Dauer zu entrinnen und das Werden einzufrieren meint, kann es weder die Ultima ratio der menschlichen Gesellschaften noch die Grundlage unseres Handelns sein. Man muß es, wie das Leiden, der Freiheit unterordnen. Auf diese Augenblicke des Einklangs mit sich selbst und der Natur, auf diese lichten Seiten, die unser Dasein verklären, können wir weder eine Moral noch eine Politik, noch Pläne gründen. Wenn man die Menschen lehren sollte, ihren Neigungen zu widerstehen, dann deshalb, weil nicht alle Ziele miteinander vereinbar sind, weil wir Prioritäten setzen und einige der Ziele aufgeben müssen, an denen wir sehr gehangen haben. Es gibt Umstände, unter denen die Freiheit wichtiger als das Glück und der Verzicht wichtiger als die Ruhe sein kann. Condorcets aufklärerischer Gedanke von einer »unlösbaren Verkettung« von Tugend, Gerechtigkeit, Vernunft und Genuß ist nicht haltbar. Selbst wenn wir davon ausgehen können, daß alle Interessen durch die Einheit eines Lebens miteinander verbunden sind (Charles Taylor), so geraten sie doch zwangsläufig in Konflikt miteinander, sobald wir versuchen, sie zu verwirklichen. Deshalb wird die Politik von der Vorsicht bestimmt, nicht vom Erhabenen, deshalb bleibt die Geschichte tragisch und zieht uns alle in den Schmutz, welches auch immer unser persönliches Engagement in ihr sein mag. Von einer gleichzeitigen Entfaltung aller menschlichen Ideale zu träumen ist eine liebenswerte Chimäre: Die Zerrissenheit ist unser Schicksal, wir sind zum Mißklang verurteilt, zum Wettstreit von Grundwerten, die sich als unvereinbar erweisen.

Schließlich ist es nun vielleicht an der Zeit zu sagen, daß das »Geheimnis« eines guten Lebens darin besteht, auf das

Glück zu pfeifen: Man sollte es niemals als solches suchen, sondern es nehmen, ohne sich zu fragen, ob man es verdient oder ob es zum Fortkommen der Menschheit beiträgt; man sollte es nicht festzuhalten suchen, noch seinen Verlust beklagen; man sollte sein kapriziöses Wesen hinnehmen und akzeptieren, daß es an ganz gewöhnlichen Tagen plötzlich auftaucht oder sich in bedeutsamen Situationen davonstiehlt. Kurz, man sollte es immer und überall als zweitrangig betrachten, da es stets nur im Gefolge von etwas anderem erscheint.

Über das Glück im eigentlichen Sinne kann man das Vergnügen stellen, als eine kurze Verzückung, die dem Lauf der Dinge abgerungen wurde, oder die Heiterkeit, diesen leichten Rausch, der das Leben begleitet und vor allem die Freude, die Überraschung und Ergriffenheit voraussetzt. Denn nichts geht über ein Ereignis oder einen Menschen, die plötzlich in unser Leben treten und uns aufwühlen und verzaubern. Es gibt immer zuviel zu begehren, zu entdekken, zu lieben. Und noch bevor wir richtig von dem Festmahl gekostet haben, verlassen wir die Bühne.

1 Marcel Proust, *Auf der Suche nach der verlorenen Zeit. Die wiedergefundene Zeit*, dt. von Eva Rechel-Mertens, Frankfurt 1967, S. 3811.

2 Zitiert nach Philippe Raynaud in: *Politesse et Sincérité*, Paris 1984, S. 85.

Inhalt

Einschübe

Pascal Bruckner

Ich leide, also bin ich

Die Krankheit der Moderne
Eine Streitschrift

Aus dem Französischen von Christiane Landgrebe
333 Seiten
ISBN 3-7466-1249-7

Wie ist es um den Fortbestand unserer Demokratie bestellt, wenn eine Mehrheit ihrer Bürger den Status des ständigen Opfers anstrebt und damit riskiert, die Stimme der wirklich Benachteiligten zum Schweigen zu bringen? Wochenlang auf Platz 1 der französischen Bestsellerliste und ausgezeichnet mit dem Prix Medicis, hat der Philosoph Pascal Bruckner in diesem Buch eine brillante Analyse unserer Gesellschaft erstellt.

»Eine scharfsinnige, scharfzüngige Diagnose der Gegenwart, die gänzlich ohne polemische Tiraden verborgene Muster aufdeckt, von denen unser Leben und Zusammenleben beherrscht wird.«

Die Welt

AtV

Aufbau Taschenbuch Verlag

Pascal Bruckner
Diebe der Schönheit

Roman
Aus dem Französischen von Michael Kleeberg
319 Seiten
ISBN 3-7466-1598-4

Pascal Bruckner spielt in seinem Roman »Diebe der Schönheit« in subtiler und raffinierter Weise auf das kulturelle Erbe der letzten zwei Jahrhunderte an. Was für die beiden Protagonisten Hélène und Benjamin als harmlose Autopanne in den Bergen des Jura beginnt, entwickelt sich in dem Schlößchen des obskuren Jêrome Steiner zum Alptraum: Die Schloßbewohner frönen abstrusen Gewohnheiten und in Paris verschwinden auf mysteriöse Weise hübsche Frauen – »Diebe der Schönheit« treiben ihr Unwesen!

»Das ist erstklassige Psycho-Spannung.«
Die Welt